DIREITO DO TRABALHO
REFORMA TRABALHISTA

COM AS ALTERAÇÕES DA MEDIDA PROVISÓRIA N. 808, 14 DE NOVEMBRO DE 2017

Julpiano Chaves Cortez

DIREITO DO TRABALHO
REFORMA TRABALHISTA

COM AS ALTERAÇÕES DA MEDIDA PROVISÓRIA N. 808, 14 DE NOVEMBRO DE 2017

EDITORA LTDA.

© Todos os direitos reservados

Rua Jaguaribe, 571
CEP 01224-003
São Paulo, SP – Brasil
Fone (11) 2167-1101
www.ltr.com.br
Maio, 2018

Produção Gráfica e Editoração Eletrônica: PIETRA DIAGRAMAÇÃO
Projeto de capa: FABIO GIGLIO
Impressão: FORMA CERTA

Versão impressa – LTr 5961.9 – ISBN 978-85-361-9584-1
Versão digital – LTr 9381.7 – ISBN 978-85-361-9703-6

Dados Internacionais de Catalogação na Publicação (CIP)
(Câmara Brasileira do Livro, SP, Brasil)

Cortez, Julpiano Chaves
 Direito do trabalho: reforma trabalhista : com as alterações da medida provisória n. 808, 14 de novembro de 2017/Julpiano Chaves Cortez. – São Paulo: LTr, 2018.

Bibliografia.
1. Direito do trabalho 2. Direito do trabalho – Brasil 3. Reforma constitucional – Brasil I. Título.

18-13217   CDU-34:331.001.73(81)

Índice para catálogo sistemático:

1. Brasil: Reforma trabalhista: Direito do trabalho 34:331.001.73(81)

SUMÁRIO

Nota explicativa 19

DA CONFIGURAÇÃO DO GRUPO ECONÔMICO

1. Legislação 21
2. Parecer do relator ao Projeto de Lei n. 6.787, de 2016 21
3. Comentários 21
    3.1. Empregador 21
    3.2. Equiparação 21
    3.3. Grupo econômico – Responsabilidade solidária 22
        3.3.1. Grupo econômico 22
        3.3.2. Responsabilidade solidária 22
    3.4. Não caracterização do grupo 22

DO TEMPO DE SERVIÇO

1. Legislação 24
2. Parecer do relator ao Projeto de Lei n. 6.787, de 2016 24
3. Comentários 24
    3.1. Tempo de serviço efetivo 24
    3.2. Contagem de tempo de serviço 25
    3.3. Não contagem como tempo de serviço 25

DAS FONTES DO DIREITO DO TRABALHO

1. Legislação 26
2. Parecer do relator 26
3. Comentários 26
    3.1. Fonte 26
    3.2. Fontes formais 26
    3.3. Fonte subsidiária 27
    3.4. Jurisprudência 27
    3.5. Exame de convenção coletiva ou acordo coletivo de trabalho 27

DO SÓCIO RETIRANTE E AS OBRIGAÇÕES TRABALHISTAS

1. Legislação 29
2. Parecer do relator 29
3. Comentários 29
    3.1. Sócio retirante – Responsabilidade subsidiária 29
        3.1.1. Sócio retirante 30
        3.1.2. Responsabilidade subsidiária 30
    3.2. Responsabilidade solidária 30

DA PRESCRIÇÃO

1. Legislação 31

2. Parecer do relator 31
3. Comentários 31
   3.1. Prescrição 31
   3.2. Prazo prescricional para os trabalhadores urbanos e rurais 32
   3.3. Exceção 32
   3.4. Prescrição total ou parcial 32
   3.5. Interrupção da prescrição 33
   3.6. Prescrição intercorrente – Prazo – Requerimento ou declaração 33
      3.6.1. Prescrição intercorrente 33
      3.6.2. Prazo 34
      3.6.3. Requerimento ou declaração 34

DA FALTA DE REGISTRO DE EMPREGADO E DE INFORMAÇÕES

1. Legislação 35
2. Parecer do relator 35
3. Comentários 36
   3.1. Empregado não registrado 36
   3.2. Microempresa ou empresa de pequeno porte 36
   3.3. Exceção ao critério de dupla visita 36
   3.4. Falta de informações 37
   3.5. Atualização das multas administrativas 37

DA JORNADA DE TRABALHO E A EXTINÇÃO DAS HORAS *IN ITINERE*

1. Legislação 38
2. Parecer do relator 38
3. Comentários 38
   3.1. Jornada normal de trabalho 38
   3.2. Não computação na jornada 39
   3.3. Extinção das horas *in itinere* 39

DO TRABALHO EM REGIME DE TEMPO PARCIAL

1. Legislação 40
2. Parecer do relator 40
3. Comentários 40
   3.1. Trabalho em regime de tempo parcial 40
   3.2. Salário proporcional – Opção para os atuais empregados 41
      3.2.1. Salário proporcional 41
      3.2.2. Opção para os atuais empregados 41
   3.3. Valor das horas suplementares 41
   3.4. Hora extra semanal no regime de tempo parcial inferior a 26 horas 41
   3.5. Compensação das horas suplementares no regime de tempo parcial 41
   3.6. Conversão das férias em abono pecuniário no regime de tempo parcial 42
   3.7. As férias do regime de tempo parcial 42

DA JORNADA DE TRABALHO E DAS HORAS EXTRAS

1. Legislação 43
2. Parecer do relator 43
3. Comentários 43
    3.1. Hora extra – Instrumento de prorrogação – Remuneração 43
        3.1.1. Hora extra 43
        3.1.2. Prorrogação por acordo individual – Acordo coletivo de trabalho – Convenção coletiva de trabalho 43
            3.1.2.1. Prorrogação por acordo individual 43
            3.1.2.2. Acordo coletivo de trabalho 44
            3.1.2.3. Convenção coletiva de trabalho 44
        3.1.3. Remuneração da hora extra 44
    3.2. Banco de horas – Acordo de compensação 44
        3.2.1. Banco de horas 44
        3.2.2. Acordo de compensação 44
    3.3. Rescisão do contrato 45
    3.4. O regime de tempo parcial e as horas extras 45
    3.5. Formas de pactuação do banco de horas 45

DA JORNADA DE TRABALHO 12 X 36

1. Legislação 46
2. Parecer do relator 46
3. Comentários 46
    3.1. Parecer do relator 46
    3.2. Jornada 12 x 36 – Intervalos 46
        3.2.1. Jornada 12 x 36 47
        3.2.2. Intervalos 47
    3.3. Descanso semanal remunerado e feriados – Prorrogação do trabalho noturno 48
        3.3.1. Descanso semanal remunerado e feriados 48
        3.3.2. Prorrogação de trabalho noturno 48
    3.4. Jornada de trabalho 12 x 36 no setor de saúde 48

DA FALTA E DA ACUMULAÇÃO DE ACORDO DE COMPENSAÇÃO

1. Legislação 49
2. Parecer do Relator 49
3. Comentários 49
    3.1. Falta de acordo de compensação 49
    3.2. Acumulação de acordos 49

NAS ATIVIDADES INSALUBRES NÃO HÁ EXIGÊNCIA DE LICENÇA PRÉVIA PARA JORNADA 12 X 36

1. Legislação 50
2. Parecer do relator 50
3. Comentários 50
    3.1. Conceito de atividade insalubre 50

3.2. Licença prévia para as prorrogações nas atividades insalubres 50

3.3. Licença prévia para a jornada 12 x 36..51

DA DURAÇÃO DO TRABALHO EM CASO DE NECESSIDADE IMPERIOSA

1. Legislação 52

2. Parecer do relator 52

3. Comentários 52

3.1. Prorrogações por necessidade imperiosa...52

3.2. Alteração – Dispensa de formalidades 52

3.2.1. Alteração...52

3.2.2. Dispensa de formalidades..53

DOS EMPREGADOS EXCLUÍDOS DO REGIME DE HORAS EXTRAS E OUTROS

1. Legislação 54

2. Parecer do relator 54

3. Comentários 54

3.1. Inclusão do regime de teletrabalho..54

3.2. Regime de teletrabalho...54

DOS INTERVALOS INTRAJORNADA

1. Legislação 55

2. Parecer do relator 55

3. Comentários 55

3.1. Finalidade dos intervalos...55

3.2. Supressão de intervalo..55

3.3. Natureza jurídica do pagamento..56

3.4. Natureza indenizatória...56

DO TELETRABALHO. INTRODUÇÃO DO CAPÍTULO II–A AO TÍTULO II DA CLT

1. Legislação 57

2. Parecer do relator 57

3. Comentários 58

3.1. Reconhecimento da relação de emprego..58

3.2. Direitos assegurados...59

3.3. Regime de teletrabalho..59

3.4. Definição de teletrabalho – Não descaracterização...59

3.4.1. Definição de teletrabalho...59

3.4.2. Não descaracterização do regime de teletrabalho..59

3.5. Contrato individual de trabalho – Alteração do regime presencial para o de teletrabalho –Alteração do regime de teletrabalho para o presencial..60

3.5.1. Contrato individual de trabalho 60

3.5.2. Alteração do regime presencial para o de teletrabalho 60

3.5.3. Alteração do regime de teletrabalho para o presencial 60

3.6. Responsabilidade e reembolso de despesas – Não integração na remuneração......................60

3.6.1. Responsabilidade e reembolso de despesas..60

3.6.2. Não integração na remuneração 61
3.7. Instruções fornecidas pelo empregador – Termo de responsabilidade 61
3.7.1. Instruções fornecidas pelo empregador 61
3.7.2. Termo de responsabilidade 61

DA CONCESSÃO DAS FÉRIAS

1. Legislação 62
2. Parecer do relator 62
3. Comentários 62
3.1. Concessão em um só período 62
3.2. Concessão em três períodos 62
3.3. Concessão de uma só vez 63
3.4. Início das férias 63

TÍTULO II-A – DO DANO EXTRAPATRIMONIAL

1. Legislação 64
2. Parecer do relator 65
3. Comentários 66
3.1. Reparação de danos de natureza extrapatrimonial 66
3.2. Dano moral – Dano existencial 66
3.2.1. Dano moral 66
3.2.2. Dano existencial 67
3.3. Bens juridicamente tutelados inerentes à pessoa física 67
3.4. Bens juridicamente tutelados inerentes à pessoa jurídica 68
3.5. Responsáveis pelo dano extrapatrimonial 68
3.6. Indenizações cumulativas – Discriminação dos valores – Composição 69
3.6.1. Indenizações cumulativas 69
3.6.2. Discriminação dos valores 70
3.6.3. Composição – Lucros cessantes – Danos emergentes 70
3.6.3.1. Composição 70
3.6.3.2. Lucros cessantes 70
3.6.3.3. Danos emergentes 70
3.7. Critérios para fixação do valor da reparação – Reparação conforme a natureza da ofensa – Indenização da pessoa jurídica – Reincidência – Danos extrapatrimoniais 71
3.7.1. Critérios para fixação do valor da reparação 71
3.7.2. Reparação conforme a natureza da ofensa 72
3.7.3. Indenização da pessoa jurídica 72
3.7.4. Reincidência 72
3.7.5. Danos extrapatrimoniais decorrentes de morte 73
3.8. Constitucionalidade 73

DA PROTEÇÃO À MATERNIDADE

1. Legislação 74
2. Parecer do relator 74

3. Comentários 75

    3.1. Empregada gestante e as atividades insalubres – Atividades e operações insalubres em grau médio ou mínimo – Empregada lactante 75

        3.1.1. Empregada gestante e as atividades insalubres 75

        3.1.2. Atividades e operações insalubres em grau médio ou mínimo 76

        3.1.3. Empregada lactante 76

    3.2. Descanso para amamentação – Dilatação do período – Definição em acordo individual 77

        3.2.1. Descanso para amamentação 77

        3.2.2. Dilatação do período de amamentação 77

        3.2.3. Definição dos intervalos em acordo individual 77

DO TRABALHADOR AUTÔNOMO

1. Legislação 78

2. Parecer do relator 78

3. Comentários 78

DO CONTRATO INDIVIDUAL DE TRABALHO

1. Legislação 81

2. Parecer do relator 81

3. Comentários 82

    3.1. Contrato individual de trabalho 82

    3.2. Conceito de contrato intermitente 82

DA NEGOCIAÇÃO INDIVIDUAL COM PREVALÊNCIA SOBRE O LEGISLADO

1. Legislação 83

2. Parecer do relator 83

3. Comentários 83

    3.1. Livre estipulação das relações contratuais – Empregado portador de diploma de nível superior 83

        3.1.1. Livre estipulação das relações contratuais 83

        3.1.2. Empregado portador de diploma de nível superior 83

DA SUCESSÃO EMPRESARIAL OU DE EMPREGADORES

1. Legislação 85

2. Parecer do relator 85

3. Comentários 85

    3.1. Sucessão empresarial ou de empregadores 85

    3.2. Responsabilidade solidária 86

DA REGULAMENTAÇÃO DO CONTRATO DE TRABALHO INTERMITENTE

1. Legislação 87

2. Parecer do relator 89

3. Comentários 89

    3.1. Forma do contrato – Conteúdo do contrato intermitente – Especificações do contrato 89

        3.1.1. Forma do contrato 89

        3.1.2. Conteúdo do contrato intermitente 89

        3.1.3. Especificações do contrato intermitente 90

3.2. Forma de convocação 90

3.3. Prazo para resposta do empregado 90

3.4. Recusa do empregado 90

3.5. Descumprimento 90

3.6. Não computação do período de inatividade – Período de inatividade 91

    3.6.1. Não computação do período de inatividade 91

    3.6.2. Período de inatividade – Prestação de serviços a outros tomadores – Descaracterização do contrato de trabalho intermitente 91

        3.6.2.1. Período de inatividade 91

        3.6.2.2. Prestação de serviços a outros tomadores 91

        3.6.2.3. Descaracterização do contrato de trabalho intermitente 91

3.7. Pagamento ao empregado 92

3.8. Recibo de pagamento 92

3.9. Recolhimento da Contribuição Previdenciária e do FGTS 93

3.10. Férias anuais 93

3.11. Benefícios previdenciários 93

3.12. Satisfação dos prazos 94

3.13. Rescisão do contrato de trabalho intermitente – Verbas rescisórias devidas – Cálculo das verbas rescisórias e do aviso-prévio 94

    3.13.1. Rescisão do contrato de trabalho intermitente 94

    3.13.2. Verbas rescisórias devidas – FGTS – Programa do Seguro-desemprego 95

        3.13.2.1. Verbas rescisórias devidas 95

        3.13.2.2. Movimentação do FGTS 95

        3.13.2.3. Programa do Seguro-desemprego 95

    3.13.3. Cálculo das verbas rescisórias e do aviso-prévio – Cálculo pela média – Indenização do aviso-prévio 95

        3.13.3.1. Cálculo das verbas rescisórias e do aviso-prévio 95

        3.13.3.2. Cálculo pela média 95

        3.13.3.3. Indenização do aviso-prévio 95

3.14. Quarentena do empregado 96

3.15. Recolhimento dos encargos sociais 96

DO PADRÃO DE VESTIMENTA E HIGIENIZAÇÃO DO UNIFORME

1. Legislação 97

2. Parecer do relator 97

3. Comentários 97

    3.1. Padrão de vestimenta no local de trabalho 97

    3.2. Higienização do uniforme 97

DA REMUNERAÇÃO

1. Legislação 98

2. Parecer do relator 99

3. Comentários 99

    3.1. Remuneração 99

3.2. Salário 99
3.3. Ajuda de custo – Auxílio-alimentação – Diárias para viagem – Prêmios 101
    3.3.1. Ajuda de custo 101
    3.3.2. Auxílio-alimentação 101
    3.3.3. Diárias para viagem 101
    3.3.4. Prêmios 101
3.4. Gorjetas 102

DO PAGAMENTO DO SALÁRIO EM DINHEIRO E UTILIDADES

1. Legislação 103
2. Parecer do relator 103
3. Comentários 103
   3.1. Pagamento do salário em dinheiro e utilidades 103
   3.2. Proporcionalidade dos valores das utilidades 103
   3.3. Utilidades não salariais 104
   3.4. Habitação e alimentação 104
   3.5. Habitação coletiva 104
   3.6. Serviço médico ou odontológico 104

DA EQUIPARAÇÃO OU ISONOMIA SALARIAL

1. Legislação 105
2. Parecer do relator 105
3. Comentários 105
   3.1. Introdução 105
   3.2. Mesmo empregador – Mesma função – Mesmo estabelecimento – Trabalho de igual valor 106
     3.2.1. Mesmo empregador 106
     3.2.2. Mesma função 106
     3.2.3. Mesmo estabelecimento 106
     3.2.4. Trabalho de igual valor – Diferença de tempo de serviço 107
       3.2.4.1. Trabalho de igual valor 107
       3.2.4.2. Diferença de tempo de serviço 107
   3.3. Inexistência de quadro de carreira 107
   3.4. Promoção 107
   3.5. Readaptação 108
   3.6. Contemporaneidade no cargo ou na função 108
   3.7. Discriminação 108

DA ALTERAÇÃO DO CONTRATO DE TRABALHO

1. Legislação 109
2. Parecer do relator 109
3. Comentários 109
   3.1. Alteração do contrato de trabalho 109
   3.2. Reversão ao cargo efetivo 109

3.3. Perda de vantagem 110

DA RESCISÃO DO CONTRATO DE TRABALHO

1. Legislação 111
2. Parecer do relator 111
3. Comentários 112
    3.1. Rescisão do contrato de trabalho 112
    3.2. Discriminação das verbas trabalhistas 112
    3.3. Forma de pagamento 112
    3.4. Compensação 113
    3.5. Comprovantes da rescisão 113
    3.6. Multas 114
    3.7. Anotação na CTPS 114
    3.8. Procedimentos a serem observados pelo empregador 114

DA EQUIPARAÇÃO DAS DISPENSAS INDIVIDUAIS E COLETIVAS

1. Legislação 115
2. Parecer do relator 115
3. Comentários 115

DO PLANO DE DEMISSÃO VOLUNTÁRIA OU INCENTIVADA

1. Legislação 117
2. Parecer do relator 117
3. Comentários 117

DA JUSTA CAUSA COMETIDA PELO EMPREGADO

1. Legislação 118
2. Parecer do relator 118
3. Comentários 118

DA CESSAÇÃO DO CONTRATO POR ACORDO

1. Legislação 119
2. Parecer do relator 119
3. Comentários 119
    3.1. Cessação do contrato por acordo das partes – Valor das verbas trabalhistas 119
        3.1.1. Cessação do contrato por acordo das partes 119
        3.1.2. Valor das verbas trabalhistas 120
    3.2. FGTS 120
    3.3. Programa seguro-desemprego 120
    3.4. Procedimentos a serem observados pelo empregador 120

DA PACTUAÇÃO DE CLÁUSULA COMPROMISSÓRIA DE ARBITRAGEM

1. Legislação 121
2. Parecer do relator 121
3. Comentários 121

DO TERMO DE QUITAÇÃO ANUAL

1. Legislação 123
2. Parecer do relator 123
3. Comentários 123
   - 3.1. Termo de quitação anual 123
   - 3.2. Discriminação das obrigações 123

TÍTULO IV-A – DA REPRESENTAÇÃO DOS EMPREGADOS

1. Legislação 125
2. Parecer do relator 126
3. Comentários 127
   - 3.1. Representantes dos empregados nas empresas 127
   - 3.2. Composição da comissão 127
   - 3.3. Estabelecimentos em vários Estados 127
   - 3.4. Atribuições da comissão 128
   - 3.5. Decisões colegiadas 128
   - 3.6. Atuação independente 128
   - 3.7. Eleição dos representantes 128
   - 3.8. Comissão eleitoral 129
   - 3.9. Candidatos 129
   - 3.10. Eleitos 129
   - 3.11. Posse 129
   - 3.12. Falta de candidatos 129
   - 3.13. Nova eleição 129
   - 3.14. Duração dos mandatos 130
   - 3.15. Proibição de candidatura 130
   - 3.16. Suspensão ou interrupção do contrato 130
   - 3.17. Estabilidade provisória 130
   - 3.18. Documentação 131
   - 3.19. Participação do sindicato 131

DA CONTRIBUIÇÃO SINDICAL

1. Legislação 132
2. Parecer do relator 132
3. Comentários 133
   - 3.1. Contribuições devidas ao sindicato – Prazo para recolhimento 133
     - 3.1.1. Contribuições devidas ao sindicato 133
     - 3.1.2. Prazo para recolhimento 133
   - 3.2. Necessidade de autorização prévia e expressa 134
   - 3.3. Eliminação da contribuição sindical obrigatória 134
   - 3.4. Mês para desconto da contribuição sindical – Limite do valor de desconto 134
     - 3.4.1. Mês para desconto da contribuição sindical dos empregados 134

3.4.2. Limite do valor de desconto 134

3.5. Recolhimento da contribuição sindical dos trabalhadores – Formas de recolhimento 135

3.5.1. Recolhimento da contribuição sindical dos trabalhadores 135

3.5.2. Formas de recolhimento 135

3.6. Contribuição sindical dos empregadores 135

3.7. Exceção para desconto da contribuição sindical dos empregados – Admissão posterior 135

3.7.1. Exceção para desconto da contribuição sindical dos empregados 135

3.7.2. Admissão posterior 135

DA NEGOCIAÇÃO COLETIVA LÍCITA

1. Legislação 136

2. Parecer do relator 137

3. Comentários 137

3.1. A prevalência do negociado sobre o legislado – Itens objeto de negociação coletiva 137

3.1.1. A prevalência do negociado sobre o legislado – Fundamentação legal – Fundamentação jurisprudencial – Fundamentação doutrinária 137

3.1.1.1. A prevalência do negociado sobre o legislado 137

3.1.1.2. Fundamentação legal 138

3.1.1.3. Fundamentação jurisprudencial 138

3.1.1.4. Fundamentação doutrinária 139

3.1.2. Itens objeto de negociação coletiva 140

3.2. Princípio da intervenção mínima da Justiça do Trabalho 142

3.3. Inexistência de cláusula compensatória 143

3.4. Cláusula que reduza o salário ou a jornada 144

3.5. Ação anulatória 144

3.6. Litisconsortes necessários 144

DA NEGOCIAÇÃO COLETIVA ILÍCITA

1. Legislação 146

2. Parecer do relator 147

3. Comentários 147

3.1. Direitos de indisponibilidade absoluta – Regras sobre duração do trabalho e intervalos 147

3.1.1. Direitos de indisponibilidade absoluta 148

3.1.2. Regras sobre duração do trabalho e intervalos 150

DOS PRAZOS E DA ULTRATIVIDADE DE CONVENÇÃO OU ACORDO COLETIVO

1. Legislação 152

2. Parecer do relator 152

3. Comentários 152

3.1. Formalidades procedimentais 152

3.2. Duração de convenção ou acordo coletivo e vedação da ultratividade 153

DA PREVALÊNCIA DO ACORDO COLETIVO SOBRE A CONVENÇÃO COLETIVA

1. Legislação 154

2. Parecer do relator 154

3. Comentários 154
    3.1. Prevalência do acordo coletivo sobre a convenção coletiva 154

DAS MULTAS ADMINISTRATIVAS

1. Legislação 155
2. Parecer do relator 155
3. Comentários 155
    3.1. Aplicação das multas 155
    3.2. Reajustamento anual dos valores das multas administrativas 155

DA TERCEIRIZAÇÃO

1. Legislação 157
2. Parecer do relator 157
3. Comentários 158
    3.1. Licitude da terceirização – Vínculo empregatício com a empresa prestadora de serviços 158
        3.1.1. Licitude da terceirização empresarial 158
        3.1.2. Vínculo empregatício com a empresa prestadora de serviços 158
    3.2. Serviços prestados nas dependências da empresa tomadora – Condições asseguradas – Equivalência de salários – Serviços de alimentação e atendimento ambulatorial 159
        3.2.1. Serviços prestados nas dependências da empresa tomadora de serviços 159
        3.2.2. Condições asseguradas 159
        3.2.3. Equivalência de salários 159
        3.2.4. Serviços de alimentação e atendimento ambulatorial 160
    3.3. Definição legal de contratante – Proibição de desvio de atividades – Local da execução dos serviços – Garantia das condições de segurança, higiene e salubridade – Atendimento médico, ambulatorial e de refeição – Responsabilidade subsidiária pelas obrigações trabalhistas e pelo recolhimento das contribuições previdenciárias 160
        3.3.1. Definição legal de contratante 160
        3.3.2. Proibição de desvio de atividades 160
        3.3.3. Local da execução dos serviços 160
        3.3.4. Garantia das condições de segurança, higiene e salubridade 160
        3.3.5. Atendimento médico, ambulatorial e de refeição 160
        3.3.6. Responsabilidade subsidiária pelas obrigações trabalhistas e pelo recolhimento das contribuições previdenciárias 160
4. Quarentena da empresa contratada 161
5. Quarentena do empregado demitido 161

DA ALTERAÇÃO DA LEI DO FGTS

Legislação 162
2. Parecer do relator 162
3. Comentários 162
    3.1. Situações de movimentação do FGTS – Extinção do contrato por acordo 162
        3.1.1. Situações de movimentação do FGTS 162
        3.1.2. Extinção do contrato por acordo 162

DA ALTERAÇÃO DA LEI N. 8.212, DE 24 DE JULHO DE 1991

1. Legislação 163
2. Parecer do relator 163
3. Comentários 163
    3.1. Integram o salário de contribuição 163
    3.2. Não integram o salário de contribuição.. 163

DAS REVOGAÇÕES

1. Legislação 164
2. Parecer do relator 164

DA VIGÊNCIA E APLICAÇÃO DA LEI N. 13.467, DE 2017

1. Legislação 165
2. Parecer do relator 165
3. Comentários 165

REFERÊNCIAS BIBLIOGRÁFICAS 167

NOTA EXPLICATIVA

A Lei da Reforma Trabalhista (Lei n. 13.467/2017) foi publicada no Diário Oficial da União de 14 de julho de 2017, entrando em vigor após decorridos cento e vinte dias de sua publicação oficial (11.11.2017), período denominado *vacatio legis*, reservado para o conhecimento da nova lei.

A Lei n. 13.467/2017 altera a Consolidação das Leis do Trabalho (CLT), aprovada pelo Decreto-Lei n. 5.452/1943, as Leis ns. 6.019/1974, 8.036/1990 e 8.212/1991.

Ao escrever o presente livro, tentamos fazê-lo de forma objetiva e didática; para tanto, dividimos as alterações e os acréscimos da legislação por assunto, em letras maiúsculas, como se visualiza facilmente pelo Índice: **CONFIGURAÇÃO DO GRUPO ECONÔMICO, DO TEMPO DE SERVIÇO, DO SÓCIO RETIRANTE E AS OBRIGAÇÕES TRABALHISTAS** etc.

As alterações e os acréscimos pertinentes a cada assunto seguiram a ordem dos itens:

1. Legislação;

2. Parecer do relator ao Projeto de Lei n. 6.787, de 2016; e

3. Comentários.

Na parte reservada à legislação (item 1), foram transcritos os artigos da Lei da Reforma (Lei n. 13.467/2017), alterando e/ou acrescentando artigos na legislação citada (CLT, Leis ns. 6.019/1974, 8.036/1990 e 8.212/1991).

O item 2 foi destinado ao relator do Projeto de Lei n. 6.787, de 2016, para apresentar as suas justificativas. (www.4.planalto.gov.br)

O item 3 foi dedicado aos comentários das alterações e/ou dos acréscimos feitos pela Lei n. 13.467/2017.

Nos comentários, os itens foram divididos em subitens, agilizando a localização de cada assunto, como se verifica pelo Índice do livro.

Os artigos da Lei da Reforma, alterando e/ou acrescentando dispositivos legais, com o intuito de facilitar, foram transcritos nos comentários em itálico.

A Lei da Reforma Trabalhista (Lei n. 13.467/2017) resultou do Projeto de Lei da Câmara n. 6.787/2016, de iniciativa do Poder Executivo.

O mencionado Projeto de Lei, ao chegar no Senado da República, recebeu o Substitutivo n. 38/2017 e teve tramitação rápida, graças ao acordo feito com o Poder Executivo, seguindo para sanção do Presidente da República e com publicação no Diário Oficial da União do dia 14 de julho de 2017.

Em cumprimento ao acordo feito com o Senado da República, em relação a certos aspectos controversos não examinados pelos senadores, o Presidente da República adotou a Medida Provisória n. 808, de 2017.

Com o livro pronto para publicação, surgiu a MP n. 808/2017, alterando alguns artigos, o que nos levou a providenciar a sua inserção na presente obra, sem prejuízo dos comentários já desenvolvidos; para tanto, procedemos da seguinte forma: os artigos da MP n. 808/2017, para facilitar e seguindo o roteiro acima, foram localizados no item 1, reservado à legislação, logo abaixo do artigo correspondente, e destacados por um retângulo.

ACRESCIMOS E ALTERAÇÕES À CLT PELA LEI N. 13.467, DE 12 JULHO DE 2017

Art. 1º A Consolidação das Leis do Trabalho (CLT) aprovada Decreto-Lei n. 5.452, de 1º de maio de 1943, passa a vigorar com as seguintes alterações:

DA CONFIGURAÇÃO DO GRUPO ECONÔMICO

1. Legislação

"Art. 2º [...]

[...]

§ 2º Sempre que uma ou mais empresas, tendo, embora, cada uma delas, personalidade jurídica própria, estiverem sob a direção, controle ou administração de outra, ou ainda quando, mesmo guardando cada uma sua autonomia, integrem grupo econômico, serão responsáveis solidariamente pelas obrigações decorrentes da relação de emprego.

§ 3º Não caracteriza grupo econômico a mera identidade de sócios, sendo necessárias, para a configuração do grupo, a demonstração do interesse integrado, a efetiva comunhão de interesses e a atuação conjunta das empresas dele integrantes." (NR)

2. Parecer do relator ao Projeto de Lei n. 6.787, de 2016[1]

"A alteração do art. 2º busca não deixar margem a dúvida sobre a caracterização do grupo econômico, impedindo-se o empréstimo da lei do trabalho rural para ampliação do conceito, como tem sido feito a partir do entendimento sumulado pelo TST. Com isso, evitam-se injustiças no momento da execução, com a inclusão no rol dos devedores de sócios ou empresas que dele não deveriam constar."

3. Comentários

3.1. Empregador

Considera-se empregador a empresa, individual ou coletiva, que, assumindo os riscos da atividade econômica, admite, assalaria e dirige a prestação pessoal de serviço. (*Caput* do art. 2º)

A CLT considera como empregador a empresa individual ou coletiva, outorgando-lhe a qualidade de pessoa, para que possa exercer direitos e responder por obrigações.[2]

3.2. Equiparação

Equiparam-se ao empregador, para os efeitos exclusivos da relação de emprego, os profissionais liberais, as instituições de beneficência, as associações recreativas ou outras instituições sem fins lucrativos, que admitirem trabalhadores como empregados. (§ 1º do art. 2º).

---

(1) Relator: Deputado Rogério Marinho.
(2) Ressalvados outros casos previstos em lei especial, os empresários individuais e as empresas respondem independentemente de culpa pelos danos causados pelos produtos postos em circulação (CC/02, art. 931).

3.3. Grupo econômico – Responsabilidade solidária

Sempre que uma ou mais empresas, tendo, embora, cada uma delas, personalidade jurídica própria, estiverem sob a direção, controle ou administração de outra, ou ainda quando, mesmo guardando cada uma sua autonomia, integrem grupo econômico, serão responsáveis solidariamente pelas obrigações decorrentes da relação de emprego. (§ 2º do art. 2º, com redação dada pela Lei n. 13.467/2017)[3]

3.3.1. Grupo econômico

A nova redação do parágrafo alterado, além de ficar mais enxuta, não exige que o grupo seja industrial, comercial ou de qualquer outra atividade econômica, apenas exige que as empresas integrem grupo econômico.

Nessa oportunidade, lembrando o saudoso mestre Amauri Mascaro Nascimento, comentando o texto antigo, afirma que, a lei trabalhista não indica formas ou tipos de grupos, fazendo apenas a exigência de que o grupo seja industrial, comercial ou de qualquer outra atividade econômica, sem outras especificações, com o que, para os seus fins, não há como limitar formas de grupos, desde que se enquadrem nos seus conceitos fundamentais, mais flexíveis que os do direito comercial.[4]

A prestação de serviços a mais de uma empresa do mesmo grupo econômico, durante a mesma jornada de trabalho, não caracteriza a coexistência de mais de um contrato de trabalho, salvo ajuste em contrário. (Súmula n. 129 do TST).

3.3.2. Responsabilidade solidária

Os componentes do grupo econômico serão responsáveis solidariamente pelas obrigações decorrentes da relação de emprego, como determina o final do § 2º do art. 2º.

Como o grupo econômico é considerado empregador único, qualquer empresa do grupo do devedor poderá ser sujeito passivo na execução, ainda que não conste do título executivo judicial.[5]

A Súmula n. 205 do TST, cancelada em 2003, determinava: "O responsável solidário, integrante de grupo econômico, que não participou da relação processual como reclamado e que, portanto, não consta do título executivo judicial como devedor, não pode ser sujeito passivo na execução"[6].

Na prática, por causa da responsabilidade solidária dos componentes do grupo, o empregado credor poderá pleitear judicialmente em desfavor de uma, algumas ou todas as empresas do grupo econômico (empregador único) com a finalidade de receber os seus créditos trabalhistas, sendo aconselhável, para evitar surpresas, que todas as empresas do grupo participem da relação processual.

3.4. Não caracterização do grupo

Não caracteriza grupo econômico a mera identidade de sócios, sendo necessárias, para a configuração do grupo, a demonstração do interesse integrado, a efetiva comunhão de interesses e a atuação conjunta das empresas dele integrantes. (§ 3º do art. 2º, incluído pela Lei n. 13.467, de 12 julho de 2017).

Para configurar grupo econômico são necessários os seguintes elementos: a) identidade e interesse integrado dos sócios; b) efetiva comunhão de interesses; e, c) atuação conjunta das empresas do grupo.

---

(3) Texto anterior: § 2º – Sempre que uma ou mais empresas, tendo, embora, cada uma delas, personalidade jurídica própria, estiverem sob a direção, controle ou administração de outra, constituindo grupo industrial, comercial ou de qualquer outra atividade econômica, serão, para os efeitos da relação de emprego, solidariamente responsáveis a empresa principal e cada uma das subordinadas.
(4) *Iniciação ao direito do trabalho.* 27. ed. São Paulo: LTr, 2001. p.199.
(5) O credor tem direito a exigir e receber de um ou de alguns dos devedores, parcial ou totalmente, a dívida comum; se o pagamento tiver sido parcial, todos os demais devedores continuam obrigados solidariamente pelo resto. (*Caput* do art. 275 – CC/2002)
(6) Enunciado cancelado pela Resolução TP/TST n. 121/2003.

A falta de um desses elementos, segundo o parágrafo em análise, desconfigura a existência do grupo econômico, ficando mais difícil a sua caracterização.

O art. 818 da CLT determina que a prova das alegações incumbe à parte que as fizer; entretanto, no caso do dispositivo em foco, em que o reclamante não tem acesso à documentação, caberá ao reclamado (grupo) provar a sua descacterização, com base no princípio da inversão do ônus da prova.

Neste sentido, segundo Mauro Schiavi, ainda que se considere a mera identidade de sócios não ser suficiente para a configuração do grupo econômico, tal elemento é um indício bastante relevante de sua exitência (prova *prima facie*), podendo o Juiz do Trabalho, no caso concreto, aplicar a teoria dinâmica do ônus da prova e atribuir o encargo probatório à empresa que nega a existência do grupo econômico (arts. 818, da CLT e 373 do CPC).[7]

Na lição do jurista Marques de Lima, não mais caracteriza grupo econômico a simples existência do sócio comum, ou acionista majoritário de várias empresas do grupo, sem a demonstração do interesse integrado, a efetiva comunhão de interesses e a atuação conjunta das empresas dele integrantes. Ou seja, presentes essas evidências, o sócio comum constitui um elemento caracterizador do grupo econômico para efeito de solidariedade trabalhista.[8]

Francisco Antonio de Oliveira, além de demonstrar a sua discordância com o dispositivo legal, afirma: "Para o processo do trabalho basta que haja um conglomerado de empresas autônomas, com objetivos próprios e que façam parte de um mesmo grupo, onde sócios com cota-capital razoável, delas participem. A redação do § 3º sob comento descaracteriza o grupo econômico e praticamente impede a sua aplicação. Tem-se a impressão de que o legislador é neófito no mister".[9]

---

(7) *A Reforma Trabalhista e o Processo do trabalho.* São Paulo: LTr, 2017. p. 133.
(8) LIMA, Francisco Meton Marques de; LIMA, Francisco Péricles Rodrigues Marques de. *Reforma Trabalhista* – Entenda ponto por ponto. São Paulo: LTr, 2017. p. 17.
(9) *Reforma trabalhista.* São Paulo: LTr, 2017. p. 12.

DO TEMPO DE SERVIÇO

1. Legislação

"Art. 4º [...]

§ 1º Computar-se-ão, na contagem de tempo de serviço, para efeito de indenização e estabilidade, os períodos em que o empregado estiver afastado do trabalho prestando serviço militar e por motivo de acidente do trabalho.

§ 2º Por não se considerar tempo à disposição do empregador, não será computado como período extraordinário o que exceder a jornada normal, ainda que ultrapasse o limite de cinco minutos previsto no § 1º do art. 58 desta Consolidação, quando o empregado, por escolha própria, buscar proteção pessoal, em caso de insegurança nas vias públicas ou más condições climáticas, bem como adentrar ou permanecer nas dependências da empresa para exercer atividades particulares, entre outras:

I – práticas religiosas;

II – descanso;

III – lazer;

IV – estudo;

V – alimentação;

VI – atividades de relacionamento social;

VII – higiene pessoal;

VIII – troca de roupa ou uniforme, quando não houver obrigatoriedade de realizar a troca na empresa." (NR)

2. Parecer do relator ao Projeto de Lei n. 6.787, de 2016

"A ideia contida na modificação ao art. 4º é a de não caracterizar como tempo à disposição do empregador o período de tempo em que o empregado estiver no seu local de trabalho para a realização de atividades particulares, sem qualquer espécie de demanda por parte do empregador. Desse modo, esse período de tempo não será incluído na jornada de trabalho e, consequentemente, não será contabilizado para fins de pagamento de horas extras. O rol elencado no § 2º é exemplificativo, pois o que será determinante para classificar esse período de tempo como à disposição do empregador ou não é a natureza da atividade prestada. Aproveitamos a oportunidade para atualizar a redação do § 1º vigente, que teve apenas parte do dispositivo vetada, procedimento não mais admitido pelas regras de elaboração legislativa (Lei Complementar n. 95, de 26 de fevereiro de 1998)."

3. Comentários

3.1. Tempo de serviço efetivo

Considera-se como de serviço efetivo o período em que o empregado esteja à disposição do empregador, aguardando ou executando ordens, salvo disposição especial expressamente consignada. (*Caput* do art. 4º)

O empregado, desde que tenha colocado sua força laboral à disposição do empregador, terá cumprido sua obrigação fundamental e, ainda que não haja prestação de serviços, tal período será computado como de serviço efetivo.[10]

---

(10) ALMEIDA, Amador Paes. *CLT comentada*. 9. ed. São Paulo: Saraiva, 2015. p. 71.

3.2. Contagem de tempo de serviço

Computar-se-ão, na contagem de tempo de serviço, para efeito de indenização e estabilidade, os períodos em que o empregado estiver afastado do trabalho prestando serviço militar e por motivo de acidente do trabalho. (§ 1º do art. 4º, com redação dada pela Lei n. 13.467/2017)

O afastamento do empregado para prestação de serviço militar obrigatório e por acidente do trabalho constituem causas de interrupção do contrato de trabalho.

Na doutrina, há entendimento de que as duas situações em discussão correspondem a causas de suspensão da execução do contrato de trabalho, em razão da produção reduzida dos efeitos contratuais durante o afastamento do empregado.

Nos termos da CF/1969 (art. 165, XIII) existiam dois regimes jurídicos: "estabilidade, com indenização ao trabalhador despedido ou fundo de garantia equivalente".

A estabilidade (decenal) e a indenização pelo tempo de serviço, ambas regulamentadas pela CLT, não foram recepcionadas pela CF/1988, sendo que o regime do FGTS foi disciplinado pela Lei n. 5.107/1966, atualmente Lei n. 8.036/1990.

Como o regime do FGTS substituiu o sistema de indenização e de estabilidade, o empregador tem que depositar o FGTS durante o afastamento do empregado para prestação do serviço militar e por motivo de acidente do trabalho.

3.3. Não contagem como tempo de serviço

Por não se considerar tempo à disposição do empregador, não será computado como período extraordinário o que exceder a jornada normal, ainda que ultrapasse o limite de cinco minutos previsto no § 1º do art. 58 desta Consolidação, quando o empregado, por escolha própria, buscar proteção pessoal, em caso de insegurança nas vias públicas ou más condições climáticas, bem como adentrar ou permanecer nas dependências da empresa para exercer atividades particulares, entre outras: (§ 2º do art. 4º, incluído pela Lei n. 13.467/2017)

I – práticas religiosas;

II – descanso;

III – lazer;

IV – estudo;

V – alimentação;

VI – atividades de relacionamento social;

VII – higiene pessoal;

VIII – troca de roupa ou uniforme, quando não houver obrigatoriedade de realizar a troca na empresa.

O § 2º, introduzido ao art. 4º da CLT, apresenta de forma exemplificativa e não taxativa, algumas situações que não são consideradas como tempo à disposição do empregador.[11]

---

(11) Súmula n. 96 do TST: A permanência do tripulante a bordo do navio, no período de repouso, além da jornada, não importa em presunção de que esteja à disposição do empregador ou em regime de prorrogação de horário, circunstâncias que devem resultar provadas, dada a natureza do serviço.

DAS FONTES DO DIREITO DO TRABALHO

1. Legislação

"Art. 8º [...]

§ 1º O direito comum será fonte subsidiária do direito do trabalho.

§ 2º Súmulas e outros enunciados de jurisprudência editados pelo Tribunal Superior do Trabalho e pelos Tribunais Regionais do Trabalho não poderão restringir direitos legalmente previstos nem criar obrigações que não estejam previstas em lei.

§ 3º No exame de convenção coletiva ou acordo coletivo de trabalho, a Justiça do Trabalho analisará exclusivamente a conformidade dos elementos essenciais do negócio jurídico, respeitado o disposto no art. 104 da Lei n. 10.406, de 10 de janeiro de 2002 (Código Civil), e balizará sua atuação pelo princípio da intervenção mínima na autonomia da vontade coletiva." (NR)

2. Parecer do relator

"O art. 8º da CLT é de fundamental importância para o Direito do Trabalho, estabelecendo a hierarquia que deve ser obedecida para a aplicação da norma jurídica. A expressão "na falta de" constante do *caput* indica que a principal fonte de direitos é a lei para, em seguida, disciplinar as demais fontes. Nesse contexto, o contrato, a jurisprudência, a analogia só poderiam ser usados no vazio da lei. Todavia não é isso que temos visto. Os tribunais em nosso País, em especial, as cortes trabalhistas, têm se utilizado da edição de súmulas e de outros enunciados de jurisprudência para legislar, adotando, algumas vezes, até mesmo um entendimento contrário à norma vigente.

Com a nova redação proposta para o art. 8º, queremos deixar evidente a supremacia da lei na aplicação do Direito do Trabalho, por mais paradoxal que possa parecer tal dispositivo, impedindo-se, dessa forma, a inversão da ordem de aplicação das normas. Essa prática tem dado margem a um aumento no número de ações ajuizadas perante a Justiça do Trabalho, pois é comum que o empregador, mesmo cumprindo toda a legislação e pagando todas as verbas trabalhistas devidas, se veja demandado em juízo com pedidos fundados apenas em jurisprudências e súmulas dos tribunais.

Além disso, transformamos o § 1º do art. 611-A do projeto de lei originário em § 3º do art. 8º no substitutivo, para inscrevê-lo no rol de princípios fundamentais de aplicação, interpretação e integração da legislação trabalhista."

3. Comentários

3.1. Fonte

O conceito de fonte pode ser encarado em vários sentidos, no do direito objetivo fonte é a origem do direito, é o modo pelo qual a norma jurídica se constitui e se apresenta à sociedade.

3.2. Fontes formais

O *caput* do art. 8º, não foi alterado e enumera as fontes formais, os modos de revelação do direito, sendo que o seu parágrafo único deu lugar a três parágrafos.[12]

---

(12) Art. 8º – As autoridades administrativas e a Justiça do Trabalho, na falta de disposições legais ou contratuais, decidirão, conforme o caso, pela jurisprudência, por analogia, por equidade e outros princípios e normas gerais de direito, principalmente do direito do trabalho, e, ainda, de acordo com os usos e costumes, o direito comparado, mas sempre de maneira que nenhum interesse de classe ou particular prevaleça sobre o interesse público.
Parágrafo único. O direito comum será fonte subsidiária do Direito do Trabalho, naquilo em que não for incompatível com os princípios fundamentais deste.

3.3. Fonte subsidiária

O direito comum será fonte subsidiária do Direito do Trabalho. (§ 1º do art. 8º, com redação dada pela Lei n. 13.467/2017)

Esse parágrafo resultou do enxugamento e divisão do texto anterior do parágrafo único do art. 8º, sendo eliminado "naquilo em que não for incompatível com os princípios fundamentais deste", o que significa abertura do espaço trabalhista para o direito comum.[13]

3.4. Jurisprudência

Súmulas e outros enunciados de jurisprudência editados pelo Tribunal Superior do Trabalho e pelos Tribunais Regionais do Trabalho não poderão restringir direitos legalmente previstos nem criar obrigações que não estejam previstas em lei. (§ 2º do art. 8º, incluído pela Lei n. 13.467/2017)

O relator, em sua justificativa, enfatiza que, "os tribunais em nosso País, em especial as cortes trabalhistas, têm se utilizado da edição de súmulas e de outros enunciados de jurisprudência para legislar, adotando, algumas vezes, até mesmo um entendimento contrário à norma vigente.

Com a nova redação proposta para o art. 8º, queremos deixar evidente a supremacia da lei na aplicação do Direito do Trabalho, por mais paradoxal que possa parecer tal dispositivo, impedindo-se, dessa forma, a inversão da ordem de aplicação das normas".

Segundo o Juiz do Trabalho, Sandro Gill Britez, o órgão de cúpula Judiciário Trabalhista foi colocado em xeque e é inegável a desconfiança do legislador com relação ao ativismo judicial do TST, tanto é assim que dificultou de maneira significativa a possibilidade de edição de Súmulas, conforme se verifica do art. 8º, § 2º.

No mesmo diapasão o art. 702, f, exigindo que para a edição de Súmulas e OJ's estejam presentes no mínimo 2/3 dos seus membros, com matérias decididas de forma idêntica por unanimidade em no mínimo 2/3 das turmas e em pelo menos 10 sessões.[14]

Para o professor lusitano João Leal Amado, a reforma trabalhista surge, claramente, na contramão do "ativismo" ou "popularismo" judicial, isto é, assenta no pressuposto de que os tribunais do trabalho têm tido posições maximalistas, indo além do disposto na lei e invadindo a esfera de competência do próprio legislador. Ora, sem, querer entrar nesta polêmica, sobre a qual não nos sentimos habilitados a opinar, resta saber se, após a reforma, não transitaremos do ativismo para o "passivismo judicial", em matéria de Direito do Trabalho. O Direito do Trabalho dos nossos dois países sempre combinou, cremos, a promoção da autonomia coletiva com a existência de legislação forte, de caráter imperativo, e com uma atitude vigilante e enérgica dos tribunais do trabalho. Empobrecer o papel interpretativo e criativo dos tribunais e apelar, nesta sede, para um "princípio de intervenção mínima" não corresponde, na nossa opinião, ao código genético e à função primacial deste ramo do ordenamento jurídico.[15]

3.5. Exame de convenção coletiva ou acordo coletivo de trabalho

No exame de convenção coletiva ou acordo coletivo de trabalho, a Justiça do Trabalho analisará exclusivamente a conformidade dos elementos essenciais do negócio jurídico, respeitado o disposto no art. 104 da Lei n. 10.406, de 10 de janeiro de 2002 (Código Civil), e balizará sua atuação pelo princípio da intervenção mínima na autonomia da vontade coletiva. (§ 3º do art. 8º, incluído pela Lei n. 13.467/2017)

No exame de convenção coletiva ou acordo coletivo de trabalho, fontes formais específicas do Direito do Trabalho, o § 3º, acrescido ao art. 8º da CLT, determina que a Justiça do Trabalho balizará sua atuação pelo princípio da intervenção mínima na autonomia da vontade coletiva.

---

(13) Texto anterior: Parágrafo único – O direito comum será fonte subsidiária do direito do trabalho, naquilo em que não for incompatível com os princípios fundamentais deste.
(14) *LTr Sup. Trab.* 07/17 – p. 379.
(15) *Revista do TST*, vol. 83, n. 3, p. 157.

Ainda, que no exame de convenção coletiva ou acordo coletivo, a Justiça do Trabalho analisará exclusivamente a conformidade dos elementos essenciais do negócio jurídico, respeitado o disposto no art. 104 do CC/2002.

A convenção ou acordo coletivo, como todo ato jurídico, no aspecto formal, deve atender às exigências legais, no que diz respeito aos elementos essenciais e acidentais.

O Código Civil de 2002 estabelece como elementos essenciais: agente capaz, objeto lícito, possível, determinado ou indeterminável e forma prescrita ou não defesa em lei (art. 104).

O próprio Código Civil, em outros artigos, trata dos vícios de consentimento e das nulidades dos atos jurídicos (dolo, erro ou ignorância, coação, fraude etc.).

A CLT determina que serão nulos de pleno direito os atos praticados com o objetivo de desvirtuar, impedir ou fraudar a aplicação dos preceitos contidos na presente Consolidação (art. 9º).

Por último, deve-se atentar, especialmente, ao que determina a CF/1988: a lei não excluirá da apreciação do Poder Judiciário lesão ou ameaça a direito (art. 5°, XXXV).

Segundo o dispositivo em análise, a Justiça do Trabalho analisará a convenção coletiva ou acordo coletivo de trabalho, limitando sua atuação pelo princípio da intervenção mínima na autonomia da vontade coletiva, mas exigindo que estes instrumentos coletivos atendam aos requisitos de validade quanto aos elementos formais próprios de todo ato jurídico, bem como as suas licitudes, isto é, se os direitos fundamentais, como atos de indisponibilidade absoluta, estão sendo respeitados, sob pena de nulidade.

A respeito, consultar os comentários ao § 1º do art. 611-A.

DO SÓCIO RETIRANTE E AS OBRIGAÇÕES TRABALHISTAS

1. Legislação

"Art. 10-A. O sócio retirante responde subsidiariamente pelas obrigações trabalhistas da sociedade relativas ao período em que figurou como sócio, somente em ações ajuizadas até dois anos depois de averbada a modificação do contrato, observada a seguinte ordem de preferência:

I – a empresa devedora;

II – os sócios atuais; e

III – os sócios retirantes.

Parágrafo único. O sócio retirante responderá solidariamente com os demais quando ficar comprovada fraude na alteração societária decorrente da modificação do contrato."

2. Parecer do relator

"É natural da dinâmica empresarial a alteração do quadro societário. Por ausência de regras, atualmente é grande a insegurança jurídica sobre a responsabilidade que afeta a empresa, os sócios atuais e o sócio que se retira. A lei é silente na atualidade sobre quem responde pelas obrigações trabalhistas, por quanto tempo, sobre qual período, de que forma, gerando decisões diferentes, conflitantes e sem parâmetros legais.

Partindo da premissa de que o empregador é a empresa e que ela possui, em tese, patrimônio e faturamento, esta por primeiro deve responder pelas obrigações trabalhistas.

Por segundo, os sócios atuais da empresa, que respondem pela sucessão, nos termos do art. 448 da CLT. E, por último, aquele que saiu, ou seja, o retirante, que a lei também pode alcançar, esgotados os meios de execução em face dos outros devedores.

A nova redação a todos alcança, conferindo alto grau de garantias ao trabalhador, disciplinando a ordem de execução e delimitando no tempo a responsabilidade por fatos pretéritos que alcançam o período do sócio retirante.

O período em que o retirante pode ser alcançado – 2 anos – teve prazo extraído da legislação civil, comercial e empresarial em vigor no País, além do fato de que o prazo prescricional de 2 anos, previsto na Constituição Federal, também é expresso para o protocolo de causas trabalhistas.

Finalmente, esta nova redação está em conformidade com a interpretação sistemática do projeto, que tem previsão semelhante em face das empresas no art. 448 da CLT, bem como encontra respaldo nos requisitos do procedimento para alcançar o sócio de uma empresa, a despersonalização da pessoa jurídica, que existe tanto no Código de Processo Civil, como na nova redação que estamos propondo no Substitutivo."

3. Comentários

3.1. Sócio retirante – Responsabilidade subsidiária

O sócio retirante responde subsidiariamente pelas obrigações trabalhistas da sociedade relativas ao período em que figurou como sócio, somente em ações ajuizadas até dois anos depois de averbada a modificação do contrato, observada a seguinte ordem de preferência: (Art. 10-A, incluído pela Lei n. 13.467/2017).

I – a empresa devedora;

II – os sócios atuais; e

III – os sócios retirantes.

3.1.1. Sócio retirante

A CLT era omissa quanto ao disciplinamento do sócio retirante; omissão sanada com o acréscimo do artigo 10-A, sendo que o prazo para a caracterização de tal figura é de dois anos depois de averbada a modificação do contrato.

3.1.2. Responsabilidade subsidiária

O sócio retirante responde subsidiariamente pelas obrigações da sociedade, pelo período de até dois anos depois da averbação da modificação do contrato, desde que a empresa devedora e os demais sócios fiquem inadimplentes.

3.2. Responsabilidade solidária

O sócio retirante responderá solidariamente com os demais quando ficar comprovada fraude na alteração societária decorrente da modificação do contrato. (Paráfrago único do art. 10-A, incluído pela Lei n. 13.467/2017).

O artigo é bem claro: o sócio retirante responderá solidariamente com os demais, quando ficar comprovada fraude na alteração societária decorrente da modificação do contrato.

Como aplicação subsidiária, consultar o Código Civil de 2002, art. 1023 e seguintes.

DA PRESCRIÇÃO

1. Legislação

"Art. 11. A pretensão quanto a créditos resultantes das relações de trabalho prescreve em cinco anos para os trabalhadores urbanos e rurais, até o limite de dois anos após a extinção do contrato de trabalho.

I – (revogado);

II – (revogado);

§ 1º [...]

§ 2º Tratando-se de pretensão que envolva pedido de prestações sucessivas decorrente de alteração ou descumprimento do pactuado, a prescrição é total, exceto quando o direito à parcela esteja também assegurado por preceito de lei.

§ 3º A interrupção da prescrição somente ocorrerá pelo ajuizamento de reclamação trabalhista, mesmo que em juízo incompetente, ainda que venha a ser extinta sem resolução do mérito, produzindo efeitos apenas em relação aos pedidos idênticos. (NR).

"Art. 11-A. Ocorre a prescrição intercorrente no processo do trabalho no prazo de dois anos.

§ 1º A fluência do prazo prescricional intercorrente inicia-se quando o exequente deixa de cumprir determinação judicial no curso da execução.

§ 2º A declaração da prescrição intercorrente pode ser requerida ou declarada de ofício em qualquer grau de jurisdição."

2. Parecer do relator

"As alterações promovidas no art. 11 são para alçar ao nível de lei ordinária as ideias contidas nas Súmulas n. 268 e n. 294 do TST, para que, desse modo, seja dada efetividade ao inciso XXIX do art. 7º da Constituição Federal, permitindo-se que o prazo prescricional de cinco anos se dê ainda na vigência do contrato.

A prescrição não é a perda do direito, mas a perda da ação correspondente ao implemento do direito pretendido, pela passagem do tempo, e inércia do titular do direito em buscá-lo.

A prescrição existe em todo o mundo, em qualquer ordenamento jurídico e, para se ter ideia, até o crime de homicídio prescreve.

Mas, no Brasil, o crédito trabalhista não prescreve, segundo Súmula do TST, que contraria frontalmente Súmula sobre tema idêntico do STF.

A redação do Substitutivo é criteriosa, a ponto de prever que a prescrição intercorrente – que ocorre na fase de execução do processo – somente ocorrerá após 2 anos. E o marco inicial deste prazo ocorre somente quando o próprio exequente deixar de cumprir alguma determinação do juízo para prosseguir com o processo.

Até mesmo os créditos da Fazenda Pública podem prescrever de forma intercorrente, na forma da lei federal regente. O prazo de dois anos foi estabelecido a partir da norma constitucional, que prevê o prazo prescricional de dois anos para propositura de ação na área trabalhista."

3. Comentários

3.1. Prescrição

Prescrição é a maneira de se adquirir um direito ou de se desfazer de uma obrigação pelo decurso do tempo. O alvo da prescrição é a pretensão. A prescrição atinge a pretensão e não o direito tido como violado.

Diz o atual Código Civil que, violado o direito, nasce para o titular a pretensão, a qual se extingue pela prescrição, nos prazos ... (art. 189).

3.2. Prazo prescricional para os trabalhadores urbanos e rurais

A pretensão quanto a créditos resultantes das relações de trabalho prescreve em cinco anos para os trabalhadores urbanos e rurais, até o limite de dois anos após a extinção do contrato de trabalho. (*Caput* do art. 11, com redação dada pela Lei n. 13.467/2017)

O prazo prescricional é de cinco anos na constância do contrato e até o limite de dois anos após a sua extinção (*caput* do art. 11e CF/1988, art. 7º, XXIX).[16]

Os incisos I e II, do art. 11, foram revogados.[17]

3.3. Exceção

A exceção consta do § 1º, do art. 11, incluído pela Lei n. 9.658/1998 e que não foi alterado: "O disposto neste artigo não se aplica às ações que tenham por objeto anotações para fins de prova junto à Previdência Social".

A presente exceção refere-se às ações declatórias que buscam o reconhecimento da existência do vínculo empregatício.

3.4. Prescrição total ou parcial

Tratando-se de pretensão que envolva pedido de prestações sucessivas decorrente de alteração ou descumprimento do pactuado, a prescrição é total, exceto quando o direito à parcela esteja também assegurado por preceito de lei. (§ 2º do art. 11, incluído pela Lei n. 13.467/2017)

A distinção entre prescrição total e parcial ou sucessiva extrai-se da jurisprudência uniformizada, sendo que o dispositivo em análise reproduz a Súmula n. 294 do TST, como se costata a seguir.

A Súmula n. 294 do TST estabelece: "Tratando-se de ação que envolva pedido de prestações sucessivas decorrentes de alteração do pactuado, a prescrição é total, exceto quando o direito à parcela esteja também assegurado por preceito de lei".

Exemplificando: o empregador pactua com o empregado pagamento das horas extras, com adicional de 90%, sendo que a lei prevê pagamento, no mínimo, de 50% (CF/88 – art. 7º, XVI); alguns meses depois, o empregador deixa de pagar o valor do adicional combinado e passa a pagar o previsto em lei (50%); nesse caso, a partir da alteração, que consolida o ato único do empregador, a prescrição para reaver as diferenças não será parcial (mês a mês) e sim total, por se tratar de prestações sucessivas decorrentes de alteração pactuada e não assegurada por lei.

Na ação de equiparação salarial, a prescrição é parcial e só alcança as diferenças salariais vencidas no período de 5 (cinco) anos que precedeu o ajuizamento (Súmula do TST n. 6, IX).

Na ação que objetiva corrigir desvio funcional, a prescrição só alcança as diferenças salariais vencidas no período de 5 (cinco) anos que precedeu o ajuizamento (Súmula do TST n. 275, I).

A pretensão a diferenças de complementação de aposentadoria sujeita-se à prescrição parcial e quinquenal, salvo se o pretenso direito decorrer de verbas não recebidas no curso da relação de emprego e já alcançadas pela prescrição, à época da propositura da ação (Súmula n. 327 do TST).

---

(16) CF/1988 – Art. 7º ... XXIX – ação, quanto aos créditos resultantes das relações de trabalho, com prazo prescricional de cinco anos para os trabalhadores urbanos e rurais, até o limite de dois anos após a extinção do contrato de trabalho.
(17) I – em cinco anos para o trabalhador urbano, até o limite de dois anos após a extinção do contrato;
II – em dois anos, após a extinção do contrato de trabalho, para o trabalhador rural.

A respeito de prescrição, consultar a jurisprudência trabalhista uniformizada:

a) Súmulas do TST: 156, 199, 206, 268, 275, 294, 308, 326, 327, 350, 362, 373, 382 e 452;

b) Orientações Jurisprudenciais da SBDI-1 do TST: 76, 129, 130, 175, 242, 243, 271, 359, 370, 375, 392, 401 e 417.

3.5. Interrupção da prescrição

A interrupção da prescrição somente ocorrerá pelo ajuizamento de reclamação trabalhista, mesmo que em juízo incompetente, ainda que venha a ser extinta sem resolução do mérito, produzindo efeitos apenas em relação aos pedidos idênticos. (§ 3º do art. 11, incluído pela Lei n. 13.467/2017)

A respeito da interrupção do prazo prescricional, disciplinado no § 3º do artigo em comento, a CLT era omissa; omissão que era solucionada por aplicação subsidiária do Código Civil (CLT – art. 8º, parágrafo único) e que ainda continua aplicável no que não for incompatível com a esfera trabalhista.[18]

O dispositivo em questão incorporou o teor da Súmula n. 268 do TST e rejeitou a OJ n. 392 da SDI-1 do TST, que admitia o protesto judicial como causa de interrupção do prazo prescricional, o que não significa que deixou de ser admissível no processo do trabalho.[19]

O professor Francisco Gonçalves Neto, tratando das causas preclusivas da prescrição, ensina: "... há três ordens de causas preclusivas da prescrição: impeditivas, suspensivas e interruptivas. As primeiras tolhem ou impedem que a prescrição inicie; as segundas sobrevêm no curso do prazo da prescrição, paralisando-o, voltando este a ser contado quando elas cessarem; as terceiras interrompem a prescrição já iniciada, inutilizando, porém, todo o curso percorrido, e, cessada a interrupção, inicia-se a contagem de novo prazo prescricional".[20]

Para efeito de exemplificação, apresentam-se as situações:

a) Causa impeditiva – Contra os menores de 18 anos não corre nenhum prazo de prescrição (CLT – art. 440);

b) causa suspensiva – O prazo prescricional será suspenso a partir da provocação da Comissão de Conciliação Prévia, recomeçando a fluir, pelo que lhes resta, a partir da tentativa frustrada de conciliação ou do esgotamento do prazo previsto no artigo 625-F. (CLT – art. 625-G);

c) causa interruptiva – Ajuizamento de reclamação trabalhista, ainda que arquivada, interrompe a prescrição somente em relação aos pedidos idênticos. (CLT – art. 11, § 3º).

3.6. Prescrição intercorrente – Prazo – Requerimento ou declaração

3.6.1. Prescrição intercorrente

Ocorre a prescrição intercorrente no processo do trabalho no prazo de dois anos. (Caput do art. 11-A, incluído pela Lei n. 13.467/2017)

---

(18) Código Civil, de 2002 – Regra geral:
Art. 202. A interrupção da prescrição, que somente poderá ocorrer uma vez, dar-se-á:
I – por despacho do juiz, mesmo incompetente, que ordenar a citação, se o interessado a promover no prazo e na forma da lei processual;
II – por protesto, nas condições do inciso antecedente;
III – por protesto cambial;
IV – pela apresentação do título de crédito em juízo de inventário ou em concurso de credores;
V – por qualquer ato judicial que constitua em mora o devedor;
VI – por qualquer ato inequívoco, ainda que extrajudicial, que importe reconhecimento do direito pelo devedor.
Parágrafo único. A prescrição interrompida recomeça a correr da data do ato que a interrompeu, ou do último ato do processo para a interromper.
(19) Súmula n. 268 do TST: A ação trabalhista, ainda que arquivada, interrompe a prescrição somente em relação aos pedidos idênticos.
OJ n. 392 da SDI-1 do TST: O protesto judicial é medida aplicável no processo do trabalho, por força do art. 769 da CLT e do art. 15 do CPC de 2015. O ajuizamento da ação, por si só, interrompe o prazo prescricional, em razão da inaplicabilidade do § 2º do art. 240 do CPC de 2015 (§ 2º do art. 219 do CPC de 1973), incompatível com o disposto no art. 841 da CLT.
(20) GONÇALVES NETTO, Francisco. I – Arbitragem e Prescrição; II – Organização Sindical, Mercosul e Solução de Conflitos. São Paulo: LTr, *Suplemento Trabalhista*, 2002. n. 117, p. 536.

Prescrição intercorrente é a que se consuma no curso do processo graças à inércia da parte; a CLT era silente a respeito da prescrição intercorrente, a omissão foi sanada pelo acréscimo do art.11-A à CLT, conforme a Lei n. 13.467/2017.

Antes da introdução do mencionado artigo, a aplicação ou não da prescrição intercorrente era polêmica, o que se constata pela jurisprudência uniformizada, sendo que a Súmula n. 114 do TST não admitia e o STF, por meio da Súmula n. 327, admitia a sua aplicação na Justiça do Trabalho.

3.6.2. Prazo

A fluência do prazo prescricional intercorrente inicia-se quando o exequente deixa de cumprir determinação judicial no curso da execução. (§ 1º do art. 11-A, incluído pela Lei n. 13.467/2017)

Ocorre a prescrição intercorrente no processo do trabalho, na fase de execução, no prazo de dois anos, sendo que a fluência do prazo prescricional intercorrente inicia-se quando o exequente deixa de cumprir determinação judicial no curso da execução.

3.6.3. Requerimento ou declaração

A declaração da prescrição intercorrente pode ser requerida ou declarada de ofício em qualquer grau de jurisdição. (§ 2º do art. 11-A, incluído pela Lei n. 13.467/2017).

A parte interessada pode requerer a declaração da prescrição intercorrente; caso não o faça, o julgador, em qualquer grau de jurisdição, poderá declarar de ofício.

DA FALTA DE REGISTRO DE EMPREGADO E DE INFORMAÇÕES

1. Legislação

"Art. 47. O empregador que mantiver empregado não registrado nos termos do art. 41 desta Consolidação ficará sujeito a multa no valor de R$ 3.000,00 (três mil reais) por empregado não registrado, acrescido de igual valor em cada reincidência.

§ 1º Especificamente quanto à infração a que se refere o *caput* deste artigo, o valor final da multa aplicada será de R$ 800,00 (oitocentos reais) por empregado não registrado, quando se tratar de microempresa ou empresa de pequeno porte.

§ 2º A infração de que trata o *caput* deste artigo constitui exceção ao critério da dupla visita." (NR)

"Art. 47-A. Na hipótese de não serem informados os dados a que se refere o parágrafo único do art. 41 desta Consolidação, o empregador ficará sujeito à multa de R$ 600,00 (seiscentos reais) por empregado prejudicado."

2. Parecer do relator

"Estamos de acordo com a iniciativa do Poder Executivo em majorar o valor da multa pelo descumprimento da regra de anotação do registro de trabalhadores nas empresas. Acreditamos que tal medida contribuirá para reduzir a informalidade no mercado de trabalho e protegerá os trabalhadores contra a violação de um direito básico que lhe é devido. De fato, o valor extremamente reduzido que é cobrado atualmente serve como um estímulo à falta de registro, gerando um prejuízo também pela ausência de recolhimento da contribuição previdenciária e do FGTS incidentes sobre a remuneração do empregado.

Temos que observar, todavia, que essa prática não é a regra entre os empregadores, que se esforçam, em sua grande maioria, para cumprir toda a legislação trabalhista e previdenciária. Esses empregadores, portanto, não terão com o que se preocupar.

No entanto, embora concordemos com a tese geral de aumento do valor das multas, reconhecemos que os valores arbitrados no projeto de lei estão por demais elevados. Se pensarmos em descumpridores contumazes da legislação, não haveria necessidade de fazermos reparos nos valores. Contudo temos que ter em vista que mesmo os bons empregadores estão sujeitos a equívocos e, nessa situação, podemos ter a inviabilização de micro e pequenas empresas, as maiores empregadoras de mão de obra em nosso País.

Assim sendo, estamos propondo novos valores para as multas indicadas nos artigos, que nos parecem mais razoáveis. A multa prevista no *caput* do art. 47 passa para três mil reais e a multa para microempresas e empresas de pequeno porte passa a ser de oitocentos reais. Apesar da redução, ainda continuarão significativamente mais elevadas do que os valores em vigor.

Outro ponto a ser questionado nesses dispositivos é o critério de se excepcionar o princípio da dupla visita para a Inspeção do Trabalho nesses casos, o que implica dizer que os Inspetores do Trabalho poderão multar os empregadores infratores já na primeira visita (§ 2º do art. 47). A leitura conjunta do *caput* com esse parágrafo – valores elevados para as multas com a possibilidade de cobrança já na primeira visita – pode inviabilizar muitas empresas. Por esse motivo, estamos retirando do texto a excepcionalidade da dupla visita por motivo de falta de registro.

Com a exclusão do § 2º, a redação adotada para o art. 47 no Substitutivo transforma o § 1º em parágrafo único.

Mudamos, também, o valor da multa previsto no art. 47-A. De fato, não se justifica que um fato menos gravoso (a falta de comunicação do registro) seja apenado de forma mais rigorosa que a própria ausência do registro, ato esse muito mais prejudicial ao empregado."

3. Comentários

3.1. Empregado não registrado

O empregador que mantiver empregado não registrado nos termos do art. 41 desta Consolidação ficará sujeito a multa no valor de R$ 3.000,00 (três mil reais) por empregado não registrado, acrescido de igual valor em cada reincidência. (Caput do art. 47, com redação dada pela Lei n. 13.467/2017)

Com nova redação, o art. 47 da CLT, disciplina que o empregador que mantiver empregado não registrado nos termos do art. 41 desta Consolidação ficará sujeito a multa no valor de R$ 3.000,00 (três mil reais) por empregado não registrado, acrescido de igual valor em cada reincidência.

O art. 41 da CLT determina que, em todas as atividades, será obrigatório para o empregador o registro dos respectivos trabalhadores, podendo serem adotados livros, fichas ou sistema eletrônico, conforme instruções a serem expedidas pelo Ministério do Trabalho.

Por sua vez, o parágrafo único do art. 41 determina que, além da qualificação civil ou profissional de cada trabalhador, deverão ser anotados todos os dados relativos à sua admissão no emprego, duração e efetividade do trabalho, a férias, acidentes e demais circunstâncias que interessem à proteção do trabalhador.

3.2. Microempresa ou empresa de pequeno porte

Especificamente quanto à infração a que se refere o caput deste artigo, o valor final da multa aplicada será de R$ 800,00 (oitocentos reais) por empregado não registrado, quando se tratar de microempresa ou empresa de pequeno porte. (§ 1º do art. 47, incluído pela Lei n. 13.467/2017)

Quando se tratar de microempresa ou empresa de pequeno porte, o § 1º que resultou do desdobramento do parágrafo unico do art. 47, determina que o valor da multa será de R$ 800,00 (oitocentos reais) por empregado não registrado.

3.3. Exceção ao critério de dupla visita

A infração de que trata o caput deste artigo constitui exceção ao critério da dupla visita. (§ 2º do art. 47, incluído pela Lei n. 13.467/2017)

Nos termos do § 2º, acrescido ao art. 47 da CLT, a infração de que trata o *caput* deste artigo, por causa de sua gravidade, constitui exceção ao critério da dupla visita, em que a primeira é de natureza instrutória e a segunda punitiva. Consequentemente, a empresa que deixar de registrar o empregado poderá ser autuada por ocasião da primeira visita da fiscalização trabalhista.

A respeito do critério de dupla visita, a CLT, art. 627, prescreve que a fiscalização deverá observar o critério de dupla visita:

a) quando ocorrer promulgação ou expedição de novas leis, regulamentos ou instruções ministeriais, sendo que, com relação exclusivamente a esses atos, será feita apenas a instrução dos responsáveis;

b) em se realizando a primeira inspeção dos estabelecimentos dos locais de trabalho, recentemente inaugurados ou empreendidos.

Por seu turno, a Lei n. 7.855/1989 prevê uma terceira situação ao determinar que será observado o critério de dupla visita nas empresas com até dez empregados, salvo quando for constatada infração por falta de registro de empregado, anotação de sua Carteira de Trabalho e Previdência Social e na ocorrência de fraude, resistência ou embaraço à fiscalização (art. 6º, § 3º).

O revogado Estatuto da Microempresa e da Empresa de Pequeno Porte (Lei n. 9.841/1999) previa o critério da dupla visita para lavratura de autos de infração, salvo quando fosse constatada infração por falta de registro de empregado, ou anotação da Carteira de Trabalho e Previdência Social – CTPS, ou ainda na ocorrência de reincidência, fraude, resistência ou embaraço à fiscalização (art. 12, parágrafo único).

O Regulamento da Inspeção do Trabalho, Decreto n. 4.552/2002, sintetiza:

> Art. 23. Os Auditores-Fiscais do Trabalho têm o dever de orientar e advertir as pessoas sujeitas à inspeção do trabalho e os trabalhadores quanto ao cumprimento da legislação trabalhista, e observarão o critério de dupla visita nos seguintes casos:
>
> I – quando ocorrer promulgação ou expedição de novas leis, regulamentos ou instruções ministeriais, sendo que, com relação exclusivamente a esses atos, será feita apenas a instrução dos responsáveis;
>
> II – quando se tratar de primeira inspeção nos estabelecimentos ou locais de trabalho recentemente inaugurados ou empreendidos;
>
> III – quando se tratar de estabelecimento ou local de trabalho com até dez trabalhadores, salvo quando for constatada infração por falta de registro de empregado ou de anotação da CTPS, bem como na ocorrência de reincidência, fraude, resistência ou embaraço à fiscalização; e
>
> IV – quando se tratar de microempresa e empresa de pequeno porte, na forma da lei específica.
>
> § 1º A autuação pelas infrações não dependerá da dupla visita após o decurso do prazo de noventa dias da vigência das disposições a que se refere o inciso I ou do efetivo funcionamento do novo estabelecimento ou local de trabalho a que se refere o inciso II.
>
> § 2º Após obedecido o disposto no inciso III, não será mais observado o critério de dupla visita em relação ao dispositivo infringido.
>
> § 3º A dupla visita será formalizada em notificação, que fixará prazo para a visita seguinte, na forma das instruções expedidas pela autoridade nacional competente em matéria de inspeção do trabalho.

Na observação de Rober Renzo, o critério da dupla visita, disciplinada nos arts. 23 e 24 do RIT constitui-se numa obrigação do AFT, traduzindo-se em seu poder vinculado pelo que, fora daquelas hipóteses, da mesma forma, poderá também o auditor do trabalho conceder prazos e realizar quantas visitas desejar estando, desta vez, exercendo seu poder discricionário.[21]

3.4. Falta de informações

Na hipótese de não serem informados os dados a que se refere o parágrafo único do art. 41 desta Consolidação, o empregador ficará sujeito à multa de R$ 600,00 (seiscentos reais) por empregado prejudicado. (Art. 47-A, incluído pela Lei n. 13.467/2017)

O art. 47-A, acrescentado à CLT, prevê que, na hipótese de não serem informados os dados a que se refere o parágrafo único do art. 41 desta Consolidação, o empregador ficará sujeito à multa de R$ 600,00 (seiscentos reais) por empregado prejudicado.

3.5. Atualização das multas administrativas

Os valores das multas administrativas expressos em moeda corrente serão reajustados anualmente pela Taxa Referencial (TR), divulgada pelo Banco Central do Brasil, ou pelo índice que vier a substituí-lo, conforme prevê o § 2º do art. 634, incluído pela Lei n. 13.467/2017.

---

(21) RENZO, Rober. *Fiscalização do trabalho*. São Paulo: LTr, 2007. p. 123.

DA JORNADA DE TRABALHO E A EXTINÇÃO DAS HORAS *IN ITINERE*

1. Legislação

"Art. 58 [...]

[...]

§ 2º O tempo despendido pelo empregado desde a sua residência até a efetiva ocupação do posto de trabalho e para o seu retorno, caminhando ou por qualquer meio de transporte, inclusive o fornecido pelo empregador, não será computado na jornada de trabalho, por não ser tempo à disposição do empregador.

§ 3º (Revogado)." (NR)

2. Parecer do relator

"O TST pacificou entendimento de que o tempo despendido pelo empregado até o local do trabalho integra a sua jornada de trabalho, incluindo nessa hipótese até mesmo o tempo gasto no transporte que o empregador concedia por sua liberalidade aos seus empregados. Decidiu, ainda, o Tribunal que, uma vez que esse tempo é computado na jornada de trabalho, o que extrapolar a jornada legal deve ser considerado como hora extra, sobre ela incidindo o adicional.

A nossa intenção é a de estabelecer que esse tempo, chamado de horas *in itinere*, por não ser tempo à disposição do empregador, não integrará a jornada de trabalho. Essa medida, inclusive, mostrou-se prejudicial ao empregado ao longo do tempo, pois fez com que os empregadores suprimissem esse benefício aos seus empregados.

Acreditamos que, a partir da aprovação do dispositivo, esse benefício volte a ser concedido."

3. Comentários

3.1. Jornada normal de trabalho

A duração normal do trabalho, para os empregados em qualquer atividade privada, não excederá de 8 (oito) horas diárias, desde que não seja fixado expressamente outro limite (*caput* do art. 58 da CLT).

A CLT, como regra geral, preceitua que a jornada normal de trabalho não excederá de 8 horas diárias.

Por sua vez, a CF/1988 estabelece a duração do trabalho normal não superior a oito horas diárias e quarenta e quatro semanais (art. 7º, XIII).

Jornada de trabalho é o tempo diário em que o empregado fica à disposição do empregador, executando ou aguardando ordens.

Jornada de trabalho não se confunde com horário de trabalho, que é o espaço de tempo entre o início e o término da jornada de trabalho.

Exemplo: empregado que trabalha das 8:00 às 12:00 horas e das 14:00 às 18:00 horas de segunda a sexta-feira e das 8:00 às 12:00 horas no sábado.

Neste exemplo, o empregado tem duas horas (12:00 às 14:00) de intervalo para repouso e/ou alimentação.[22]

3.2. Não computação na jornada

Não serão descontadas nem computadas como jornada extraordinária, as variações de horário no registro de ponto não excedentes de cinco minutos, observado o limite máximo de dez minutos diários. (§ 1º do art. 58)

A partir da vigência da Lei n. 10.243, de 19.06.2001, que acrescentou o § 1º ao art. 58 da CLT, não mais prevalece cláusula prevista em convenção ou acordo coletivo que elastece o limite de 5 minutos que antecedem e sucedem a jornada de trabalho para fins de apuração das horas extras (Súmula n. 449 do TST).

3.3. Extinção das horas *in itinere*

O tempo despendido pelo empregado desde a sua residência até a efetiva ocupação do posto de trabalho e para o seu retorno, caminhando ou por qualquer meio de transporte, inclusive o fornecido pelo empregador, não será computado na jornada de trabalho, por não ser tempo à disposição do empregador. (§ 2º do art. 58, com redação dada pela Lei n. 13.467/2017)[23]

A alteração da redação do parágrafo em questão encerra a discussão das horas de trajeto ou de itinerário (horas *in tinere*) integrarem ou não a jornada de trabalho, pondo fim às horas *in itinere*.

Com a nova redação do parágrafo, provavelmente a Súmula n. 90 do TST seja cancelada ou revisada.

O § 3º, do art. 58, da CLT, foi revogado pela Lei n. 13.467/2017.[24]

---

(22) CORTEZ, Julpiano Chaves. *Prática trabalhista* – Cálculos. São Paulo: LTr, 2015, p. 12.
(23) Texto anterior do § 2º: O tempo despendido pelo empregado até o local de trabalho e para o seu retorno, por qualquer meio de transporte, não será computado na jornada de trabalho, salvo quando, tratando-se de local de difícil acesso ou não servido por transporte público, o empregador fornecer a condução.
(24) Redação do § 3º: Poderão ser fixados, para as microempresas e empresas de pequeno porte, por meio de acordo ou convenção coletiva, em caso de transporte fornecido pelo empregador, em local de difícil acesso ou não servido por transporte público, o tempo médio despendido pelo empregado, bem como a forma e a natureza da remuneração.

DO TRABALHO EM REGIME DE TEMPO PARCIAL

1. Legislação

"Art. 58-A. Considera-se trabalho em regime de tempo parcial aquele cuja duração não exceda a trinta horas semanais, sem a possibilidade de horas suplementares semanais, ou, ainda, aquele cuja duração não exceda a vinte e seis horas semanais, com a possibilidade de acréscimo de até seis horas suplementares semanais.

[...]

§ 3º As horas suplementares à duração do trabalho semanal normal serão pagas com o acréscimo de 50% (cinquenta por cento) sobre o salário-hora normal.

§ 4º Na hipótese de o contrato de trabalho em regime de tempo parcial ser estabelecido em número inferior a vinte e seis horas semanais, as horas suplementares a este quantitativo serão consideradas horas extras para fins do pagamento estipulado no § 3º, estando também limitadas a seis horas suplementares semanais.

§ 5º As horas suplementares da jornada de trabalho normal poderão ser compensadas diretamente até a semana imediatamente posterior à da sua execução, devendo ser feita a sua quitação na folha de pagamento do mês subsequente, caso não sejam compensadas.

§ 6º É facultado ao empregado contratado sob regime de tempo parcial converter um terço do período de férias a que tiver direito em abono pecuniário.

§ 7º As férias do regime de tempo parcial são regidas pelo disposto no art. 130 desta Consolidação." (NR)

2. Parecer do relator

"As alterações propostas ao trabalho em regime de tempo parcial no projeto de lei também foram mantidas na íntegra por se mostrarem benéficas ao trabalhador. Pelo projeto, somente os contratos com jornada de até vinte e seis horas semanais poderão ser objeto de horas extras, o mesmo não se aplicando aos contratos de até trinta horas semanais. Além disso, a proposta iguala o gozo de férias dos empregados sob esse regime aos empregados contratados com prazo determinado, permitindo, ainda, a conversão de um terço do período de férias em dinheiro, o chamado abono pecuniário."

3. Comentários

3.1. Trabalho em regime de tempo parcial

Considera-se trabalho em regime de tempo parcial aquele cuja duração não exceda a trinta horas semanais, sem a possibilidade de horas suplementares semanais, ou, ainda, aquele cuja duração não exceda a vinte e seis horas semanais, com a possibilidade de acréscimo de até seis horas suplementares semanais. (*Caput* do art. 58-A, com redação dada pela Lei n. 13.467/2017)

Com a nova redação, o trabalho em regime de tempo parcial poderá ser de dois tipos:

a) com duração que não exceda a vinte e seis horas semanais, com a possibilidade de acréscimo de até seis horas suplementares semanais; e,

b) com duração que não exceda a trinta horas semanais, sem a possibilidade de horas suplementares semanais.

3.2. Salário proporcional – Opção para os atuais empregados

3.2.1. Salário proporcional

O salário a ser pago aos empregados sob o regime de tempo parcial será proporcional à sua jornada, em relação aos empregados que cumprem, nas mesmas funções, tempo integral. (§ 1º do art. 58-A)

Para calcular o salário mínimo proporcional mensal, computado o repouso semanal remunerado, qualquer que seja a duração das horas semanais, basta aplicar a fórmula: duração das horas semanais x 5 x 4,26 = salário mensal; em que o número 5 resulta da média da jornada semanal multiplicada 30 (dias do mês) e R$ 4,26 é o valor da hora do salário mínimo atual.

Exemplos:

a) para o empregado em regime de tempo parcial, com duração de 30 horas semanais, o valor do salário mensal será de **R$ 639,00** (30 x 5 x 4,26 = 639,00);

b) para o empregado em regime de tempo parcial, com duração de 26 horas semanais, o valor do salário mensal será de **R$ 553,80** (26 x 5 x 4,26 = 553,80);

c) para o empregado em regime de tempo parcial, com duração de 20 horas semanais, o valor do salário mensal será de **R$ 426,00** (20 x 5 x 4,26 = 426,00).

3.2.2. Opção para os atuais empregados

Para os atuais empregados, a adoção do regime de tempo parcial será feita mediante opção manifestada perante a empresa, na forma prevista em instrumento decorrente de negociação coletiva. (§ 2º do art. 58-A)

3.3. Valor das horas suplementares

As horas suplementares à duração do trabalho semanal normal serão pagas com o acréscimo de 50% (cinquenta por cento) sobre o salário-hora normal. (§ 3º do art. 58-A, incluído pela Lei n. 13.467/2017)

O *caput* do art. 58-A, c/c o § 3º, determinam que, só no caso do regime de tempo parcial, com duração não excedente a 26 horas semanais, podem ser feitas horas suplementares, com o acréscimo de 50% (cinquenta por cento) sobre o salário-hora normal.[25]

3.4. Hora extra semanal no regime de tempo parcial inferior a 26 horas

Na hipótese de o contrato de trabalho em regime de tempo parcial ser estabelecido em número inferior a vinte e seis horas semanais, as horas suplementares a este quantitativo serão consideradas horas extras para fins do pagamento estipulado no § 3º, estando também limitadas a seis horas suplementares semanais. (§ 4º do art. 58-A, incluído pela Lei n. 13.467/2017)

Este parágrafo, por causa de sua repetição, é perfeitamente dispensável.

3.5. Compensação das horas suplementares no regime de tempo parcial

As horas suplementares da jornada de trabalho normal poderão ser compensadas diretamente até a semana imediatamente posterior à da sua execução, devendo ser feita a sua quitação na folha de pagamento do mês subsequente, caso não sejam compensadas. (§ 5º do art. 58-A, incluído pela Lei n. 13.467/2017)

---

(25) Súmula n. 264 do TST: A remuneração do serviço suplementar é composta do valor da hora normal, integrado por parcelas de natureza salarial e acrescido do adicional previsto em lei, contrato, acordo, convenção coletiva ou sentença normativa.

Como visto anteriormente, apenas no regime de tempo parcial, com duração não excedente a 26 horas semanais, podem ser feitas horas suplementares. Portanto, só neste tipo de contrato, as horas suplementares podem ser compensadas na mesma semana ou na semana seguinte, sem necessidade de acordo escrito de compensação de jornada; senão, deverão ser quitadas na folha de pagamento do mês subsequente, caso não sejam compensadas.

3.6. Conversão das férias em abono pecuniário no regime de tempo parcial

É facultado ao empregado contratado sob regime de tempo parcial converter um terço do período de férias a que tiver direito em abono pecuniário. (§ 6º do art. 58-A, incluído pela Lei n. 13.467/2017)

O § 3º, do art. 143, da CLT, proibia a conversão ao empregado contratado sob o regime de tempo parcial.

O abono pecuniário significa a venda de 1/3 do período das férias a que o empregado tem direito e não deve ser confundido com o aumento constitucional da remuneração (CF/1988, art. 7º, XVII) das férias, que por coincidência também é de 1/3.

O Ministério do Trabalho baixou a Intrução Normativa n. 1/1988, entendendo que o abono pecuniário deve ser calculado sobre a remuneração das férias, já acrescida de um terço constitucional (art. 7º, XVII).

Entretanto, há entendimento de que sobre o abono pecuniário não incide o acréscimo constitucional de 1/3, como se extrai do final da ementa: "Prevalece, por conseguinte, o entendimento sufragado pelo acórdão turmário, qual seja, o de que o abono pecuniário previsto no art. 143 da CLT deve equivaler à remuneração do trabalho nos dias a que ele corresponde, sem o acréscimo ou o reflexo de 1/3 que incide sobre a remuneração de todo o período de férias (inclusive sobre os dias de férias convertidos em pecúnia). Embargos conhecidos e não providos." [TST-E-RR-585800-56.2007.5.1.0026 – (E-RR-5858/2007-026-12-00.2) – (Ac. SBDI-1) – Rel. Min. Augusto César Leite de Carvalho – DJe/TST n. 929/12, 1.3.12, p. 177 – *Apud LTr Sup. Jurisp.* 17/2012, p. 132]

3.7. As férias do regime de tempo parcial

As férias do regime de tempo parcial são regidas pelo disposto no art. 130 desta Consolidação. (§ 7º do art. 58-A, incluído pela Lei n. 13.467/2017)

O parágrafo em análise estabelece que as férias do regime de tempo parcial são regidas pelo disposto no art. 130 da CLT.

Por sua vez, o art. 130 da CLT determina que as faltas imotivadas, durante o período aquisitivo, influem nos dias de férias do empregado, como demonstra o quadro organizado abaixo:[26]

Faltas injustificadas no período aquisitivo	Dias de gozo das férias
até 5 faltas	30 dias
de 6 a 14 faltas	24 dias
de 15 a 23 faltas	18 dias
de 24 a 32 faltas	12 dias
mais de 32 faltas	não tem direito a férias

---

[26] Cortez (2015:146).

DA JORNADA DE TRABALHO E DAS HORAS EXTRAS

1. Legislação

"Art. 59. A duração diária do trabalho poderá ser acrescida de horas extras, em número não excedente de duas, por acordo individual, convenção coletiva ou acordo coletivo de trabalho.

§ 1º A remuneração da hora extra será, pelo menos, 50% (cinquenta por cento) superior à da hora normal.

[...]

§ 3º Na hipótese de rescisão do contrato de trabalho sem que tenha havido a compensação integral da jornada extraordinária, na forma dos §§ 2º e 5º deste artigo, o trabalhador terá direito ao pagamento das horas extras não compensadas, calculadas sobre o valor da remuneração na data da rescisão.

§ 4º (Revogado).

§ 5º O banco de horas de que trata o § 2º deste artigo poderá ser pactuado por acordo individual escrito, desde que a compensação ocorra no período máximo de seis meses.

§ 6º É lícito o regime de compensação de jornada estabelecido por acordo individual, tácito ou escrito, para a compensação no mesmo mês." (NR)

2. Parecer do relator

"A modificação a esse artigo atualiza o valor de remuneração da hora extra, já que a CLT ainda faz referência ao acréscimo de vinte por cento sobre a hora normal, e permite que o banco de horas já previsto na regra atual do § 2º seja pactuado por acordo individual, desde que a compensação ocorra no máximo em seis meses. Prevê, ainda, que, se o contrato for rescindido sem que tenha havido a compensação integral do banco de horas, as horas não compensadas serão pagas como extras, observado o valor da remuneração da data de rescisão."

3. Comentários

3.1. Hora extra – Instrumento de prorrogação – Remuneração

Art. 59. A duração diária do trabalho poderá ser acrescida de horas extras, em número não excedente de duas, por acordo individual, convenção coletiva ou acordo coletivo de trabalho.(Caput do art. 59, com redação dada pela Lei n. 13.467/2017)

§ 1º A remuneração da hora extra será, pelo menos, 50% (cinquenta por cento) superior à da hora normal. (§ 1°, com redação dada pela Lei n. 13.467/2017)

3.1.1. Hora extra

Hora extra ou extraordinária, também denominada suplementar, é a que ultrapassa a jornada normal de trabalho.

3.1.2. Prorrogação por acordo individual – Acordo coletivo de trabalho – Convenção coletiva de trabalho

3.1.2.1. Prorrogação por acordo individual

A jornada normal de trabalho do empregado (homem ou mulher) maior de 18 anos pode ser prorrogada no máximo em duas horas por dia, com o adicional de, no mínimo, 50% (cinquenta por cento) sobre a hora normal, mediante acordo individual entre empregado e empregador ou mediante instrumento coletivo de trabalho (convenção ou acordo coletivo) – CLT, art. 59 e CF/1988, art. 7º, XVI.

Caso a prorrogação ultrapasse a duas horas por dia, fica descaracterizado o acordo de compensação e consequentemente o banco de horas (§ 2º do art. 59), se existir.

3.1.2.2. Acordo coletivo de trabalho

A CLT, no § 1º do art. 611, estabelece que é facultado aos sindicatos representativos de categorias profissionais celebrar Acordos Coletivos com uma ou mais empresas da correspondente categoria econômica, que estipulem condições de trabalho, aplicáveis no âmbito da empresa ou das empresas acordantes às respectivas relações de trabalho.

3.1.2.3. Convenção coletiva de trabalho

Segundo a CLT, Convenção Coletiva de Trabalho é o acordo de caráter normativo pelo qual dois ou mais sindicatos representativos de categorias econômicas e profissionais estipulam condições de trabalho aplicáveis, no âmbito das respectivas representações, às relações individuais de trabalho (art. 611, *caput*).[27]

3.1.3. Remuneração da hora extra

A remuneração da hora extra corresponde ao valor da hora normal acrescido de adcional mínimo de 50% (cinquenta por cento).

A regra é de que seja no mínimo de 50% (cinquenta por cento) o percentual do adicional de hora extra (CF/1988), podendo ser superior por meio de convenção ou acordo coletivo, liberalidade do empregador etc.[28]

Em se tratando de normas especiais previstas na CLT e/ou de profissões regulamentadas, o adicional mínimo por hora extra varia em cada caso.

Exemplificando: no caso de advogado empregado, o valor do adcional da hora extra é no mínimo de 100% da hora normal (Lei n. 8.906/1994 – art. 20, § 2º).

3.2. Banco de horas – Acordo de compensação

3.2.1. Banco de horas

Poderá ser dispensado o acréscimo de salário se, por força de acordo ou convenção coletiva de trabalho, o excesso de horas em um dia for compensado pela correspondente diminuição em outro dia, de maneira que não exceda, no período máximo de um ano, à soma das jornadas semanais de trabalho previstas, nem seja ultrapassado o limite máximo de dez horas diárias. (§ 2º do art. 59 da CLT, com redação dada pela MP n. 2.164-41/2001)

Banco de horas é o procedimento de compensação de horas extras, que funciona como um sistema de crédito e débito e segundo o dispositivo em questão, pode ser realizado pelo período máximo de um ano, por instrumento coletivo (convenção ou acordo coletivo).

Na constituição do banco de horas, o excesso de horas em um dia não pode exceder à soma das jornadas semanais de trabalho previstas e nem ultrapassar o limite máximo de dez horas diárias.

3.2.2. Acordo de compensação

Acordo de compensação de horas extras é o acordo, individual ou coletivo, que dispensa o acréscimo de salário se o excesso de horas em um dia for compensado pela correspondente diminuição em outro dia.[29]

---

(27) As federações e, na falta destas, as confederações representativas de categorias econômicas ou profissionais poderão celebrar convenções coletivas de trabalho para reger as relações das categorias a elas vinculadas, inorganizadas em sindicatos, no âmbito de suas representações (CLT, art. 611, § 2º).
(28) Súmula n. 264 do TST: A remuneração do serviço suplementar é composta do valor da hora normal, integrado por parcelas de natureza salarial e acrescido do adicional previsto em lei, contrato, acordo, convenção coletiva ou sentença normativa.
(29) Súmula n. 85 do TST:I. A compensação de jornada de trabalho deve ser ajustada por acordo individual escrito, acordo coletivo ou convenção coletiva.

3.3. Rescisão do contrato

Na hipótese de rescisão do contrato de trabalho sem que tenha havido a compensação integral da jornada extraordinária, na forma dos §§ 2º e 5º deste artigo, o trabalhador terá direito ao pagamento das horas extras não compensadas, calculadas sobre o valor da remuneração na data da rescisão. (§ 3º do art. 59, com redação dada pela Lei n. 13.467/2017)

Na hipótese de rescisão do contrato de trabalho, sem que tenha havido a devida compensação, as horas suplementares não compensadas serão pagas como extras, observado o valor da remuneração na data da rescisão, como ocorre em relação às demais verbas trabalhistas.[30]

3.4. O regime de tempo parcial e as horas extras

Os empregados sob o regime de tempo parcial não poderão prestar horas extras. (§ 4º do art. 59, revogado pela Lei n. 13.467/2017)

A respeito do trabalho em regime de tempo parcial, consultar o art. 58-A.

3.5. Formas de pactuação do banco de horas

O banco de horas de que trata o § 2º deste artigo poderá ser pactuado por acordo individual escrito, desde que a compensação ocorra no período máximo de seis meses. (§ 5º do art. 59, incluído pela Lei n. 13.467/2017)

É lícito o regime de compensação de jornada estabelecido por acordo individual, tácito ou escrito, para a compensação no mesmo mês. (§ 6º do art. 59, incluído pela Lei n. 13.467/2017)

Nos termos da Reforma Trabalhista, o banco de horas pode ser pactuado por uma das formas:

a) por convenção ou acordo coletivo de trabalho, desde que a compensação ocorra no período máximo de um ano (§ 2º);

b) por acordo individual escrito, desde que a compensação ocorra no período máximo de seis meses (§ 5º); e

c) por acordo individual, tácito ou escrito, para a compensação no mesmo mês (§ 6º).

A CF/1988 determina: duração do trabalho normal não superior a oito horas diárias e quarenta e quatro semanais, facultada a compensação de horários e a redução da jornada, *mediante acordo ou convenção coletiva de trabalho* (art. 7º, XIII) – Grifamos.

O TST entende que o banco de horas só pode ser instituído por negociação coletiva. (Súmula n. 85, V)

A respeito do § 6º do art. 59 da CLT, os professores *Mauricio e Gabriela Delgado* argumentam que, "a interpretação literalista desse novo preceito, entretanto, conduziria à deflagração de profunda insegurança jurídica para o trabalhador no contexto da relação de emprego, além de exacerbar o poder unilateral do empregador nessa relação já fortemente assimétrica. A interpretação lógico-racional, sistemática e teleológica do refrido dispositivo da CLT, a par da incidência, na hipótese, do fundamental princípio constitucional da proporcionalidade e da razoabilidade, devem conduzir, equilibradamente, à compensação no sentido da necessidade, pelo menos, da pactuação bilateral escrita para a validade do mencionado regime compensatório clássico".[31]

(ex-Súmula n. 85 – primeira parte – alterada pela Res. 121/2003, DJ 21.11.2003)II. O acordo individual para compensação de horas é válido, salvo se houver norma coletiva em sentido contrário. (ex-OJ n. 182 da SBDI-1 – inserida em 08.11.2000)
(30) A indenização pelo não deferimento das férias no tempo oportuno será calculada com base na remuneração devida ao empregado na época da reclamação ou, se for o caso, na da extinção do contrato. (Súmula n. 7 do TST)
(31) *A reforma trabalhista no Brasil*. São Paulo: LTr, 2017. p. 129.

DA JORNADA DE TRABALHO 12 X 36

1. Legislação

"Art. 59-A. Em exceção ao disposto no art. 59 desta Consolidação, é facultado às partes, mediante acordo individual escrito, convenção coletiva ou acordo coletivo de trabalho, estabelecer horário de trabalho de doze horas seguidas por trinta e seis horas ininterruptas de descanso, observados ou indenizados os intervalos para repouso e alimentação.

Parágrafo único. A remuneração mensal pactuada pelo horário previsto no *caput* deste artigo abrange os pagamentos devidos pelo descanso semanal remunerado e pelo descanso em feriados, e serão considerados compensados os feriados e as prorrogações de trabalho noturno, quando houver, de que tratam o art. 70 e o § 5º do art. 73 desta Consolidação."

Nova redação dada pela Medida Provisória n. 808, de 14 de novembro de 2017:

> "Art. 59-A. Em exceção ao disposto no art. 59 e em leis específicas, é facultado às partes, por meio de convenção coletiva ou acordo coletivo de trabalho, estabelecer horário de trabalho de doze horas seguidas por trinta e seis horas ininterruptas de descanso, observados ou indenizados os intervalos para repouso e alimentação.
>
> § 1º A remuneração mensal pactuada pelo horário previsto no *caput* abrange os pagamentos devidos pelo descanso semanal remunerado e pelo descanso em feriados e serão considerados compensados os feriados e as prorrogações de trabalho noturno, quando houver, de que tratam o art. 70 e o § 5º do art. 73.
>
> § 2º É facultado às entidades atuantes no setor de saúde estabelecer, por meio de acordo individual escrito, convenção coletiva ou acordo coletivo de trabalho, horário de trabalho de doze horas seguidas por trinta e seis horas ininterruptas de descanso, observados ou indenizados os intervalos para repouso e alimentação." (NR)

2. Parecer do relator

"O art. 59-A permite o ajuste da jornada por outros meios de compensação, desde que a compensação se dê no mesmo mês e que a jornada de trabalho não ultrapasse o limite de dez horas diárias, como já é previsto na CLT.

O art. 59-B apenas traz para a lei a previsão expressa de realização da jornada de doze horas seguidas por trinta e seis horas ininterruptas de descanso (jornada de 12 x 36), jornada já consagrada nas convenções coletivas e nos acordos coletivos de trabalho celebrados pelas entidades sindicais dos trabalhadores e nas jurisprudências firmadas pelos tribunais trabalhistas.

O art. 59-C, por sua vez, estabelece que o descumprimento das exigências legais sobre compensação de jornada implicará o pagamento das horas extras apenas sobre o que exceder à jornada normal e desde que tenha sido ultrapassada a duração máxima semanal permitida."

3. Comentários

3.1. Parecer do relator

O parecer do relator corresponde aos três artigos previstos no Projeto de Lei n. 6.787/2016 e que, pela Lei n. 13.467/2017, resultaram em dois, como visto acima.

3.2. Jornada 12 x 36 – Intervalos

Art. 59-A. Em exceção ao disposto no art. 59 e em leis específicas, é facultado às partes, por meio de convenção coletiva ou acordo coletivo de trabalho, estabelecer horário de trabalho de doze horas seguidas por trinta e seis horas ininterruptas de descanso, observados ou indenizados os intervalos para repouso e alimentação. (Art. 59-A, com redação dada pela Medida Provisória n. 808, de 2017)

3.2.1. Jornada 12 x 36

A jornada de trabalho 12 x 36 pode ser estabelecida por convenção coletiva ou acordo coletivo de trabalho.

O art. 59-A, acrescentado à CLT pela Lei n. 13.467/2017, disciplinava que, em exceção ao disposto no art. 59 desta Consolidação, era facultado às partes, mediante acordo individual escrito, convenção coletiva ou acordo coletivo de trabalho, estabelecer horário de trabalho de doze horas seguidas por trinta e seis horas ininterruptas de descanso, observados ou indenizados os intervalos para repouso e alimentação.

Esse artigo foi alterado pela MP n. 808/2017, para excluir, como regra geral, o estabelecimento da jornada 12 x 36 por acordo individual escrito.

O artigo põe fim a uma antiga divergência sobre a validade ou não da jornada de doze horas de trabalho por trinta e seis de descanso.

Em apoio à validade, o TST, por meio da Súmula n. 444, se posicionou: "É valida, em caráter excepcional, a jornada de doze horas de trabalho por trinta e seis de descanso, prevista em lei ou ajustada exclusivamente mediante acordo coletivo de trabalho ou convenção coletiva de trabalho, assegurada a remuneração em dobro dos feriados trabalhados. O empregado não tem direito ao pagamento de adicional referente ao labor prestado na décima primeira e décima segunda horas".

A CF/1988 determina: duração do trabalho normal não superior a oito horas diárias e quarenta e quatro semanais, facultada a compensação de horários e a redução da jornada, *mediante acordo ou convenção coletiva de trabalho* (art. 7º, XIII) – Grifamos.

A jornada especial de 12 x 36 foi, inicialmente, disciplinada pela Lei n. 11.901, de 12 de janeiro de 2009, que dispõe sobre a profissão de bombeiro civil. A mencionada lei preceitua no art. 5º que a jornada do bombeiro civil é de 12 (doze) horas de trabalho por 36 (trinta e seis) horas de descanso, num total de 36 (trinta e seis) horas semanais (art. 5º).

O art. 235-F, da CLT, preceitua: convenção e acordo coletivo poderão prever jornada especial de 12 (doze) horas de trabalho por 36 (trinta e seis) horas de descanso para o trabalho do motorista, em razão da especificidade do transporte, de sazonalidade ou de característica que o justifique (acrescentado pela Lei n. 12.619/2012).

Em razão da especificidade do trabalho e de suas características, a lei dos empregados domésticos (LC n. 150/2015) admite, por meio de acordo escrito entre empregador e empregado, a jornada de serviços no regime 12 x 36, ou seja, de doze horas de serviço por trinta e seis de descanso, totalizando 36 (trinta e seis) horas de trabalho por semana, observados ou indenizados os intervalos para repouso e alimentação (art. 10, *caput*).

3.2.2. Intervalos

O dispositivo legal, em análise, é taxativo ao determinar que, na jornada de 12 x 36, devem ser observados ou indenizados os intervalos para repouso e alimentação.

Portanto, os intervalos para repouso ou alimentação devem ser concedidos e não computados na duração do trabalho e, se não forem concedidos serão indenizados, com o valor da remuneração da hora normal de trabalho, como forma de reparação.[32]

A não concessão dos intervalos para repouso ou alimentação, com a possibilidade de indenizá-los, é uma agressão aos direitos fundamentais do trabalhador, contrariando o que determina o art. 611-B, como mostrado nos comentários desse dispositivo.

---

(32) A Súmula n. 437 do TST prevê:
"I – Após a edição da Lei n. 8.923/94, a não concessão ou a concessão parcial do intervalo intrajornada mínimo, para repouso e alimentação, a empregados urbanos e rurais, implica o pagamento total do período correspondente, e não apenas daquele suprimido, com acréscimo de, no mínimo, 50% sobre o valor da remuneração da hora normal de trabalho (art. 71 da CLT), sem prejuízo do cômputo da efetiva jornada de labor para efeito de remuneração.
II – É inválida cláusula de acordo ou convenção coletiva de trabalho contemplando a supressão ou redução do intervalo intrajornada porque este constitui medida de higiene, saúde e segurança do trabalho, garantido por norma de ordem pública (art. 71 da CLT e art. 7º, XXII, da CF/1988), infenso à negociação coletiva." (Súmula do TST n. 437, I e II).

A não concessão de intervalo para repouso ou alimentação do empregado, além de inconstitucional, poderá resultar em indenização, multa administrativa e reparação por dano moral.

3.3. Descanso semanal remunerado e feriados – Prorrogação do trabalho noturno

A remuneração mensal pactuada pelo horário previsto no caput abrange os pagamentos devidos pelo descanso semanal remunerado e pelo descanso em feriados e serão considerados compensados os feriados e as prorrogações de trabalho noturno, quando houver, de que tratam o art. 70 e o § 5º do art. 73. (§ 1º do art. 59-A, com redação dada pela MP n. 808/2017)

3.3.1. Descanso semanal remunerado e feriados

Segundo o dispositivo, com jornada 12 x 36, fica estabelecido um "acordo de compensação", em que o empregado trabalha jornada de 12 horas, descansa 36 horas seguidas, com duração máxima semanal de 36 horas, recebendo uma remuneração mensal que abrange os pagamentos devidos pelo descanso semanal e pelos feriados (no caso da jornada de trabalho coincidir com estes dias) e pelas prorrogações do trabalho noturno.

Como não existe compensação, o TST, como visto anteriormente, já admitia, por meio da Súmula n. 444, em caráter excepcional, a jornada de doze horas de trabalho por trinta e seis de descanso, prevista em lei ou ajustada exclusivamente mediante acordo coletivo de trabalho ou convenção coletiva de trabalho, assegurada a remuneração em dobro dos feriados trabalhados.

E a Súmula n. 146 do TST assegura que o trabalho prestado em domingos e feriados, não compensado, deve ser pago em dobro, sem prejuízo da remuneração relativa ao repouso semanal.

3.3.2. Prorrogação de trabalho noturno

Pelo dispositivo em análise, a remuneração mensal abrange, também, o pagamento das prorrogações de trabalho noturno urbano, o que ocorre a partir das cinco horas da manhã.

Portanto, na jornada de trabalho (12 x 36), segundo a parte final do dispositivo em foco, o período compreendido após as cinco horas da manhã não terá pagamento de adicional noturno.

Em sentido contrário, a OJ n. 388 da SBDI-1 do TST, prescreve: "O empregado submetido à jornada de 12 horas de trabalho por 36 de descanso, que compreenda a totalidade do período noturno, tem direito ao adicional noturno, relativo às horas trabalhadas após as 5 horas da manhã". (DEJT divulgado em 09, 10 e 11.06.2010)

3.4. Jornada de trabalho 12 x 36 no setor de saúde

É facultado às entidades atuantes no setor de saúde estabelecer, por meio de acordo individual escrito, convenção coletiva ou acordo coletivo de trabalho, horário de trabalho de doze horas seguidas por trinta e seis horas ininterruptas de descanso, observados ou indenizados os intervalos para repouso e alimentação. (§ 2º do art. 59-A, incluído pela MP n. 808/2017)

Com a introdução do § 2º, somente às entidades atuantes no setor de saúde é facultado estabelecer, jornada de trabalho 12 x 36, por meio de acordo individual escrito, convenção coletiva ou acordo coletivo de trabalho.

DA FALTA E DA ACUMULAÇÃO DE ACORDO DE COMPENSAÇÃO

1. Legislação

"Art. 59-B. O não atendimento das exigências legais para compensação de jornada, inclusive quando estabelecida mediante acordo tácito, não implica a repetição do pagamento das horas excedentes à jornada normal diária se não ultrapassada a duração máxima semanal, sendo devido apenas o respectivo adicional.

Parágrafo único. A prestação de horas extras habituais não descaracteriza o acordo de compensação de jornada e o banco de horas."

2. Parecer do Relator

Consultar os comentários do item 3.1 do artigo anterior (59-A).

3. Comentários

3.1. Falta de acordo de compensação

O não atendimento das exigências legais para compensação de jornada, inclusive quando estabelecida mediante acordo tácito, não implica a repetição do pagamento das horas excedentes à jornada normal diária se não ultrapassada a duração máxima semanal, sendo devido apenas o respectivo adicional. (*Caput* do art. 59-B, incluído pela Lei n. 13.467/2017)

O dispositivo em questão segue a linha de entendimento jurisprudencial: "O mero não atendimento das exigências legais para a compensação de jornada, inclusive quando encetada mediante acordo tácito, não implica a repetição do pagamento das horas excedentes à jornada normal diária, se não dilatada a jornada máxima semanal, sendo devido apenas o respectivo adicional." (Súmula n. 85, III, do TST)

3.2. Acumulação de acordos

A prestação de horas extras habituais não descaracteriza o acordo de compensação de jornada e o banco de horas. (Parágrafo único do art. 59-B, incluído pela Lei n. 13.467/2017)

O parágrafo único do art. 59-B disciplina que a prestação de horas extras habituais não descaracteriza o acordo de compensação de jornada e o banco de horas.

A este respeito, sempre houve divergências doutrinária e jurisprudêncial. Em livro publicado pela LTr Editora (2004:165), mostramos que em nossa sistemática legal há possibilidade de acumulação do acordo de compensação com o de prorrogação.

Exemplificando: por meio de acordo de compensação, para não haver trabalho no sábado, a jornada de segunda a sexta-feira será de 8 horas e 48 minutos, podendo ser feito um acordo de horas extras diárias de 1 hora e 12 minutos, o que seria perfeitamente possível, desde que respeitado o limite legal de prorrogação de 2 horas diárias. Nesse caso, o empregado trabalharia 50 horas por semana, sendo 44 correspondentes à jornada normal e 6 horas extras, com adicional de 50%.

A Lei dos Empregados Domésticos (LC n. 150/2015) admite a acumulação do acordo de prestação de horas extras com o de compensação, inclusive, podendo ser feitos em um mesmo instrumento (art. 2º, § 5º, I).

O entendimento atual do TST é de que "a prestação de horas extras habituais descaracteriza o acordo de compensação de jornada. Nesta hipótese, as horas que ultrapassarem a jornada semanal normal deverão ser pagas como horas extraordinárias e, quanto àquelas destinadas à compensação, deverá ser pago a mais apenas o adicional por trabalho extraordinário". (Súmula n. 85, IV – ex-OJ n. 220 da SBDI-1 – inserida em 20.06.2001)

NAS ATIVIDADES INSALUBRES NÃO HÁ EXIGÊNCIA DE LICENÇA PRÉVIA PARA JORNADA 12 X 36

1. Legislação

"Art. 60. [...]

Parágrafo único. Excetuam-se da exigência de licença prévia as jornadas de doze horas de trabalho por trinta e seis horas ininterruptas de descanso." (NR)

2. Parecer do relator

"A jornada 12 x 36 é amplamente aceita no País e, inclusive, sumulada pelo TST, desde que seja acertada por convenção coletiva ou acordo coletivo de trabalho.

É basicamente usada em hospitais, portarias e empregos de vigilância.

Para desburocratizar, a nova redação dada pelo Substitutivo reconhece a prática nacional e aponta a desnecessidade de autorização específica pelo Ministério do Trabalho para liberação do trabalho da 8ª à 12ª hora em ambientes insalubres, como no caso do trabalho de médicos, enfermeiros e técnicos de enfermagem nos hospitais.

Por mera conta matemática, chega-se à fácil conclusão de que a jornada 12 x 36 é mais benéfica ao trabalhador, que labora doze horas e descansa trinta e seis horas. Assim, o trabalhador labora mensalmente bem menos horas que aquele que trabalha oito horas por dia.

Portanto, o dispositivo apenas torna texto expresso de lei uma prática que já é usual e recorrente nas relações de trabalho."

3. Comentários

3.1. Conceito de atividade insalubre

Serão consideradas atividades ou operações insalubres aquelas que, por sua natureza, condições ou métodos de trabalho, exponham os empregados a agentes nocivos à saúde, acima dos limites de tolerância fixados em razão da natureza e da intensidade do agente e do tempo de exposição aos seus efeitos. (Art.189 da CLT, com redação dada pela Lei n. 6.514, de 22.12.1977)

3.2. Licença prévia para as prorrogações nas atividades insalubres

Não foi alterado o *caput* do art. 60 da CLT, que exige licença prévia da autoridade competente para que haja prorrogação da jornada normal de trabalho nas atividades insalubres.[33]

---

(33) Art. 60 – Nas atividades insalubres, assim consideradas as constantes dos quadros mencionados no capítulo "Da Segurança e da Medicina do Trabalho", ou que neles venham a ser incluídas por ato do Ministro do Trabalho, Indústria e Comércio, quaisquer prorrogações só poderão ser acordadas mediante licença prévia das autoridades competentes em matéria de higiene do trabalho, as quais, para esse efeito, procederão aos necessários exames locais e à verificação dos métodos e processos de trabalho, quer diretamente, quer por intermédio de autoridades sanitárias federais, estaduais e municipais, com quem entrarão em entendimento para tal fim.

3.3. Licença prévia para a jornada 12 x 36

Excetuam-se da exigência de licença prévia as jornadas de doze horas de trabalho por trinta e seis horas ininterruptas de descanso. (Parágrafo único do art. 60, introduzido pela Lei n. 13.467/2017)

Como argumenta o relator, não há necessidade "de autorização específica pelo Ministério do Trabalho para a liberação do trabalho da 8ª à 12ª hora em ambientes insalubres, como no caso do trabalho de médicos, enfermeiros e técnicos de enfermagem nos hospitais. Por mera conta matemática, chega-se à fácil conclusão de que a jornada 12 x 36 é mais benéfica ao trabalhador, que labora doze horas e descansa trinta e seis horas. Assim, o trabalhador labora mensalmente bem menos horas que aquele que trabalha oito horas por dia."

Segundo o dispositivo, quando se tratar de atividade insalubre, para as jornadas de trabalho 12 x 36, não será exigida licença prévia das autoridades competentes em matéria de saúde, higiene e segurança do trabalho.

A CF/1988 prevê: redução dos riscos inerentes ao trabalho, por meio de normas de saúde, higiene e segurança (art. 7º, XXII).

DA DURAÇÃO DO TRABALHO EM CASO DE NECESSIDADE IMPERIOSA

1. Legislação

"Art. 61. [...]

§ 1º O excesso, nos casos deste artigo, pode ser exigido independentemente de convenção coletiva ou acordo coletivo de trabalho.

[...]" (NR)

2. Parecer do relator

"O art. 61 é medida a desburocratizar a relação de emprego.

Quando há necessidade de horas extras, por motivo de força maior ou em casos urgentes por serviço inadiável, as horas extras laboradas que extrapolarem o limite legal não precisarão ser comunicadas ao Ministério do Trabalho.

Primeiro, porque serviços inadiáveis, urgentes ou de força maior não são recorrentes.

Segundo, porque, se a empresa, eventualmente, se utilizar deste expediente para fraudar a lei, qualquer trabalhador pode denunciar o caso, inclusive de maneira anônima, até mesmo pela internet, junto ao Ministério do Trabalho, Ministério Público do Trabalho e ainda reclamar direitos ao Poder Judiciário.

Não há, portanto, qualquer prejuízo ao trabalhador, ao mesmo tempo em que se assegura menor burocracia ao empregador, para tornar a relação do Estado em face do empreendedor menos hostil, o que se revela também através desta medida desburocratizante."

3. Comentários

3.1. Prorrogações por necessidade imperiosa

O art. 61 da CLT, sem alteração, cuida das prorrogações compulsórias, nos casos de necessidade imperiosa, exigidas unilateralmente pelo empregador, não dependendo de prévia combinação das partes (empregador e empregado). É o que se denomina de horas extras anormais e podem ocorrer nas situações: por motivo de força maior, nos casos de serviços inadiáveis ou cuja inexecução possa acarretar prejuízo manifesto.

3.2. Alteração – Dispensa de formalidades

O excesso, nos casos deste artigo, pode ser exigido independentemente de convenção coletiva ou acordo coletivo de trabalho. (§ 1º do art. 61, com redação dada pela Lei n. 13.467/2017)

3.2.1. Alteração

O artigo 61 sofreu alteração apenas no § 1º, como medida administrativa, para efeito de desburocratização.[34]

---

(34) Art. 61 – Ocorrendo necessidade imperiosa, poderá a duração do trabalho exceder do limite legal ou convencionado, seja para fazer face a motivo de força maior, seja para atender à realização ou conclusão de serviços inadiáveis ou cuja inexecução possa acarretar prejuízo manifesto.
§ 1º – O excesso, nos casos deste artigo, poderá ser exigido independentemente de acordo ou contrato coletivo e deverá ser comunicado, dentro de 10 (dez) dias, à autoridade competente em matéria de trabalho, ou, antes desse prazo, justificado no momento da fiscalização sem prejuízo dessa comunicação.

3.2.2. Dispensa de formalidades

O § 1º do art. 61 foi alterado, registrando que o excesso, nos casos deste artigo, pode ser exigido independentemente de convenção coletiva ou acordo coletivo de trabalho.

Portanto, em caso de necessidade imperiosa (força maior, realização ou conclusão de serviços inadiáveis ou cuja inexecução possa acarretar prejuízo manifesto), as horas suplementares podem ser exigidas independentemente de convenção coletiva ou acordo coletivo de trabalho, não havendo necessidade de comunicar e nem justificar perante as autoridades fiscalizadoras, como ocorria anteriormente.

---

§ 2º – Nos casos de excesso de horário por motivo de força maior, a remuneração da hora excedente não será inferior à da hora normal. Nos demais casos de excesso previstos neste artigo, a remuneração será, pelo menos, 25% (vinte e cinco por cento) superior à da hora normal, e o trabalho não poderá exceder de 12 (doze) horas, desde que a lei não fixe expressamente outro limite.
§ 3º – Sempre que ocorrer interrupção do trabalho, resultante de causas acidentais, ou de força maior, que determinem a impossibilidade de sua realização, a duração do trabalho poderá ser prorrogada pelo tempo necessário até o máximo de 2 (duas) horas, durante o número de dias indispensáveis à recuperação do tempo perdido, desde que não exceda de 10 (dez) horas diárias, em período não superior a 45 (quarenta e cinco) dias por ano, sujeita essa recuperação à prévia autorização da autoridade competente.

DOS EMPREGADOS EXCLUÍDOS DO REGIME DE HORAS EXTRAS E OUTROS

1. Legislação

"Art. 62. [...]

[...]

III – os empregados em regime de teletrabalho.

[...]" (NR)

2. Parecer do relator

"Na elaboração do Substitutivo, o primeiro cuidado foi o de excluir os empregados em regime de teletrabalho da abrangência do Título da CLT relativo à duração do trabalho, por intermédio da inclusão de um inciso III ao art. 62 da Consolidação. Em seguida, incorporamos o Capítulo II-A ao Título II para tratar, especificamente, do teletrabalho, conceituando-o e definindo os direitos e obrigações dos empregados e dos empregadores nesse regime de trabalho."

3. Comentários

3.1. Inclusão do regime de teletrabalho

O artigo 62 da CLT, enumera os empregados não abrangidos pelo regime do Capítulo II, do Título II, sendo acrescido do inciso III, para incluir os empregados em regime de teletrabalho.[35]

3.2. Regime de teletrabalho

O regime de teletrabalho foi disciplinado no Capítulo II-A, incorporado ao Título II da CLT e que será analisado logo a seguir.

---

(35) Art. 62 – Não são abrangidos pelo regime previsto neste capítulo: (Redação dada pela Lei n. 8.966, de 27.12.1994)
I – os empregados que exercem atividade externa incompatível com a fixação de horário de trabalho, devendo tal condição ser anotada na Carteira de Trabalho e Previdência Social e no registro de empregados; (Incluído pela Lei n. 8.966, de 27.12.1994)
II – os gerentes, assim considerados os exercentes de cargos de gestão, aos quais se equiparam, para efeito do disposto neste artigo, os diretores e chefes de departamento ou filial. (Incluído pela Lei n. 8.966, de 27.12.1994)
Parágrafo único – O regime previsto neste capítulo será aplicável aos empregados mencionados no inciso II deste artigo, quando o salário do cargo de confiança, compreendendo a gratificação de função, se houver, for inferior ao valor do respectivo salário efetivo acrescido de 40% (quarenta por cento). (Incluído pela Lei n. 8.966, de 27.12.1994)

DOS INTERVALOS INTRAJORNADA

1. Legislação

"Art. 71. [...]

[...]

§ 4º A não concessão ou a concessão parcial do intervalo intrajornada mínimo, para repouso e alimentação, a empregados urbanos e rurais, implica o pagamento, de natureza indenizatória, apenas do período suprimido, com acréscimo de 50% (cinquenta por cento) sobre o valor da remuneração da hora normal de trabalho.

[...]" (NR)

2. Parecer do relator

"O art. 71 da CLT trata do intervalo ao qual um trabalhador tem direito durante a jornada de trabalho.

Assim, quem trabalha acima de seis horas num dia, por exemplo, tem direito a uma hora de intervalo para repouso e alimentação. Porém, se o trabalhador usufruir de apenas trinta minutos desse intervalo, o TST, nos termos da Súmula n. 437, entende que o intervalo restante, de trinta minutos, gera uma condenação de 1 hora e 30 minutos, e ainda com adicional de 50%, e reflexos em férias com 1/3, 13º salário, base de cálculo ainda para recolhimento de FGTS, INSS, e outros adicionais, como o adicional noturno e de insalubridade, por exemplo. Ou seja, os acréscimos que deveriam incidir sobre meia hora, são calculados sobre uma hora e meia.

É importante ressaltar que a Súmula n. 437 do TST não possui respaldo na Constituição ou mesmo na legislação, sendo um exemplo claro de ativismo judicial que criou obrigações sem lei que as exija e que invade a esfera do Poder Legislativo.

O que se pretende com a nova redação, simplesmente, é fazer com que o tempo devido pela violação de um intervalo para repouso e alimentação seja aquele efetiva e matematicamente suprimido."

3. Comentários

3.1. Finalidade dos intervalos

Segundo Sérgio Ferraz, os intervalos para repouso têm como finalidade propiciar um melhor rendimento do trabalho e a proteção à saúde do trabalhador, com preocupações de ordem higiênica, psicológica e social que visam integrar o homem não apenas no complexo de atividades laborais, mas igualmente num contexto eminentemente social.[36]

3.2. Supressão de intervalo

A não concessão ou a concessão parcial do intervalo intrajornada mínimo, para repouso e alimentação, a empregados urbanos e rurais, implica o pagamento, de natureza indenizatória, apenas do período suprimido, com acréscimo de 50% (cinquenta por cento) sobre o valor da remuneração da hora normal de trabalho. (§ 4º do art. 71, com redação dada pela Lei n. 13.467/2017)[37]

---

(36) FERRAZ, Sérgio. *Duração do trabalho e repouso remunerado*. São Paulo: RT, 1977. p. 106.
(37) Texto anterior:
Art. 71 – Em qualquer trabalho contínuo, cuja duração exceda de 6 (seis) horas, é obrigatória a concessão de um intervalo para repouso ou alimentação, o qual será, no mínimo, de 1 (uma) hora e, salvo acordo escrito ou contrato coletivo em contrário, não poderá exceder de 2 (duas) horas.

3.3. Natureza jurídica do pagamento

O texto anterior do § 4º do art. 71 determinava: "Quando o intervalo para repouso e alimentação, previsto neste artigo, não for concedido pelo empregador, este ficará obrigado a remunerar o período correspondente, com um acréscimo de no mínimo 50% (cinquenta por cento) sobre o valor da remuneração da hora normal de trabalho". [Redação dada pela Lei n. 8.923, de 27.7.1994 (DOU 28.7.1994)].

A redação desse dispositivo deu margem a diferentes interpretações. Para uns, o pagamento pela não concessão do intervalo tem natureza indenizatória. Para outros, a sua natureza é salarial, como entendeu o TST, inicialmente, por meio da OJ n. 354 da SBDI-1 e que foi convertida no item III da Súmula n. 437 do TST: "Possui natureza salarial a parcela prevista no art. 71, § 4º, da CLT, com redação introduzida pela Lei n. 8.923, de 27 de julho de 1994, quando não concedido ou reduzido pelo empregador o intervalo mínimo intrajornada para repouso e alimentação, repercutindo, assim, no cálculo de outras parcelas salariais".

3.4. Natureza indenizatória

Há os que entendem ser indenizatória a natureza jurídica do pagamento pelo período do intervalo não concedido, por não se tratar de serviços suplementares e o fazem com base em duas situações que podem ser inferidas da seguinte questão: empregado com jornada normal de trabalho tem o horário de trabalho das 8 às 11 e das 12 às 17 horas.

a) primeira situação, o empregador não fornece intervalo para repouso e alimentação e exige do empregado trabalho das 8 às 16 horas; nesse caso, não haverá pagamento de horas extras, pois não foi ultrapassada a jornada normal de trabalho, mas haverá pagamento de indenização pelo período do intervalo não concedido (1 hora), acrescido de 50% e que não tem a natureza de salário (não gerando reflexos), além da multa administrativa que deverá ser aplicada pelo Ministério do Trabalho e Emprego (CLT, art. 75);

b) segunda situação, o empregador não fornece intervalo para repouso e alimentação e exige do empregado trabalho das 8 às 17 horas; nessa situação, haverá pagamento de 1 hora extra por dia, pois foi ultrapassada a jornada normal de trabalho (8 horas) e haverá pagamento de indenização por não ter sido concedido o período de intervalo para repouso e/ou alimentação, além da multa administrativa que deverá ser aplicada pelo MTE.

Além do que, a não concessão do intervalo para repouso e/ou alimentação representa conduta ilícita, violadora do princípio da dignidade da pessoa humana.

O direito ao intervalo para repouso ou alimentação é direito fundamental do trabalhador; se desrespeitado pelo empregador, causa dano moral ao empregado, devendo o mesmo ser indenizado, como disciplina o Título II-A, acrescentado à CLT.

Portanto, segundo o dispositivo em análise, o empregador se não conceder ou conceder parcialmente o intervalo para repouso ou alimentação, viola direito da personalidade do empregado, atingindo o princípio da dignidade da pessoa humana, ficando sujeito ao pagamento de indenização pela não concessão ou pelo período suprimido do intervalo, de multa administrativa e de reparação (indenização) por dano moral.

---

§ 1º – Não excedendo de 6 (seis) horas o trabalho, será, entretanto, obrigatório um intervalo de 15 (quinze) minutos quando a duração ultrapassar 4 (quatro) horas.

§ 2º – Os intervalos de descanso não serão computados na duração do trabalho.

§ 3º O limite mínimo de uma hora para repouso ou refeição poderá ser reduzido por ato do Ministro do Trabalho, Indústria e Comércio, quando ouvido o Serviço de Alimentação de Previdência Social, se verificar que o estabelecimento atende integralmente às exigências concernentes à organização dos refeitórios, e quando os respectivos empregados não estiverem sob regime de trabalho prorrogado a horas suplementares.

§ 4º – Quando o intervalo para repouso e alimentação, previsto neste artigo, não for concedido pelo empregador, este ficará obrigado a remunerar o período correspondente com um acréscimo de no mínimo 50% (cinquenta por cento) sobre o valor da remuneração da hora normal de trabalho. (Incluído pela Lei n. 8.923, de 27.7.1994)

§ 5º O intervalo expresso no *caput* poderá ser reduzido e/ou fracionado, e aquele estabelecido no § 1º poderá ser fracionado, quando compreendidos entre o término da primeira hora trabalhada e o início da última hora trabalhada, desde que previsto em convenção ou acordo coletivo de trabalho, ante a natureza do serviço e em virtude das condições especiais de trabalho a que são submetidos estritamente os motoristas, cobradores, fiscalização de campo e afins nos serviços de operação de veículos rodoviários, empregados no setor de transporte coletivo de passageiros, mantida a remuneração e concedidos intervalos para descanso menores ao final de cada viagem. (Redação dada pela Lei n. 13.103, de 2015)

DO TELETRABALHO. INTRODUÇÃO DO CAPÍTULO II–A AO TÍTULO II DA CLT

1. Legislação

"Art. 75-A. A prestação de serviços pelo empregado em regime de teletrabalho observará o disposto neste Capítulo."

"Art. 75-B. Considera-se teletrabalho a prestação de serviços preponderantemente fora das dependências do empregador, com a utilização de tecnologias de informação e de comunicação que, por sua natureza, não se constituam como trabalho externo.

Parágrafo único. O comparecimento às dependências do empregador para a realização de atividades específicas que exijam a presença do empregado no estabelecimento não descaracteriza o regime de teletrabalho."

"Art. 75-C. A prestação de serviços na modalidade de teletrabalho deverá constar expressamente do contrato individual de trabalho, que especificará as atividades que serão realizadas pelo empregado.

§ 1º Poderá ser realizada a alteração entre regime presencial e de teletrabalho desde que haja mútuo acordo entre as partes, registrado em aditivo contratual.

§ 2º Poderá ser realizada a alteração do regime de teletrabalho para o presencial por determinação do empregador, garantido prazo de transição mínimo de quinze dias, com correspondente registro em aditivo contratual."

"Art. 75-D. As disposições relativas à responsabilidade pela aquisição, manutenção ou fornecimento dos equipamentos tecnológicos e da infraestrutura necessária e adequada à prestação do trabalho remoto, bem como ao reembolso de despesas arcadas pelo empregado, serão previstas em contrato escrito.

Parágrafo único. As utilidades mencionadas no *caput* deste artigo não integram a remuneração do empregado."

"Art. 75-E. O empregador deverá instruir os empregados, de maneira expressa e ostensiva, quanto às precauções a tomar a fim de evitar doenças e acidentes de trabalho.

Parágrafo único. O empregado deverá assinar termo de responsabilidade comprometendo-se a seguir as instruções fornecidas pelo empregador."

2. Parecer do relator

"Um dos aspectos importantes considerados na análise da matéria em tela são as mudanças relacionadas às novas formas de contratação surgidas ao longo dos anos. Com efeito, hoje temos realidades que nem mesmo se sonhava existir quando da edição da CLT, ainda nos anos de 1940.

As relações de trabalho atuais exigem uma necessidade imperiosa de otimizar tempo e economizar recursos, fruto de uma intensa inovação tecnológica que tem impactos relevantes sobre o mercado de trabalho.

Observamos que nessa ótica de se acompanhar as inovações impostas pela realidade o Brasil não tem avançado o suficiente, se comparado com outros países. De fato, vemos que novas formas de contratação são objeto de regulamentação em diversos países, mas, no nosso, ainda estamos ao largo de qualquer regulamentação.

Em uma tentativa de colocar o nosso País entre as nações mais modernas do mundo, estamos propondo a regulamentação de alguns desses "novos" modelos de contratação, os quais, diga-se, já deveriam estar sendo adotados há muito. São modelos que buscam uma nova forma de relacionamento entre empregados e empregadores, com a finalidade última de aumentar o número de pessoas no mercado de trabalho formal.

Nesse contexto, estamos propondo a incorporação de regras sobre o teletrabalho na CLT. Segundo o Instituto Brasileiro de Geografia e Estatística (IBGE), mais de quatro milhões de brasileiros já trabalham em casa, a absoluta maioria deles na condição de autônomos ou de profissionais liberais.

Essa modalidade já é uma realidade não só em inúmeros países, mas aqui mesmo em nosso País já temos a sua adoção em algumas empresas da iniciativa privada, porém a sua atuação tem sido mais destacada em órgãos da administração pública. É o caso, por exemplo, do Tribunal Superior do Trabalho, do Supremo Tribunal Federal, da Procuradoria-Geral da República, do Tribunal de Contas da União, do Conselho Nacional da Justiça, do Ministério da Justiça, da Controladoria-Geral da União, do Senado Federal, entre muitos outros.

O fato é que é inegável o impacto positivo que o teletrabalho pode trazer para empregadores, empregados e até mesmo para a sociedade como um todo. Isso porque ele proporciona redução nos custos da empresa, maior flexibilidade do empregado para gerenciar o seu tempo, otimizando o equilíbrio entre o seu tempo de trabalho e de convivência com a família, aumento da produtividade, diminuição do número de veículos circulantes nas cidades, em suma, traz mais qualidade de vida para as pessoas. O empregado pode gerar resultados mais efetivos com o teletrabalho do que se estiver fisicamente na sede da empresa.

Há que se considerar que o desenvolvimento tecnológico atual permite a realização de tarefas independentemente de onde o trabalhador esteja, diante da alta conectividade e dos recursos que permitem o acesso remoto e seguro aos dados empresariais, sendo possível o envio de *e-mails*, o acesso de arquivos que se encontrem na empresa, a realização de reuniões por teleconferência, ou seja, instrumentos suficientes para que o trabalho seja realizado sem quaisquer comprometimentos.

Note-se que o fato de o empregado estar em local distinto da sede da empresa não retira a responsabilidade do empregador, o que fica evidente a partir da redação do art. 6º da CLT, na redação que lhe foi dada pela Lei n. 12.551, de 15 de dezembro de 2011, segundo o qual "não se distingue entre o trabalho realizado no estabelecimento do empregador, o executado no domicílio do empregado e o realizado a distância, desde que estejam caracterizados os pressupostos da relação de emprego", para completar, em seu parágrafo único, que "os meios telemáticos e informatizados de comando, controle e supervisão se equiparam, para fins de subordinação jurídica, aos meios pessoais e diretos de comando, controle e supervisão do trabalho alheio". Assim, resta evidente que a legislação já se antecipou como que esperando pela regulamentação do teletrabalho.

Desse modo, o que se objetiva com a inclusão do teletrabalho em nosso Substitutivo é estabelecer garantias mínimas para que as empresas possam contratar sob esse regime sem o risco de a Inspeção do Trabalho autuá-las ou a Justiça do Trabalho condená-las por descumprimento das normas trabalhistas, ao mesmo tempo em que se garante ao empregado a percepção de todos os direitos que lhes são devidos.

Nesse contexto, vemos que a adoção do teletrabalho em nosso País já é uma realidade e a sua adoção pela gama enorme de órgãos do poder público mencionados, órgãos de todos os Poderes da República, ressalte-se, vem apenas referendar a atualidade do tema e a necessidade de vê-lo tratado na CLT, visando a conferir segurança jurídica na sua utilização tanto aos empregadores quanto aos empregados.

Na elaboração do Substitutivo, o primeiro cuidado foi o de excluir os empregados em regime de teletrabalho da abrangência do Título da CLT relativo à duração do trabalho, por intermédio da inclusão de um inciso III ao art. 62 da Consolidação. Em seguida, incorporamos o Capítulo II-A ao Título II para tratar, especificamente, do teletrabalho, conceituando-o e definindo os direitos e obrigações dos empregados e dos empregadores nesse regime de trabalho."

3. Comentários

3.1. Reconhecimento da relação de emprego

A CLT era omissa em relação ao regime de teletrabalho; com a nova redação do art. 6º, dada pela Lei n. 12.551/2011, criou-se a possibilidade de seu disciplinamento, o que ocorreu com a inclusão do Capítulo II-A ao Título II da CLT.[38]

---

(38) Art. 6º Não se distingue entre o trabalho realizado no estabelecimento do empregador, o executado no domicílio do empregado e o realizado a distância, desde que estejam caracterizados os pressupostos da relação de emprego. (Redação dada pela Lei n. 12.551, de 2011)
Parágrafo único. Os meios telemáticos e informatizados de comando, controle e supervisão se equiparam, para fins de subordinação jurídica, aos meios pessoais e diretos de comando, controle e supervisão do trabalho alheio. (Incluído pela Lei n. 12.551, de 2011)

3.2. Direitos assegurados

Ao trabalhador empregado em regime de teletrabalho ficam assegurados todos os direitos trabalhistas, com exclusão do Capítulo II, do Título II, da CLT, que trata da duração do trabalho (arts. 57 a 75), como determina o inciso III, introduzido ao art. 62 consolidado.

3.3. Regime de teletrabalho

A prestação de serviços pelo empregado em regime de teletrabalho observará o disposto neste Capítulo. (Art. 75-A, incluído pela Lei n. 13.467/2017)

O artigo em questão determina que a prestação de serviços pelo empregado em regime de teletrabalho observará o disposto neste Capítulo introduzido e demais artigos da CLT, com exclusão do Capítulo II, do Título II, que trata da duração do trabalho (arts. 57 a 75).

No regime de teletrabalho, o empregado tem direito ao descanso semanal remunerado e nos feriados e se não estiver submetido a controle e supervisão direta do empregador, deixará de receber: horas extras, adicional noturno, hora noturna, intervalos intrajornada e interjornadas e seus reflexos.

3.4. Definição de teletrabalho – Não descaracterização

Considera-se teletrabalho a prestação de serviços preponderantemente fora das dependências do empregador, com a utilização de tecnologias de informação e de comunicação que, por sua natureza, não se constituam como trabalho externo. (Art. 75-B, incluído pela Lei n. 13.467/2017))

O comparecimento às dependências do empregador para a realização de atividades específicas que exijam a presença do empregado no estabelecimento não descaracteriza o regime de teletrabalho. (Parágrafo único, incluído pela Lei n. 13.467/2017)

3.4.1. Definição de teletrabalho

Considera-se teletrabalho, segundo o artigo 75-B, a prestação de serviços preponderantemente fora das dependências do empregador, com a utilização de tecnologias de informação e de comunicação que, por sua natureza, não se constituam como trabalho externo.

O dispositivo não considera o teletrabalho como trabalho externo, mas equivalente ao trabalho presencial, com exclusão do Capítulo II, do Título II, que trata da duração do trabalho (arts. 57 a 75).

3.4.2. Não descaracterização do regime de teletrabalho

O comparecimento às dependências do empregador para a realização de atividades específicas que exijam a presença do empregado no estabelecimento não descaracteriza o regime de teletrabalho.

O parágrafo único, do artigo em questão, reforça a ideia de equivalência entre o regime de teletrabalho e o presencial, com exclusão do Capítulo II, como visto, significando que se houver excesso na jornada normal de trabalho, nas dependências da empresa, o empregado não tem direito de receber pelas horas extras.

Para Raphael Miziara, o que importa é que o tempo preponderante de trabalho ocorra fora das dependências do empregador. Se isso não ocorrer, restará descacacterizado o regime de teletrabalho, com a inclusão do trabalhador no capítulo de duração do trabalho.[39]

---

(39) *LTr Sup. Trab.* 065/17 – p. 337.

3.5. Contrato individual de trabalho – Alteração do regime presencial para o de teletrabalho – Alteração do regime de teletrabalho para o presencial

A prestação de serviços na modalidade de teletrabalho deverá constar expressamente do contrato individual de trabalho, que especificará as atividades que serão realizadas pelo empregado.(Art. 75-C, incluído pela Lei n. 13.467/2017)

Poderá ser realizada a alteração entre regime presencial e de teletrabalho desde que haja mútuo acordo entre as partes, registrado em aditivo contratual. (§ 1º do art.75-C, incluído pela Lei n. 13.467/2017)

Poderá ser realizada a alteração do regime de teletrabalho para o presencial por determinação do empregador, garantido prazo de transição mínimo de quinze dias, com correspondente registro em aditivo contratual. (§ 2º do art. 75-C, incluído pela Lei n. 13.467/2017)

3.5.1. Contrato individual de trabalho

A prestação de serviços na modalidade de teletrabalho deverá constar expressamente do contrato individual de trabalho, que especificará as atividades que serão realizadas pelo empregado.

No regime de teletrabalho, o contrato entre empregado e empregador deve ser escrito e especificar as atividades que serão realizadas pelo empregado.

3.5.2. Alteração do regime presencial para o de teletrabalho

Por meio de termo aditivo ao contrato de trabalho e por mútuo acordo, as partes poderão realizar a alteração do regime presencial para o de teletrabalho.

3.5.3. Alteração do regime de teletrabalho para o presencial

Estabelece o § 2º do artigo em análise que poderá ser realizada a alteração do regime de teletrabalho para o presencial por determinação do empregador, garantido prazo de transição mínimo de quinze dias, com correspondente registro em aditivo contratual.

3.6. Responsabilidade e reembolso de despesas – Não integração na remuneração

As disposições relativas à responsabilidade pela aquisição, manutenção ou fornecimento dos equipamentos tecnológicos e da infraestrutura necessária e adequada à prestação do trabalho remoto, bem como ao reembolso de despesas arcadas pelo empregado, serão previstas em contrato escrito. (Art. 75-D, incluído pela Lei n. 13.467/2017)

As utilidades mencionadas no caput deste artigo não integram a remuneração do empregado. (Parágrafo único, incluído pela Lei n. 13.467/2017)

3.6.1. Responsabilidade e reembolso de despesas

Quando se tratar de teletrabalho, do contrato entre empregado e empregador devem constar as disposições relativas à responsabilidade pela aquisição, manutenção ou fornecimento dos equipamentos tecnológicos e da infraestrutura necessária e adequada à prestação do trabalho remoto, bem como ao reembolso de despesas arcadas pelo empregado.

Não esquecendo que os custos do empreendimento não podem ser transferidos ao empregado, como determina o art. 2º da CLT ao estabelecer que os riscos da atividade econômica são do empregador.

3.6.2. Não integração na remuneração

Os valores das utilidades acima mencionadas não integram a remuneração do empregado, consequentemente não refletem nas verbas trabalhistas (férias, 13º salário, FGTS etc.).

3.7. Instruções fornecidas pelo empregador – Termo de responsabilidade

O empregador deverá instruir os empregados, de maneira expressa e ostensiva, quanto às precauções a tomar a fim de evitar doenças e acidentes de trabalho. (Art. 75-E, incluído pela Lei n. 13.467/2017))

O empregado deverá assinar termo de responsabilidade comprometendo-se a seguir as instruções fornecidas pelo empregador. (Parágrafo único, incluído pela Lei n. 13.467/2017))

3.7.1. Instruções fornecidas pelo empregador

Diz o artigo em análise que o empregador deverá instruir os empregados, de maneira expressa e ostensiva, quanto às precauções a tomar a fim de evitar doenças e acidentes de trabalho, como faz o próprio Ministério do Trabalho, por meio da Secretaria de Segurança e Saúde do Trabalho, fixando normas e estabelecendo instruções no sentido de evitar acidentes do trabalho ou doenças ocupacionais, como determina a CLT, no Capítulo V, do Título II, especificamente o art. 157.[40]

3.7.2. Termo de responsabilidade

Para efeito de segurança jurídica, o empregado deverá assinar termo de responsabilidade comprometendo-se a seguir as instruções fornecidas pelo empregador.

---

(40) Art. 157 – Cabe às empresas: (Redação dada pela Lei n. 6.514, de 22.12.1977)
I – cumprir e fazer cumprir as normas de segurança e medicina do trabalho; (Incluído pela Lei n. 6.514, de 22.12.1977)
II – instruir os empregados, através de ordens de serviço, quanto às precauções a tomar no sentido de evitar acidentes do trabalho ou doenças ocupacionais; (Incluído pela Lei n. 6.514, de 22.12.1977)
III – adotar as medidas que lhes sejam determinadas pelo órgão regional competente; (Incluído pela Lei n. 6.514, de 22.12.1977)
IV – facilitar o exercício da fiscalização pela autoridade competente.(Incluído pela Lei n. 6.514, de 22.12.1977)

DA CONCESSÃO DAS FÉRIAS

1. Legislação

"Art. 134. [...]

§ 1º Desde que haja concordância do empregado, as férias poderão ser usufruídas em até três períodos, sendo que um deles não poderá ser inferior a quatorze dias corridos e os demais não poderão ser inferiores a cinco dias corridos, cada um.

§ 2º (Revogado).

§ 3º É vedado o início das férias no período de dois dias que antecede feriado ou dia de repouso semanal remunerado." (NR)

2. Parecer do relator

"O Substitutivo altera a sistemática de concessão das férias apenas para permitir que os trinta dias de férias anuais a que o empregado tem direito possam ser usufruídos em até três períodos. Essa sistemática é usualmente acordada, por iniciativa dos empregados, em instrumentos coletivos de trabalho, pois permite racionalizar melhor o gozo das férias.

Na nova redação sugerida para o art. 134, tivemos o cuidado de não permitir que um dos períodos seja inferior a quatorze dias corridos e que os períodos restantes não sejam inferiores a cinco dias corridos cada um. Além disso, para que não haja prejuízos aos empregados, vedou-se o início das férias no período de dois dias que antecede feriado ou dia de repouso semanal remunerado."

3. Comentários

3.1. Concessão em um só período

As férias serão concedidas por ato do empregador, em um só período, nos 12 (doze) meses subsequentes à data em que o empregado tiver adquirido o direito, sendo denominado de período concessivo das férias. (*Caput* do art. 134)

3.2. Concessão em três períodos

Desde que haja concordância do empregado, as férias poderão ser usufruídas em até três períodos, sendo que um deles não poderá ser inferior a quatorze dias corridos e os demais não poderão ser inferiores a cinco dias corridos, cada um. (§ 1º do art. 134, com redação dada pela Lei n. 13.467/2017)

O texto anterior do § 1º do art. 134, determinava que somente em casos excepcionais as férias poderiam ser concedidas em dois períodos; entretanto, a CLT não estabelece os casos excepcionais, tudo dependendo do bom-senso das partes; como casos excepcionais, podiam ser entendidos: acúmulo de trabalho na empresa, ocorrência de motivo de força maior etc.

Em relação aos empregados domésticos, a LC n.150/2015 disciplina que o período de férias poderá, a critério do empregador, ser fracionado em até 2 (dois) períodos, sendo 1 (um) deles de, no mínimo, 14 (quatorze) dias corridos (art. 17, § 2º).

A Convenção n. 132 da OIT, em caso de parcelamento das férias, prevê que um dos períodos não poderá ser inferior a 14 dias (art. 8º, §§ 1º e 2º), salvo estipulação em contrário das próprias partes (empregador e empregado).[41]

---

(41) SÜSSEKIND, Arnaldo. *Convenções da OIT e outros tratados*. 3. ed. São Paulo: LTr, 2007, p. 199.

3.3. Concessão de uma só vez

Aos menores de 18 anos e aos maiores de 50 anos de idade, as férias serão sempre concedidas de uma só vez. (§ 2º do art. 134 – Revogado)[42]

3.4. Início das férias

É vedado o início das férias no período de dois dias que antecede feriado ou dia de repouso semanal remunerado. (§ 3º do art. 134, incluído pela Lei n. 13.467/2017).

É bastante oportuno o dispositivo em análise, procurando amenizar os possíveis prejuízos dos empregados, como na hipótese em que o início das férias foi marcado para 29/04/17 (sábado), sendo feriado o dia 1º de maio (2ª feira). É perceptível a desvantagem do empregado, pois ele já tinha assegurado o domingo (descanso semanal remunerado) e o feriado. Para que isso não ocorra, é que o dispositivo proíbe o início das férias no período de dois dias que antecede feriado ou dia de repouso semanal remunerado.

---

(42) Art. 134 – As férias serão concedidas por ato do empregador, em um só período, nos 12 (doze) meses subsequentes à data em que o empregado tiver adquirido o direito. (Redação dada pelo Decreto-lei n. 1.535, de 13.4.1977)
§ 1º - Somente em casos excepcionais serão as férias concedidas em 2 (dois) períodos, um dos quais não poderá ser inferior a 10 (dez) dias corridos.(Incluído pelo Decreto-lei n. 1.535, de 13.4.1977) § 2º - Aos menores de 18 (dezoito) anos e aos maiores de 50 (cinquenta) anos de idade, as férias serão sempre concedidas de uma só vez. (Incluído pelo Decreto-lei n. 1.535, de 13.4.1977)

TÍTULO II-A
DO DANO EXTRAPATRIMONIAL

A CLT, de 1943, era omissa em relação ao disciplinamento do dano extrapatrimonial, omissão a ser sanada pela introdução do Título II-A.

1. Legislação

"'Art. 223-A. Aplicam-se à reparação de danos de natureza extrapatrimonial decorrentes da relação de trabalho apenas os dispositivos deste Título.'

'Art. 223-B. Causa dano de natureza extrapatrimonial a ação ou omissão que ofenda a esfera moral ou existencial da pessoa física ou jurídica, as quais são as titulares exclusivas do direito à reparação.'

'Art. 223-C. A honra, a imagem, a intimidade, a liberdade de ação, a autoestima, a sexualidade, a saúde, o lazer e a integridade física são os bens juridicamente tutelados inerentes à pessoa física.'

Nova redação dada pela Medida Provisória n. 808, de 14 de novembro de 2017:

"Art. 223-C. A etnia, a idade, a nacionalidade, a honra, a imagem, a intimidade, a liberdade de ação, a autoestima, o gênero, a orientação sexual, a saúde, o lazer e a integridade física são os bens juridicamente tutelados inerentes à pessoa natural." (NR)

'Art. 223-D. A imagem, a marca, o nome, o segredo empresarial e o sigilo da correspondência são bens juridicamente tutelados inerentes à pessoa jurídica.'

'Art. 223-E. São responsáveis pelo dano extrapatrimonial todos os que tenham colaborado para a ofensa ao bem jurídico tutelado, na proporção da ação ou da omissão.'

'Art. 223-F. A reparação por danos extrapatrimoniais pode ser pedida cumulativamente com a indenização por danos materiais decorrentes do mesmo ato lesivo.

§ 1º Se houver cumulação de pedidos, o juízo, ao proferir a decisão, discriminará os valores das indenizações a título de danos patrimoniais e das reparações por danos de natureza extrapatrimonial.

§ 2º A composição das perdas e danos, assim compreendidos os lucros cessantes e os danos emergentes, não interfere na avaliação dos danos extrapatrimoniais.'

'Art. 223-G. Ao apreciar o pedido, o juízo considerará:

I – a natureza do bem jurídico tutelado;

II – a intensidade do sofrimento ou da humilhação;

III – a possibilidade de superação física ou psicológica;

IV – os reflexos pessoais e sociais da ação ou da omissão;

V – a extensão e a duração dos efeitos da ofensa;

VI – as condições em que ocorreu a ofensa ou o prejuízo moral;

VII – o grau de dolo ou culpa;

VIII – a ocorrência de retratação espontânea;

IX – o esforço efetivo para minimizar a ofensa;

X – o perdão, tácito ou expresso;

XI – a situação social e econômica das partes envolvidas;

XII – o grau de publicidade da ofensa.

§ 1º Se julgar procedente o pedido, o juízo fixará a indenização a ser paga, a cada um dos ofendidos, em um dos seguintes parâmetros, vedada a acumulação:

I – ofensa de natureza leve, até três vezes o último salário contratual do ofendido;

II – ofensa de natureza média, até cinco vezes o último salário contratual do ofendido;

III – ofensa de natureza grave, até vinte vezes o último salário contratual do ofendido;

IV – ofensa de natureza gravíssima, até cinquenta vezes o último salário contratual do ofendido.

§ 2º Se o ofendido for pessoa jurídica, a indenização será fixada com observância dos mesmos parâmetros estabelecidos no § 1º deste artigo, mas em relação ao salário contratual do ofensor.

§ 3º Na reincidência entre partes idênticas, o juízo poderá elevar ao dobro o valor da indenização.'"

Nova redação dada pela Medida Provisória n. 808, de 14 de novembro de 2017:

"Art. 223-G. [...]

§ 1º Ao julgar procedente o pedido, o juízo fixará a reparação a ser paga, a cada um dos ofendidos, em um dos seguintes parâmetros, vedada a acumulação:

I – para ofensa de natureza leve – até três vezes o valor do limite máximo dos benefícios do Regime Geral de Previdência Social;

II – para ofensa de natureza média – até cinco vezes o valor do limite máximo dos benefícios do Regime Geral de Previdência Social;

III – para ofensa de natureza grave – até vinte vezes o valor do limite máximo dos benefícios do Regime Geral de Previdência Social; ou

IV – para ofensa de natureza gravíssima – até cinquenta vezes o valor do limite máximo dos benefícios do Regime Geral de Previdência Social.

[...]

§ 3º Na reincidência de quaisquer das partes, o juízo poderá elevar ao dobro o valor da indenização.

§ 4º Para fins do disposto no § 3º, a reincidência ocorrerá se ofensa idêntica ocorrer no prazo de até dois anos, contado do trânsito em julgado da decisão condenatória.

§ 5º Os parâmetros estabelecidos no § 1º não se aplicam aos danos extrapatrimoniais decorrentes de morte." (NR)

---

2. Parecer do relator

"Vivemos hoje, no Judiciário brasileiro, um fenômeno que cresce dia após dia, que é o ajuizamento de ações visando à indenização por danos morais. E, além do dano moral, temos, ainda, uma nova figura que tem sido pleiteada – e concedida – com razoável constância pelo juízo trabalhista que é o dano existencial.

Reconhecemos a importância do tema, mesmo porque o pagamento de indenização quando verificado o dano está previsto na Constituição Federal, nos termos do inciso X do art. 5º. Com o que não podemos concordar, todavia, é a total falta de critério na sua fixação.

Na Justiça do Trabalho, segundo dados do próprio TST, em torno de 1% a 2% das ações ajuizadas no ano de 2016 tratavam, exclusivamente, de indenização por dano moral ou existencial. Entretanto esses dados não levam em consideração o fato de que quase todas as ações trabalhistas trazem um pedido acessório de indenização por danos morais, fundada, muitas vezes, em mero descumprimento da legislação trabalhista.

Como há um vácuo nas leis do trabalho quanto ao tratamento da matéria, os pedidos são formulados com base na legislação civil, a qual também não oferece critérios objetivos para lidar com o tema.

A ausência de critérios objetivos e o alto nível de discricionariedade conferidos ao magistrado na fixação judicial dessas indenizações trazem insegurança jurídica, lesando a isonomia de tratamento que deve ser dada a todos os cidadãos. Não é raro que se fixem indenizações díspares para lesões similares em vítimas diferentes. Do mesmo modo, são comuns indenizações que desconsideram a capacidade econômica do ofensor, seja ele o empregado ou o empregador, situação que se mostra agravada no caso dos empregadores, porquanto ações de prepostos podem gerar valores que dificultem, ou mesmo inviabilizem, a continuidade do empreendimento.

Diante desses fatos, estamos propondo a inclusão de um novo Título à CLT para tratar do dano extrapatrimonial, o que contempla o dano moral, o dano existencial e qualquer outro tipo de dano que vier a ser nominado. A inserção desses dispositivos na CLT evitará que tenhamos decisões díspares para situações assemelhadas, como temos visto com alguma frequência em nosso Judiciário. Acreditamos que essa medida facilitará a atuação dos magistrados do trabalho, que terão critérios objetivos para definir o valor da indenização, sem que tenham a sua autonomia decisória ferida."

3. Comentários

3.1. Reparação de danos de natureza extrapatrimonial

Aplicam-se à reparação de danos de natureza extrapatrimonial decorrentes da relação de trabalho apenas os dispositivos deste Título. (Art. 223-A, incluído pela Lei n. 13.467/2017)

Ao lado dos direitos materiais ou patrimoniais existem os direitos extrapatrimoniais, que são direitos da personalidade, fundamentais e têm por finalidade resguardar a dignidade e integridade da pessoa no que diz respeito ao nome, à privacidade, à igualdade, ao trabalho, à vida, à saúde, à intimidade, à reputação, à imagem, à liberdade, à honra, à moral, à autoestima etc.

Os direitos fundamentais, também denominados humanos ou da personalidade, são direitos que protegem a pessoa em seus mais íntimos valores (físicos, psíquicos e morais) e em suas projeções sociais, são direitos fundamentais de cidadania.[43]

Como a CLT de 1943 era omissa a respeito da regulação do pagamento de indenização por dano material ou moral, a solução se dava pela aplicação da legislação civil e demais fontes subsidiárias do Direito do Trabalho (CLT, art. 8º).

Com a introdução do Título II-A, na área trabalhista, determina o artigo em análise que a reparação de danos de natureza extrapatrimonial será feita apenas com aplicação dos dispositivos deste Título, com a pretensão de abranger todas as possíveis hipóteses de ocorrência de danos não patrimoniais.

A reparação de danos patrimoniais ou materiais (danos emergentes, lucros cessantes etc.) continua a ser feita pelas regras do Direito Civil, por aplicação subsidiária (CLT, art. 8º).

3.2. Dano moral – Dano existencial

Causa dano de natureza extrapatrimonial a ação ou omissão que ofenda a esfera moral ou existencial da pessoa física ou jurídica, as quais são as titulares exclusivas do direito à reparação. (Art. 223-B, incluído pela Lei n. 13.467/2017)

3.2.1. Dano moral

O dano moral resulta de ato ofensivo ao princípio da dignidade da pessoa humana, por violação a direitos da personalidade, e que no contrato de emprego pode ser praticado tanto pelo empregador quanto pelo empregado.

Dano moral é definido por Caio Mário da Silva Pereira, como ofensa a direitos de natureza extrapatrimonial – ofensas aos direitos integrantes da personalidade do indivíduo, como também ofensas à honra, ao decoro, à paz interior de cada um, às crenças íntimas, aos sentimentos afetivos de qualquer espécie, à liberdade, à vida, à integridade.[44]

Para Belmonte (2004:471) dano moral é a lesão causada a atributos da personalidade, afetando o indivíduo de forma sentimental ou afetiva. É o abalo causado aos sentimentos da pessoa em relação à sua integridade física, moral e intelectual.

O dano extrapatrimonial compreende, dentre outros, o dano moral e o existencial.[45]

---

(43) CORTEZ, Julpiano Chaves. *Trabalho escravo no contrato de empego e os dieitos fundamentais*. 2. ed. São Paulo: LTr, 2015. p. 33.
(44) PEREIRA, Caio Mário da Silva. *Responsabilidade civil*. Rio de Janeiro: Forense, 1996. p. 88.
(45) Tipos de danos extrapatrimoniais: a) quanto à pessoa física: dano estético, dano à integridade psicofísica, assédio moral, assédio sexual, assédio processual, dano existencial, lesão à imagem, à honra, à liberdade, à intimidade, à saúde, revista íntima etc.; b) quanto à pessoa jurídica: ao nome, ao crédito, ao prestígio, à marca, à imagem, à credibilidade, à reputação, ao segredo empresarial, ao sigilo de correspondência, ao meio ambiente de trabalho etc.

A parte final do artigo em análise prevê que a vítima do dano é o titular exclusivo do direito de reparação, dando a entender que não cabe reparação aos seus herdeiros.

A respeito, a professora Sônia Mascaro Nascimento entende que o dispositivo somente afirma que o ofendido é o titular exclusivo no direito à reparação, mas nada diz a respeito da transmissibilidade no caso de falecimento. Por certo o titular do direito é a parte legítima para o ajuizamento da ação e somente o trabalhador vitimado poderá ajuizar a ação trabalhista, enquanto vivo. Contudo, com o seu falecimento aplicam-se as regras sucessórias e uma vez que o dano moral possui repercussão patrimonial, ele é transmissível aos herdeiros.[46]

E a competência para julgamento da ação de reparação por danos morais impetrada pelos sucessores é da Justiça do Trabalho, conforme entendimento pacificado pelo Supremo Tribunal Federal.

Neste sentido, a Súmula Vinculante n. 22 do STF estabelece: "A Justiça do Trabalho é competente para processar e julgar as ações de indenização por danos morais e patrimoniais decorrentes de acidente de trabalho propostas por empregado contra empregador, inclusive aquelas que ainda não possuíam sentença de mérito em primeiro grau quando da promulgação da Emenda Constitucional n. 45/04".

3.2.2. Dano existencial

No Direito do Trabalho, o dano existencial, espécie de dano extrapatrimonial, caracteriza-se por ser um ato ilícito, com nexo causal ou de causalidade (vinculação laboral com as atividades da empresa) e que resulta em efetivo prejuízo.

Para os professores Boucinhas e Zanotelli, o dano existencial no direito do trabalho, também chamado de dano à existência do trabalhador, decorre da conduta patronal que impossibilita o empregado de se relacionar e de conviver em sociedade por meio de atividades recreativas, afetivas, espirituais, culturais e de descanso, que lhe trarão bem-estar físico e psíquico e, por consequência, felicidade; ou que o impede de executar, de prosseguir ou mesmo de recomeçar os seus projetos de vida, que serão, por sua vez, responsáveis pelo seu crescimento ou realização profissional, social e pessoal.[47]

O dano existencial, como cediço, decorre de toda lesão capaz de comprometer a liberdade de escolha do indivíduo, frustrar seu projeto de vida pessoal, uma vez que a ele não resta tempo suficiente para realizar-se em outras áreas de atividade, além do trabalho. Acontece quando é ceifado seu direito ao envolvimento em atividades de sua vida privada, em face das tarefas laborais excessivas, deixando as relações familiares, o convívio social, a prática de esportes, o lazer, os estudos e, por isso mesmo, violando o princípio da dignidade da pessoa humana – artigo 1º, inc. III, CF. Indubitável que a obrigatoriedade de trabalhar durante as férias, durante todo o longo contrato de trabalho, comprometeu, sobremaneira, a vida particular do autor, impedindo-lhe de dedicar-se, também, a atividades de sua vida privada. Caracterizado, portanto, o dano existencial *in re ipsa*.[48]

O dano de natureza extrapatrimonial ocorre em relação à pessoa física ou jurídica, que são as titulares exclusivas do direito à reparação.

3.3. Bens juridicamente tutelados inerentes à pessoa física

A etnia, a idade, a nacionalidade, a honra, a imagem, a intimidade, a liberdade de ação, a autoestima, o gênero, a orientação sexual, a saúde, o lazer e a integridade física são os bens juridicamente tutelados inerentes à pessoa natural.(Art. 223-C, com redação dada pela MP n. 808/2017)

São invioláveis a intimidade, a vida privada, a honra e a imagem das pessoas, assegurado o direito a indenização pelo dano material ou moral decorrente de sua violação. (CF/1988 – Art. 5º, X)

---

(46) *Revista LTr* 81-09/1040.
(47) BOUCINHAS FILHO, Jorge Cavalcanti; ALVARENGA, Rúbia Zanotelli. O dano existencial e o dieito do trabalho. *Revista Magister de Direito do Trabalho*, Porto Alegre. n. 57, Nov/Dez de 2013, p. 52.
(48) TRT da 3ª Reg. – RO 0002169-55.2013.5.03.0014 (1ª T.) – Rel. José Eduardo Resende Chaves Jr. – Data de Publicação: 14/08/2015.

Os direitos inerentes à personalidade podem ser lesados por qualquer conduta ilícita, como agressão moral, assédio moral, assédio sexual, acidente do trabalho ou situações equiparadas, atos discriminatórios, atos de fiscalização, monitoramento eletrônico, atos de descumprimento das medidas de segurança e saúde do trabalhador, de revista pessoal dos empregados, de desrespeito (à imagem, à honra, à vida privada e à intimidade) e outras tantas.

Como os direitos fundamentais protegem a dignidade da pessoa humana em todas as dimensões, a violação desses direitos fundamentais assegura ao lesado o direito de ser ressarcido pelos danos sofridos.

O art. 223-C, incluído pela Lei n. 13.467/2017, tinha a seguinte redação: "A honra, a imagem, a intimidade, a liberdade de ação, a autoestima, a sexualidade, a saúde, o lazer e a integridade física são os bens juridicamente tutelados inerentes à pessoa física".

Apesar da MP n. 808/2017 ter ampliado a enumeração dos fatores e das condutas ilícitas, ela continua exemplificativa, pois existem outras mais.

3.4. Bens juridicamente tutelados inerentes à pessoa jurídica

A imagem, a marca, o nome, o segredo empresarial e o sigilo da correspondência são bens juridicamente tutelados inerentes à pessoa jurídica. (Art. 223-D, incluído pela Lei n. 13.467/2017)

A pessoa jurídica pode ser vítima de dano moral por ofensa ao seu conceito, crédito, prestígio, bom nome, imagem, credibilidade, reputação, meio ambiente de trabalho e outros mais, sendo que a reparabilidade desses danos é assegurada pela própria Constituição Federal.

O Superior Tribunal de Justiça (STJ), por meio da Súmula n. 227, se posicionou no sentido de que a pessoa jurídica pode sofrer dano moral.

A CF/1988, art. 5º, incisos V e X, determina: ... V – é assegurado o direito de resposta, proporcional ao agravo, além de indenização por dano material, moral ou à imagem; ... X – são invioláveis a intimidade, a vida privada, a honra e a imagem das pessoas, assegurado o direito a indenização pelo dano material ou moral decorrente de sua violação.

O Código Civil preceitua que toda pessoa é capaz de direitos e deveres na ordem civil (art. 1º), aplicando-se às pessoas jurídicas, no que couber, a proteção dos direitos da personalidade (art. 52).

Na doutrina, Júlio Bernardo do Carmo fundamenta que a reparabilidade de danos morais a pessoas jurídicas, em nosso direito, não mais pode ser contestada, diante dos termos cristalinos do art. 5º, incisos V e X, da Magna Carta de 1988, que se refere de forma genérica à indenização do dano moral, sem excepcionar pessoas jurídicas ou mesmo entes não personalizados, como os condomínios, os fundos, os espólios, e no âmbito público, as forças armadas, órgãos ou ministérios públicos e até mesmo os tribunais.[49]

A CLT também era omissa a respeito do dano moral em relação às pessoas jurídicas, sendo que o artigo em análise põe fim à divergência que reinava, tanto na doutrina quanto na jurisprudência, determinando a reparabilidade dos danos morais causados à empresa.[50]

3.5. Responsáveis pelo dano extrapatrimonial

São responsáveis pelo dano extrapatrimonial todos os que tenham colaborado para a ofensa ao bem jurídico tutelado, na proporção da ação ou da omissão. (Art. 223-E, incluído pela Lei n. 13.467/2017)

A questão da responsabilidade surge quando ocorre a violação da norma ou obrigação que dita a conduta do agente.[51]

---

(49) CARMO, Júlio Bernardo do. O dano moral e sua reparação no âmbito do Direito civil e do trabalho. São Paulo: *Revista LTr*, vol. 60, n. 03, p. 308.
(50) CORTEZ, Julpiano Chaves.. *Trabalho escravo no contrato de emprego e os direitos fundamentais*. 2. ed. São Paulo: LTr, 2015. p. 52.
(51) CARMO, Júlio Bernardo do. O dano moral e sua reparação no âmbito do direito civil e do trabalho. Revista LTr 60- 03/301.

A respeito de responsabilidade civil, José Cairo Júnior ensina que, responsabilidade representa o dever de ressarcir ou de compensar, imposto àquele que, por ação ou omissão, por fato próprio, de terceiro ou de coisas dele dependentes, provoque a diminuição ou alteração no patrimônio material ou moral de alguém.[52]

O artigo em análise não deixa margem a dúvidas ao deteminar que são responsáveis pelo dano extrapatrimonial todos os que tenham colaborado para a ofensa ao bem jurídico tutelado, na proporção da ação ou da omissão.

Neste caso, a ação de reparação por dano moral deverá ser contra todos os ofensores. O STF, por meio da Súmula n. 341, disciplina: É presumida a culpa do patrão ou comitente pelo ato culposo do empregado ou preposto.

O Desembargador Sebastião Geraldo de Oliveira entende que nos serviços temporários ou terceirizados o tomador responde pelos danos extrapatrimoniais causados aos trabalhadores. A responsabilidade direta é inicialmente da pessoa jurídica que contratou o trabalhador terceirizado, mas o contratante tomador dos serviços responde subsidiariamente pelas indenizações.[53]

Por último, lembra o autor: É importante mencionar finalmente que, de fato, cada pessoa jurídica responde na proporção da sua participação no evento danoso (concausa), como previsto no artigo 223-E, mas aquele que tiver suportado inicialmente a indenização poderá ajuizar ação regressiva para ressarcir o que houver pago daquele por quem pagou (art. 934 do Código Civil).[54]

3.6. Indenizações cumulativas – Discriminação dos valores – Composição

A reparação por danos extrapatrimoniais pode ser pedida cumulativamente com a indenização por danos materiais decorrentes do mesmo ato lesivo. (Caput do art. 223-F, incluído pela Lei n. 13.467/2017)

Se houver cumulação de pedidos, o juízo, ao proferir a decisão, discriminará os valores das indenizações a título de danos patrimoniais e das reparações por danos de natureza extrapatrimonial. (§ 1º do art. 223-F, incluído pela Lei n. 13.467/2017)

A composição das perdas e danos, assim compreendidos os lucros cessantes e os danos emergentes, não interfere na avaliação dos danos extrapatrimoniais. (§ 2º do art. 223-F, incluído pela Lei n. 13.467/2017)

3.6.1. Indenizações cumulativas

O *caput* do art. 223-F determina que, a reparação por danos extrapatrimoniais pode ser pedida cumulativamente com a indenização por danos materiais decorrentes do mesmo ato lesivo.

Dano material ou patrimonial é o que resulta em prejuízo de ordem econômica ou financeira.

De uma conduta ilícita pode resultar dano (material ou moral) a uma das partes do contrato, cabendo à outra parte a responsabilidade pelo cumprimento da obrigação de indenizá-los.

A responsabilidade é o caminho para se obter o restabelecimento do equilíbrio rompido pela ocorrência de um dano sofrido (patrimonial ou moral).

Em razão do mesmo ato lesivo, o pedido de indenização por dano patrimonial e extrapatrimonial pode ser feito de forma cumulada, inclusive com as verbas trabalhistas, havendo rescisão do contrato de trabalho.

Exemplificando: de forma cumulada, pode haver pedido de verbas rescisórias (aviso-prévio, férias, 13º salário, saldo de salário, FGTS etc.), com verbas indenizatórias por dano material (dano emergente e lucros cessantes) e moral.

---

(52) CAIRO JÚNIOR, José. *O acidente do trabalho e a responsabilidade civil do empregador.* São Paulo: LTr, 2006. p. 26.
(53) *Revista LTr.* 81-09/1062.
(54) *Rev. cit.*, p. 1063.

Neste sentido as Súmulas do STJ:

37. São cumuláveis as indenizações por dano material e dano moral oriundos do mesmo fato.

387. É lícita a acumulação das indenizações de dano estético e dano moral.

3.6.2. Discriminação dos valores

Diz o § 1º do artigo em questão, com muita clareza: se houver cumulação de pedidos, o juízo, ao proferir a decisão, discriminará os valores das indenizações a título de danos patrimoniais e das reparações por danos de natureza extrapatrimonial.

Portanto, em caso de acumulação de pedidos, a decisão deverá discriminar os valores das indenizações a título de danos patrimoniais (danos emergentes, lucros cessantes, pensionamento etc.), bem como os das indenizações extrapatrimoniais (dano moral, estético, existencial etc.), não podendo ser englobadas em um só valor as diferentes indenizações.

O professor Manoel Antonio Teixeira Filho argumenta que essa imposição legal é de ordem prática, porquanto permitirá ao autor e ao réu conhecerem o valor de cada indenização e, diante disso, se for o caso, recorrerem da sentença com a finalidade de ampliar ou de reduzir um desses valores, ou ambos.

Inexistindo essa individualidade dos valores ter-se-á que a sentença se omitiu no atendimento à determinação legal, ensejando, com isso, que a parte interessada faça uso dos embargos declaratórios para suprir a lacuna jurisdicional. Cuida-se de um dos tantos casos, que soem ocorrer na prática, de manejo peculiar dos embargos de declaração.[55]

3.6.3. Composição – Lucros cessantes – Danos emergentes

3.6.3.1. Composição

O § 2º do art. 233-F prevê que a composição das perdas e danos, assim compreendidos os lucros cessantes e os danos emergentes, não interfere na avaliação dos danos extrapatrimoniais.

Em outras palavras, a composição em relação aos danos patrimoniais ou materiais (lucros cessantes, danos emergentes, pensionamento etc.), não interfere na avaliação dos danos extrapatrimoniais ou imateriais (moral, estético, existencial etc.).

3.6.3.2. Lucros cessantes

Lucro cessante é o que a pessoa deixa de ganhar pela paralisação das suas atividades, como ocorre no acidente de trabalho, em que o empregado não recebe do empregador o valor do salário correspondente ao período de seu afastamento.

São considerados lucros cessantes os valores da remuneração, incluída a parcela do 13º salário, que o empregado deixa de receber do empregador, desde o 16º dia do afastamento até o dia da sua alta médica ou de seu falecimento e que corresponde ao período de duração do auxílio-doença acidentário.

3.6.3.3. Danos emergentes

São considerados danos emergentes as despesas efetuadas pela pessoa ou por alguém em seu nome, com médicos, fisioterapeutas, odontólogos, psicólogos, hospitais, remédios, alimentos, funeral, luto da família, transporte e demais gastos devidamente comprovados.

---

(55) *O processo do trabalho e a reforma trabalhista.* São Paulo: LTr, 2017. p. 24.

3.7. Critérios para fixação do valor da reparação – Reparação conforme a natureza da ofensa – Indenização da pessoa jurídica – Reincidência – Danos extrapatrimoniais

Ao apreciar o pedido, o juízo considerará: (*Caput* do art. 223-G, incluído pela Lei n. 13.467/2017)

I – a natureza do bem jurídico tutelado;

II – a intensidade do sofrimento ou da humilhação;

III – a possibilidade de superação física ou psicológica;

IV – os reflexos pessoais e sociais da ação ou da omissão;

V – a extensão e a duração dos efeitos da ofensa;

VI – as condições em que ocorreu a ofensa ou o prejuízo moral;

VII – o grau de dolo ou culpa;

VIII – a ocorrência de retratação espontânea;

IX – o esforço efetivo para minimizar a ofensa;

X – o perdão, tácito ou expresso;

XI – a situação social e econômica das partes envolvidas;

XII – o grau de publicidade da ofensa.

Ao julgar procedente o pedido, o juízo fixará a reparação a ser paga, a cada um dos ofendidos, em um dos seguintes parâmetros, vedada a acumulação: (§ 1º do art. 223-G, com redação dada pela MP n. 808/2017)

I – para ofensa de natureza leve – até três vezes o valor do limite máximo dos benefícios do Regime Geral de Previdência Social;

II – para ofensa de natureza média – até cinco vezes o valor do limite máximo dos benefícios do Regime Geral de Previdência Social;

III – para ofensa de natureza grave – até vinte vezes o valor do limite máximo dos benefícios do Regime Geral de Previdência Social; ou

IV – para ofensa de natureza gravíssima – até cinquenta vezes o valor do limite máximo dos benefícios do Regime Geral de Previdência Social.

Se o ofendido for pessoa jurídica, a indenização será fixada com observância dos mesmos parâmetros estabelecidos no § 1º deste artigo, mas em relação ao salário contratual do ofensor. (§ 2º do art. 223-G, incluído pela Lei n. 13.467/2017)

Na reincidência de quaisquer das partes, o juízo poderá elevar ao dobro o valor da indenização. (§ 3º do art. 223-G, com redação dada pela MP n. 808/2017)

Para fins do disposto no § 3º, a reincidência ocorrerá se ofensa idêntica ocorrer no prazo de até dois anos, contado do trânsito em julgado da decisão condenatória. (§ 4º do art. 223-G, incluído pela MP n. 808/2017)

Os parâmetros estabelecidos no § 1º não se aplicam aos danos extrapatrimoniais decorrentes de morte. (§ 5º do art. 223-G, incluído pela MP n. 808/2017)

3.7.1. Critérios para fixação do valor da reparação

Como observa Carlos Alberto Gonçalves, as leis em geral não costumam formular critérios ou mecanismos para a fixação do *quantum* da reparação, a não ser em algumas hipóteses, preferindo deixar ao prudente arbítrio do juiz a decisão, em cada caso. Por essa razão, a jurisprudência tem procurado encontrar soluções e traçar alguns parâmetros, desempenhando importante papel nesse particular.[56]

Como o valor da indenização ou compensação por dano moral não era fixado em lei, ou melhor, não era tarifado, a sua fixação ocorria por arbitramento judicial em que eram considerados os princípios da proporcionalidade e da razoabilidade e observados certos critérios.[57]

---

(56) GONÇALVES, Carlos Alberto. *Responsabilidade civil*. 10. ed. São Paulo: Saraiva, 2007. p. 632.
(57) Súmula n. 281 do STJ: A indenização por dano moral não está sujeita à tarifação prevista na Lei de Imprensa.

O legislador, por meio do art. 223-G, introduzido à CLT, optou em estabelecer criérios e parâmetros orientadores da fixação do *quantum* da reparação, disciplinando que, ao apreciar o pedido, o juízo deve considerar: I – a natureza do bem jurídico tutelado; II – a intensidade do sofrimento ou da humilhação; III – a possibilidade de superação física ou psicológica; IV – os reflexos pessoais e sociais da ação ou da omissão; V – a extensão e a duração dos efeitos da ofensa; VI – as condições em que ocorreu a ofensa ou o prejuízo moral; VII – o grau de dolo ou culpa; VIII – a ocorrência de retratação espontânea; IX – o esforço efetivo para minimizar a ofensa; X – o perdão, tácito ou expresso; XI – a situação social e econômica das partes envolvidas; XII – o grau de publicidade da ofensa.

3.7.2. Reparação conforme a natureza da ofensa

O § 1º do artigo em questão determina que, se julgar procedente o pedido, o juízo fixará a reparação a ser paga a cada um dos ofendidos, em um dos seguintes parâmetros, vedada a acumulação:

I – para ofensa de natureza leve – até três vezes o valor do limite máximo dos benefícios do Regime Geral de Previdência Social;

II – para ofensa de natureza média – até cinco vezes o valor do limite máximo dos benefícios do Regime Geral de Previdência Social;

III – para ofensa de natureza grave – até vinte vezes o valor do limite máximo dos benefícios do Regime Geral de Previdência Social; ou

IV – para ofensa de natureza gravíssima – até cinquenta vezes o valor do limite máximo dos benefícios do Regime Geral de Previdência Social.

Assim, o valor da reparação por dano moral fica estipulado em lei e tem como parâmetro o valor do limite máximo dos benefícios do Regime Geral de Previdência Social, representando uma forma de consolo pela dor e/ou sofrimento causados à vítima.

Entretanto, o dispositivo em análise é omisso a respeito dos critérios para se avaliar a natureza da ofensa, se leve, média, grave e gravíssima.

Portanto, o juiz continua tendo ampla liberdade para fixar, não o valor da reparação, mas a natureza da ofensa.

Pela Lei n. 13.467/2017, o parâmetro para reparação do dano moral era o último salário contratual do ofendido e que foi alterado pela Medida Provisória n. 808/2017 para o valor do limite máximo dos benefícios do Regime Geral de Previdência Social.

Atinente ao dispositivo legal em análise, Mauricio e Gabriela Delgado (2017:146) comentam: "o art. 223-G, § 1º, incisos I a IV, estabelece tarifação da indenização por dano extrapatrimonial, se esquecendo de que a Constituição da República afasta o critério de tarifação da indenização por dano moral, em seu art. 5º, V, ao mencionar, enfaticamente, a noção de proporcionalidade. Nesse contexto, a interpretação lógico-racional, sistemática e teleológica desses dispositivos legais rejeita a absolutização do tarifamento efetuado pela nova lei, considerando a tabela ali exposta basicamente como um parâmetro para a fixação indenizatória pelo Magistrado, mas sem prevalência sobre a noção jurídica advinda do princípio da porporcionalidade-razoabilidade".

3.7.3. Indenização da pessoa jurídica

O § 2º do art. 223-G estabelece que se o ofendido for pessoa jurídica, a indenização será fixada com observância dos mesmos parâmetros estabelecidos no § 1º deste artigo, mas em relação ao salário contratual do ofensor. (§ 2º, incluído pela Lei n. 13.467/2017)

Portanto, se o ofendido for pessoa jurídica, haverá indenização e que será fixada com base no valor do salário contratual do ofensor.

3.7.4. Reincidência

O § 3º do art. 223-G, com redação dada pela MP n. 808/2017, prevê: na reincidência de quaisquer das partes, o juízo poderá elevar ao dobro o valor da indenização.

E o § 4º, incluído pela MP n. 808/2017 estabelece que para fins do disposto no § 3º a reincidência ocorrerá se ofensa idêntica ocorrer no prazo de até dois anos, contado do trânsito em julgado da decisão condenatória.

3.7.5. Danos extrapatrimoniais decorrentes de morte

Segundo o § 5º, incluído pela MP n. 808/2017, os parâmetros estabelecidos no § 1º não se aplicam aos danos extrapatrimoniais decorrentes de morte.

3.8. Constitucionalidade

A respeito da introdução de um sistema tarifário para fixação do valor da reparação por dano extrapatrimonial, além dos comentários acima, a professora Maria Célia Bodin de Moraes, em excelente livro, "Danos à pessoa humana uma leitura civil-constitucional dos danos morais", conclui que em decorrência da tutela geral estabelecida em nível constitucional, a reparação do dano não poderá ser limitada, mediante a imposição de tetos, por legislação infraconstitucional, que, se anterior à Constituição, deverá ser considerada como não recepcionada, e, se posterior, deverá ser tida por inconstitucional.[58]

---

(58) MORAES, Maria Celina Bodin de. *Danos à pessoa humana:* uma leitura civil-constitucional dos danos morais. 4ª tiragem. Rio de Janeiro: Renovar, 2009. p. 333.

DA PROTEÇÃO À MATERNIDADE

1. Legislação

"Art. 394-A. Sem prejuízo de sua remuneração, nesta incluído o valor do adicional de insalubridade, a empregada deverá ser afastada de:

I – atividades consideradas insalubres em grau máximo, enquanto durar a gestação;

II – atividades consideradas insalubres em grau médio ou mínimo, quando apresentar atestado de saúde, emitido por médico de confiança da mulher, que recomende o afastamento durante a gestação;

III – atividades consideradas insalubres em qualquer grau, quando apresentar atestado de saúde, emitido por médico de confiança da mulher, que recomende o afastamento durante a lactação.

§ 1º [...]

§ 2º Cabe à empresa pagar o adicional de insalubridade à gestante ou à lactante, efetivando-se a compensação, observado o disposto no art. 248 da Constituição Federal, por ocasião do recolhimento das contribuições incidentes sobre a folha de salários e demais rendimentos pagos ou creditados, a qualquer título, à pessoa física que lhe preste serviço.

§ 3º Quando não for possível que a gestante ou a lactante afastada nos termos do *caput* deste artigo exerça suas atividades em local salubre na empresa, a hipótese será considerada como gravidez de risco e ensejará a percepção de salário-maternidade, nos termos da Lei nº 8.213, de 24 de julho de 1991, durante todo o período de afastamento." (NR)

Nova redação dada pela Medida Provisória n. 808, de 14 de novembro de 2017:

> "Art. 394-A. A empregada gestante será afastada, enquanto durar a gestação, de quaisquer atividades, operações ou locais insalubres e exercerá suas atividades em local salubre, excluído, nesse caso, o pagamento de adicional de insalubridade.
>
> [...]
>
> § 2º O exercício de atividades e operações insalubres em grau médio ou mínimo, pela gestante, somente será permitido quando ela, voluntariamente, apresentar atestado de saúde, emitido por médico de sua confiança, do sistema privado ou público de saúde, que autorize a sua permanência no exercício de suas atividades.
>
> § 3º A empregada lactante será afastada de atividades e operações consideradas insalubres em qualquer grau quando apresentar atestado de saúde emitido por médico de sua confiança, do sistema privado ou público de saúde, que recomende o afastamento durante a lactação." (NR)

"Art. 396. [...]

§ 1º [...]

§ 2º Os horários dos descansos previstos no *caput* deste artigo deverão ser definidos em acordo individual entre a mulher e o empregador." (NR)

2. Parecer do relator

"Quando da sanção da lei que acrescentou a atual redação do art. 394-A à CLT, pensou-se que se estava adotando uma medida protetiva à mulher.

Reconhecemos a boa intenção contida na redação atual do artigo, mas o que aparenta ser uma medida protetiva à mulher acaba por lhe ser prejudicial.

Esse dispositivo tem provocado situações de discriminação ao trabalho da mulher em locais insalubres, tanto no momento da contratação quanto na manutenção do emprego. Essa situação é marcante em setores como o hospitalar, em que todas as atividades são consideradas insalubres, o que já tem provocado reflexos nos setores de enfermagem, por exemplo, com o desestímulo à contratação de mulheres.

Além disso, ao afastar a empregada gestante ou lactante de quaisquer atividades, operações ou locais insalubres, há, de imediato, uma redução salarial, pois ela deixa de receber o respectivo adicional, refletindo, inclusive, no benefício da licença-maternidade a que faz jus.

É certo que a Constituição Federal e a legislação ordinária proíbem a discriminação de gênero no mercado de trabalho, contudo, no dia a dia, é muito difícil impedir a discriminação indireta, quando a mulher deixa de ser contratada sem que os motivos reais sejam expostos. O que estamos propondo no Substitutivo é uma inversão da lógica atual. Ao invés de se restringir obrigatoriamente o exercício de atividades em ambientes insalubres, será necessária a apresentação de um atestado médico comprovando que o ambiente não oferecerá risco à gestante ou à lactante. Quando for absolutamente impossível a prestação do serviço em ambiente insalubre, a empregada gestante ou lactante será redirecionada para um ambiente salubre."

3. Comentários

3.1. Empregada gestante e as atividades insalubres – Atividades e operações insalubres em grau médio ou mínimo – Empregada lactante

A empregada gestante será afastada, enquanto durar a gestação, de quaisquer atividades, operações ou locais insalubres e exercerá suas atividades em local salubre, excluído, nesse caso, o pagamento de adicional de insalubridade. (Caput do art. 394-A, com redação dada pela MP n. 808/2017)

[...] Vetado

O exercício de atividades e operações insalubres em grau médio ou mínimo, pela gestante, somente será permitido quando ela, voluntariamente, apresentar atestado de saúde, emitido por médico de sua confiança, do sistema privado ou público de saúde, que autorize a sua permanência no exercício de suas atividades. (§ 2º, com redação dada pela MP n. 808/2017)

A empregada lactante será afastada de atividades e operações consideradas insalubres em qualquer grau quando apresentar atestado de saúde emitido por médico de sua confiança, do sistema privado ou público de saúde, que recomende o afastamento durante a lactação. (§ 3º, com redação dada pela MP n. 808/2017)

3.1.1. Empregada gestante e as atividades insalubres

O *caput* do art. 394-A da CLT, alterado pela Lei n. 13.467/2017, estabelecia que a empregada gestante ou lactante seria afastada de qualquer atividade insalubre, devendo exercer suas atividades em local salubre.[59]

Com a nova redação, o art. 394-A só permitia o afastamento da trabalhadora gestante, nas atividades insalubres em grau máximo, enquanto durasse a gestação.

Nas atividades insalubres em grau médio ou mínimo, o afastamento da empregada gestante dependia de atestado de saúde, emitido por médico de confiança da mulher, que recomendasse o afastamento durante a gestação.

Nas atividades insalubres em qualquer grau, a empregada podia se afastar durante o período de lactação, mediante apresentação de atestado de saúde, emitido por médico de sua confiança.

Com tal redação, o art. 394-A agredia direitos constitucionais de indisponibilidade absoluta: desrespeito à dignidade da pessoa humana, à proteção da saúde da trabalhadora e do nascituro, bem como à redução dos riscos ao meio ambiente do trabalho.

O art. 394-A, com a redação dada pela MP n. 808/2017, prevê: "A empregada gestante será afastada, enquanto durar a gestação, de quaisquer atividades, operações ou locais insalubres e exercerá suas atividades em local salubre, excluído, nesse caso, o pagamento de adicional de insalubridade".

O que significa, em parte, a volta do art. 394-A, com redação dada pela Lei n. 13.287, de 2016, que previa: "A empregada gestante ou lactante será afastada, enquanto durar a gestação e a lactação, de quaisquer atividades, operações ou locais insalubres, devendo exercer suas atividades em local salubre".

---

(59) Art. 394-A. A empregada gestante ou lactante será afastada, enquanto durar a gestação e a lactação, de quaisquer atividades, operações ou locais insalubres, devendo exercer suas atividades em local salubre. (Incluído pela Lei n. 13.287, de 2016)

A respeito do § 1º do art. 394-A, o professor Homero Batista Mateus da Silva explica: O texto do projeto que tramitou no Senado Federal e o texto do art. 394-A aprovado pela Lei n. 13.467/2017 dão a entender que existe o § 1º do art. 394-A, que teria sido mantido pela reforma trabalhista. Ocorre que esse § 1º não existe. Talvez o legislador tenha se referido ao parágrafo único do art. 394-A, que chegou a ser aprovado pelo Congresso Nacional, mas que viria a ser vetado pela Presidência da República quando da sanção da Lei n. 13.287/2016. Mas, ainda assim, teria de haver o capricho de mencionar que o parágrafo único virou § 1º. Da forma como a reforma foi aprovada, criou-se um limbo jurídico, um parágrafo inexistente.[60]

3.1.2. Atividades e operações insalubres em grau médio ou mínimo

O texto anterior do § 2º do art. 394-A previa: "Cabe à empresa pagar o adicional de insalubridade à gestante ou à lactante, efetivando-se a compensação, observado o disposto no art. 248 da Constituição Federal, por ocasião do recolhimento das contribuições incidentes sobre a folha de salários e demais rendimentos pagos ou creditados, a qualquer título, à pessoa física que lhe preste serviço".

A respeito, havíamos comentado que no caso de afastamento da atividade insalubre, em grau médio ou mínimo, a empregada gestante passaria a exercer suas atividades em local salubre, sem prejuízo de sua remuneração (salário e adicional), sendo que o valor do adicional de insalubridade pago pelo empregador seria reembolsado pela Previdência Social, efetivando-se a compensação por ocasião do recolhimento das contribuições previdenciárias.

Pela atual redação dada pela MP n. 808/2017, o exercício de atividades e operações insalubres depende da empregada gestante, desde que apresente atestado de saúde, emitido por médico de sua confiança, do sistema privado ou público de saúde, que autorize a sua permanência no exercício de suas atividades.

Como o risco das atividades empresariais é do empregador, cabe a ele não permitir que a empregada gestante desenvolva qualquer atividade insalubre, por atritar com os preceitos constitucionais; ainda, se houver trabalho em atividade insalubre, a empresa além de pagar o adicional de insalubridade, ficará sujeita a multa administrativa e a reparação por danos morais.

3.1.3. Empregada lactante

O texto anterior do § 3º do art. 394-A, com redação dada pela Lei n. 13.467/2017, previa: "Quando não for possível que a gestante ou a lactante afastada nos termos do *caput* deste artigo exerça suas atividades em local salubre na empresa, a hipótese será considerada como gravidez de risco e ensejará a percepção de salário-maternidade, nos termos da Lei n. 8.213, de 24 de julho de 1991, durante todo o período de afastamento".

A respeito, havíamos comentado que no caso de gravidez de risco, a empregada se afasta da empresa, ficando a Previdência Social responsável pelo pagamento da remuneração (salário + adicional), a título de salário-maternidade.

O pagamento do salário-maternidade e do 13º salário, relativo ao período do afastamento, seria efetuado pela empresa, efetivando-se a compensação quando do recolhimento das contribuições previdenciárias devidas.

A gravidez de risco, inserida no dispositivo em comento, beneficiaria o empregador em detrimento da coletividade, pois a responsabilidade de ativar a empregada em local salubre é da empresa.

Com a nova redação, a empregada lactante será afastada de atividades e operações consideradas insalubres em qualquer grau quando apresentar atestado de saúde emitido por médico de sua confiança, do sistema privado ou público de saúde, que recomende o afastamento durante a lactação.

O Art. 394-A, incluído pela Lei n. 13.287, 2016, previa: "a empregada gestante ou lactante será afastada, enquanto durar a gestação e a lactação, de quaisquer atividades, operações ou locais insalubres, devendo exercer suas atividades em local salubre".

---

(60) *Comentários à reforma trabalhista*. São Paulo: RT, 2017. p. 65.

Como mostrado anteriormente, o risco e a responsabilidade pelas atividades empresariais são do empregador, cabendo a ele afastar a empregada lactante e não permitir-lhe que se ative em operações consideradas insalubres, mediante apresentação de atestado de saúde.

3.2. Descanso para amamentação – Dilatação do período – Definição em acordo individual

Para amamentar seu filho, inclusive se advindo de adoção, até que este complete 6 (seis) meses de idade, a mulher terá direito, durante a jornada de trabalho, a 2 (dois) descansos especiais de meia hora cada um. (*Caput* do art. 396, com redação dada pela Lei n. 13.509, de 2017)

Quando o exigir a saúde do filho, o período de 6 (seis) meses poderá ser dilatado, a critério da autoridade competente. (§ 1º, com redação dada pela Lei n. 13.467, de 2017)

Os horários dos descansos previstos no caput deste artigo deverão ser definidos em acordo individual entre a mulher e o empregador. (§ 2º, com redação dada pela Lei n. 13.467, de 2017)

3.2.1. Descanso para amamentação

Para amamentar o próprio filho, até que este complete 6 (seis) meses de idade, a mulher terá direito, durante a jornada de trabalho, a 2 (dois) descansos especiais, de meia hora cada um. (*Caput* do art. 396, sem alteração)

A Lei n. 13.509, de 22 de novembro de 2017, deu nova redação ao art. 396: "Para amamentar seu filho, inclusive se advindo de adoção, até que este complete 6 (seis) meses de idade, a mulher terá direito, durante a jornada de trabalho, a 2 (dois) descansos especiais de meia hora cada um".

A professora Alice Monteiro de Barros (1995:467) observou que, "a não concessão do intervalo para aleitamento, a que alude o dispositivo em exame, além de constituir infração administrativa, implica pagamento da pausa correspondente como hora extraordinária, por se tratar de descanso especial, considerado como tempo de serviço".

Complementando o que disse a saudosa mestra: atualmente, a não concessão do intervalo para aleitamento, além das irregularidades apontadas, constitui infração à própria CF/1988, sujeitando o empregador a reparação por dano moral.

3.2.2. Dilatação do período de amamentação

Quando o exigir a saúde do filho, o período de 6 (seis) meses poderá ser dilatado, a critério da autoridade competente. (§ 1º do art. 396, com redação dada pela Lei n. 13.467/2017)

3.2.3. Definição dos intervalos em acordo individual

Nos termos do § 2º do art. 396, os horários dos descansos previstos no *caput* deste artigo deverão ser definidos em acordo individual entre a empregada e o empregador.

Os horários dos descansos podem ser definidos em acordo individual entre empregada e empregador; o que não pode ser negociado são os períodos de trinta minutos de descanso, por se tratar de direito de indisponibilidade absoluta, como preceitua o art. 611-B, XXX.

Exemplificando: a norma garante à trabalhadora, para amamentar o filho durante a jornada de trabalho, dois descansos especiais, de meia hora cada um; como não especifica os horários dos descansos, os mesmos poderão ser definidos em acordo individual entre as partes interessadas.

DO TRABALHADOR AUTÔNOMO

1. Legislação

"Art. 442-B. A contratação do autônomo, cumpridas por este todas as formalidades legais, com ou sem exclusividade, de forma contínua ou não, afasta a qualidade de empregado prevista no art. 3º desta Consolidação."

Nova redação dada pela Medida Provisória n. 808, de 14 de novembro de 2017:

> "Art. 442-B. A contratação do autônomo, cumpridas por este todas as formalidades legais, de forma contínua ou não, afasta a qualidade de empregado prevista no art. 3º desta Consolidação.
>
> § 1º É vedada a celebração de cláusula de exclusividade no contrato previsto no *caput*.
>
> § 2º Não caracteriza a qualidade de empregado prevista no art. 3º o fato de o autônomo prestar serviços a apenas um tomador de serviços.
>
> § 3º O autônomo poderá prestar serviços de qualquer natureza a outros tomadores de serviços que exerçam ou não a mesma atividade econômica, sob qualquer modalidade de contrato de trabalho, inclusive como autônomo.
>
> § 4º Fica garantida ao autônomo a possibilidade de recusa de realizar atividade demandada pelo contratante, garantida a aplicação de cláusula de penalidade prevista em contrato.
>
> § 5º Motoristas, representantes comerciais, corretores de imóveis, parceiros, e trabalhadores de outras categorias profissionais reguladas por leis específicas relacionadas a atividades compatíveis com o contrato autônomo, desde que cumpridos os requisitos do *caput*, não possuirão a qualidade de empregado prevista no art. 3º.
>
> § 6º Presente a subordinação jurídica, será reconhecido o vínculo empregatício.
>
> § 7º O disposto no *caput* se aplica ao autônomo, ainda que exerça atividade relacionada ao negócio da empresa contratante." (NR)

2. Parecer do relator

"O art. 442-B, inserido na CLT nesta oportunidade, segue o mesmo raciocínio adotado em relação à descaracterização do vínculo empregatício entre a sociedade cooperativa e o seu associado. De fato, não há motivo razoável para configurar vínculo empregatício entre a empresa e um autônomo que lhe preste algum serviço eventual. Ressalte-se que, na eventualidade de uma tentativa de se fraudar a legislação trabalhista, estando configurados os requisitos próprios da relação de emprego, a Justiça do Trabalho poderá reconhecer o vínculo empregatício, garantindo ao empregado todos os direitos a ele inerentes."

3. Comentários

A contratação do autônomo, cumpridas por este todas as formalidades legais, de forma contínua ou não, afasta a qualidade de empregado prevista no art. 3º desta Consolidação. (Art. 442-B, com redação dada pela MP n. 808/2017)

É vedada a celebração de cláusula de exclusividade no contrato previsto no caput. (§ 1º, incluído pela MP n. 808/2017)

Não caracteriza a qualidade de empregado prevista no art. 3º o fato de o autônomo prestar serviços a apenas um tomador de serviços. (§ 2º, incluído pela MP n. 808/2017)

O autônomo poderá prestar serviços de qualquer natureza a outros tomadores de serviços que exerçam ou não a mesma atividade econômica, sob qualquer modalidade de contrato de trabalho, inclusive como autônomo. (§ 3º, incluído pela MP n. 808/2017)

Fica garantida ao autônomo a possibilidade de recusa de realizar atividade demandada pelo contratante, garantida a aplicação de cláusula de penalidade prevista em contrato. (§ 4º, incluído pela MP n. 808/2017)

Motoristas, representantes comerciais, corretores de imóveis, parceiros, e trabalhadores de outras categorias profissionais reguladas por leis específicas relacionadas a atividades compatíveis com o contrato autônomo, desde que cumpridos os requisitos do caput, não possuirão a qualidade de empregado prevista o art. 3º (§ 5º, incluído pela MP n. 808/2017)

Presente a subordinação jurídica, será reconhecido o vínculo empregatício. (§ 6º, incluído pela MP n. 808/2017)

O disposto no caput *se aplica ao autônomo, ainda que exerça atividade relacionada ao negócio da empresa contratante.* (§ 7º, incluído pela MP n. 808/2017)

A Medida Provisória n. 808/2017 deu nova redação ao art. 442-B, incluído à CLT pela Lei n. 13.467/2017 e que previa: "A contratação do autônomo, cumpridas por este todas as formalidades legais, com ou sem exclusividade, de forma contínua ou não, afasta a qualidade de empregado prevista no art. 3º desta Consolidação".

Em comentário ao texto anterior do art. 442-B, argumentamos que existe relação de emprego quando preenchidos os pressupostos previstos no art. 3º da CLT (pessoalidade, não eventualidade, subordinação e salário).

A falta de um desses requisitos descaracteriza a relação empregatícia e o trabalhador não será considerado empregado, mas poderá ser autônomo, eventual ou avulso.

A falta de subordinação é o requisito básico para definir a autonomia do trabalhador.

É trabalhador autônomo quem exerce atividade profissional remunerada, habitualmente, com autonomia, sem obedecer ordens de quem quer que seja, com capacidade real de auto-organização.

Como bem disse Annibal Fernandes, na década de noventa, o trabalhador autônomo é o seu próprio chefe, não se submete a horários, trabalha em local próprio, tem o dever de cortesia e não de obediência.[61]

Exemplos de trabalhadores autônomos: o advogado, em seu escritório, atendendo a sua clientela; o eletricista, em sua banca de trabalho, atendendo às chamadas dos clientes etc.[62]

A respeito do Projeto de Lei n. 6.787/2016, que deu origem ao art. 442-B da CLT, a professora Marly A. Cardone argumenta que nenhum trabalhador é autônomo *a priori*, vale dizer, ele o será conforme o vínculo que tiver com o tomador do seu serviço.

Um prestador de serviço só será autônomo se tiver ampla liberdade para organizar seu trabalho, seja em termos de quantidade de horas, local, deslocamento, interrupções temporais, propriedade dos instrumentos de trabalho, em geral, pelo menos. O tomador do seu serviço não terá o direito de suscitar ou interromper a sua prestação do serviço, ou seja, não terá poder diretivo e consequentemente poder disciplinar sobre ele.[63]

É justificável a introdução do artigo 442-B, para determinadas situações, como a do agenciador de negócios que trabalha por conta própria (Lei n. 4.886/65) e que poderá ser contratado com ou sem exclusividade, de forma contínua ou não, sem perder a condição de autônomo, salvo se preencher os requisitos do art. 3º da CLT.

O contrato de emprego é um contrato realidade. Como dito anteriormente, existe relação de emprego quando preenchidos os pressupostos previstos no art. 3º da CLT (pessoalidade, não eventualidade, subordinação e salário), sob pena de nulidade (art. 9º).[64]

Em conversa com a professora Marly A. Cardone, por ocasião da discussão do Projeto n. 6.787/2016 na Câmara dos Deputados, ela me perguntou sobre o art. 442-B e, naquele momento, eu lhe disse que o art. 442-B é "um risco n'água", ou seja, não vale para nada, como consta de artigo publicado pela mestra no *LTr. Sup. Trab.* 046/17.

---

(61) FERNANDES, Anníbal. *O trabalhador autônomo*. 3. ed. São Paulo: Atlas, 1992.
(62) CORTEZ (2004:111).
(63) CARDONE, Marly A. O art. 442-B da Pretendida Reforma Trabalhista. São Paulo: *LTr Suplemento Trabalhista* n. 047/17, p. 231.
(64) CLT, art. 9º – Serão nulos de pleno direito os atos praticados com o objetivo de desvirtuar, impedir ou fraudar a aplicação dos preceitos contidos na presente Consolidação.

Em resumo, diz o professor Homero Batista da Silva (2017:68): "a nosso sentir, este dispositivo representa mais uma perda de tempo e manda ficar de olho: se eu fosse advogado de consultoria, jamais orientaria um cliente a contratar um 'autônomo exclusivo na forma do art. 442-B da CLT'. Essa frase está cheia de armadilhas. O vínculo de emprego é latente".

A Medida Provisória n. 808/2017 deu nova redação ao art. 442-B, introduzindo sete parágrafos, para nada acrescentar.

DO CONTRATO INDIVIDUAL DE TRABALHO

1. Legislação

"Art. 443. O contrato individual de trabalho poderá ser acordado tácita ou expressamente, verbalmente ou por escrito, por prazo determinado ou indeterminado, ou para prestação de trabalho intermitente.

[...]

§ 3º Considera-se como intermitente o contrato de trabalho no qual a prestação de serviços, com subordinação, não é contínua, ocorrendo com alternância de períodos de prestação de serviços e de inatividade, determinados em horas, dias ou meses, independentemente do tipo de atividade do empregado e do empregador, exceto para os aeronautas, regidos por legislação própria." (NR)

2. Parecer do relator

"Reforçamos que o objetivo que pretendemos alcançar com essa reforma é o de modernizar as relações do trabalho, sem que haja precarização do emprego. Não mais podemos aceitar que as rígidas regras da CLT impeçam a absorção pelo mercado de trabalho dos milhões de brasileiros que integram as estatísticas oficiais do desemprego, do subemprego e dos que desistiram de procurar por um emprego, após anos de busca infrutífera por uma ocupação no mercado. Mas, nem por isso, estamos propondo a revogação de direitos alcançados pelos trabalhadores após anos de lutas intensas. Até porque, grande parte desses direitos estão inseridos no art. 7º da Constituição Federal, de observância obrigatória pelos empregadores, os quais não são objeto de apreço nesta oportunidade.

Nessa linha de atuação, um dos modelos que buscamos regulamentar é o contrato de trabalho intermitente.

Esse contrato permitirá a prestação de serviços de forma descontínua, podendo alternar períodos em dia e hora, cabendo ao empregado o pagamento pelas horas efetivamente trabalhadas, observados alguns requisitos. Ressalte-se, preliminarmente, que o próprio TST já admitiu a legalidade do pagamento das horas trabalhadas, o que pode ser verificado na Orientação Jurisprudencial (OJ) n. 358, segundo a qual "havendo contratação para cumprimento de jornada reduzida, inferior à previsão constitucional de oito horas diárias ou quarenta e quatro semanais, é lícito o pagamento do piso salarial ou do salário mínimo proporcional ao tempo trabalhado". Não é por outra razão que o decreto que define o valor do salário mínimo o prevê para pagamento mensal, diário e por hora. Esse é um dos principais fundamentos desse contrato. Além disso, o trabalho prestado nessa modalidade contratual poderá ser descontínuo para que possa atender a demandas específicas de determinados setores, a exemplo dos setores de bares e restaurantes ou de turismo.

Projeções feitas pela Frente Parlamentar Mista em Defesa do Comércio, Serviços e Empreendedorismo, tomando por base indicadores da economia dos Estados Unidos, embora reconheçam a dificuldade em se encontrar um número exato de vagas que possam ser abertas com a adoção do contrato intermitente, estimam que essa modalidade possa gerar cerca de catorze milhões de postos de trabalho formais no espaço de dez anos. Somente no setor de comércio, a estimativa é de criação de mais de três milhões de novos empregos, e aqui não está sendo considerada a formalização de empregos informais atualmente existentes no setor.

Além do impacto direto na geração de empregos, há que se considerar o efeito social da implantação do contrato intermitente em situações como a obtenção do primeiro emprego, especialmente para os estudantes, que poderão adequar as respectivas jornadas de trabalho e de estudo da forma que lhes for mais favorável. Como consequência, poderemos ter a redução da evasão escolar, tema tão caro a todos nós, bem como a ampliação da renda familiar.

Por fim, cabe ressalvar que as assertivas da Magistratura do Trabalho e do Ministério Público do Trabalho questionando a adoção do contrato de trabalho intermitente em nossas relações empregatícias se baseiam, via de regra, em um suposto desrespeito aos direitos dos trabalhadores, em face do descumprimento de dispositivos de lei. Dizem que não são garantidos aos trabalhadores direitos como os intervalos para repouso e alimentação, a não concessão de intervalo de onze horas no mínimo entre duas jornadas de trabalho, a não concessão de descanso semanal remunerado em pelo menos um domingo por mês. Todavia a proposta visa a, justamente, regulamentar essa modalidade de modo a que não restem dúvidas quanto a serem devidos todos os direitos aos empregados que venham a trabalhar sob esse regime, o que elide qualquer oposição à sua incorporação na CLT com esses fundamentos.

O contrato de trabalho intermitente está contemplado no Substitutivo pela inclusão de sua definição no § 3º do art. 443 e pela sua regulamentação por meio do acréscimo do art. 452-A à CLT. Cumpre ressaltar que o empregado deverá ser convocado para a prestação do serviço com, pelo menos, cinco dias de antecedência, não sendo ele obrigado ao exercício. E os direitos devidos ao empregado serão calculados com base na média dos valores recebidos pelo empregado intermitente nos últimos doze meses ou no período de vigência do contrato se este for inferior a doze meses."

3. Comentários

3.1. Contrato individual de trabalho

O contrato individual de trabalho poderá ser acordado tácita ou expressamente, verbalmente ou por escrito, por prazo determinado ou indeterminado, ou para prestação de trabalho intermitente. (*Caput* do art. 443, com redação dada pela Lei n. 13.467/2017)

Contrato individual de trabalho é o contrato em que a obrigação de prestar serviço é contraída individualmente pelo empregado.

A forma do negócio jurídico, contrato individual de trabalho, era e continua livre. O contrato pode ser feito à vontade, sendo que o *caput* do art. 443, só tratava da morfologia do contrato de emprego.[65]

Com nova redação, o dispositivo legal ganhou a expressão "ou para prestação de trabalho intermitente", que não constitui forma e sim um tipo de contrato, consequentemente a sua localização não parece a mais adequada.

Os §§ 1º e 2º, do art. 443, da CLT, não foram alterados.[66]

3.2. Conceito de contrato intermitente

Considera-se como intermitente o contrato de trabalho no qual a prestação de serviços, com subordinação, não é contínua, ocorrendo com alternância de períodos de prestação de serviços e de inatividade, determinados em horas, dias ou meses, independentemente do tipo de atividade do empregado e do empregador, exceto para os aeronautas, regidos por legislação própria. (§ 3º, incluído pela Lei n. 13.467/2017)

Como justifica o relator, "esse contrato permitirá a prestação de serviços de forma descontínua, podendo alternar períodos em dia e hora, cabendo ao empregado o pagamento pelas horas efetivamente trabalhadas".

Em relação aos trabalhadores, esse tipo de contrato poderá atender a situações específicas, como a dos estudantes e/ou de outras pessoas que disponham de algum tempo ocioso.

Segundo o relator, "além disso, o trabalho prestado nessa modalidade contratual poderá ser descontínuo para que possa atender a demandas específicas de determinados setores, a exemplo dos setores de bares e restaurantes ou de turismo".

O contrato de trabalho intermitente foi regulamentado pelo art. 452-A, introduzido à CLT, em que estão assegurados os direitos trabalhistas dos empregados e para o qual remetemos o leitor.

---

(65) Art. 443 – O contrato individual de trabalho poderá ser acordado tácita ou expressamente, verbalmente ou por escrito e por prazo determinado ou indeterminado.
(66) § 1º – Considera-se como de prazo determinado o contrato de trabalho cuja vigência dependa de termo prefixado ou da execução de serviços especificados ou ainda da realização de certo acontecimento suscetível de previsão aproximada.
§ 2º – O contrato por prazo determinado só será válido em se tratando:
a) de serviço cuja natureza ou transitoriedade justifique a predeterminação do prazo;
b) de atividades empresariais de caráter transitório;
c) de contrato de experiência.

DA NEGOCIAÇÃO INDIVIDUAL COM PREVALÊNCIA SOBRE O LEGISLADO

1. Legislação

"Art. 444. [...]

Parágrafo único. A livre estipulação a que se refere o *caput* deste artigo aplica-se às hipóteses previstas no art. 611-A desta Consolidação, com a mesma eficácia legal e preponderância sobre os instrumentos coletivos, no caso de empregado portador de diploma de nível superior e que perceba salário mensal igual ou superior a duas vezes o limite máximo dos benefícios do Regime Geral de Previdência Social." (NR)

2. Parecer do relator

"A inclusão de um parágrafo único ao art. 444 visa a permitir que os desiguais sejam tratados desigualmente. De fato, a CLT foi pensada como um instrumento para proteção do empregado hipossuficiente, diante da premissa de que esse se encontra em uma posição de inferioridade ao empregador no momento da contratação e da defesa de seus interesses.

Todavia, não se pode admitir que um trabalhador com graduação em ensino superior e salário acima da média remuneratória da grande maioria da população, seja tratado como alguém vulnerável, que necessite de proteção do Estado ou de tutela sindical para negociar seus direitos trabalhistas.

A nossa intenção é a de permitir que o empregado com diploma de nível superior e que perceba salário mensal igual ou superior a duas vezes o limite máximo dos benefícios do Regime Geral de Previdência Social possa estipular cláusulas contratuais que prevaleçam sobre o legislado, nos mesmos moldes admitidos em relação à negociação coletiva, previstos no art. 611-A deste Substitutivo.

Cabe ressaltar que, observado o teto salarial estabelecido no dispositivo, apenas algo em torno de 2% dos empregados com vínculo formal de emprego serão atingidos pela regra."

3. Comentários

3.1. Livre estipulação das relações contratuais – Empregado portador de diploma de nível superior

3.1.1. Livre estipulação das relações contratuais

As relações contratuais de trabalho podem ser objeto de livre estipulação das partes interessadas em tudo quanto não contravenha às disposições de proteção ao trabalho, aos contratos coletivos que lhes sejam aplicáveis e às decisões das autoridades competentes. (Art. 444)

3.1.2. Empregado portador de diploma de nível superior

A livre estipulação a que se refere o caput deste artigo aplica-se às hipóteses previstas no art. 611-A desta Consolidação, com a mesma eficácia legal e preponderância sobre os instrumentos coletivos, no caso de empregado portador de diploma de nível superior e que perceba salário mensal igual ou superior a duas vezes o limite máximo dos benefícios do Regime Geral de Previdência Social. (Parágrafo único do art. 444, incluído pela Lei n. 13.467/2017)

Segundo o dispositivo legal, o empregado, portador de diploma de nível superior e que perceba salário mensal igual ou superior a duas vezes o limite máximo dos benefícios do Regime Geral de Previdência Social, poderá pactuar com o empregador, com prevalência sobre a lei, respeitados os direitos de indisponibilidade absoluta assegurados pela CF, de 1988.

Exemplificando: por meio de contrato individual poderá ser instituído o banco de horas anual; o intervalo intrajornada, respeitado o limite mínimo de 30 minutos para jornadas superiores a 6 horas; a forma de participação nos lucros ou resultados da empresa etc.

Diz o relator, "a nossa intenção é a de permitir que o empregado com diploma de nível superior e que perceba salário mensal igual ou superior a duas vezes o limite máximo dos benefícios do Regime Geral de Previdência Social possa estipular cláusulas contratuais que prevaleçam sobre o legislado, nos mesmos moldes admitidos em relação à negociação coletiva, previstos no art. 611-A deste Substitutivo".

O propósito do dispositivo é reduzir a tutela do Estado, por meio do que se denomina de flexibilização, em que as partes estipulam as regras trabalhistas convenientes, com mais autonomia e liberdade, mas sem levar em consideração a discriminação instituída entre os empregados da empresa, em desafio ao que determinam Constituição da República e as normas trabalhistas internacionais.

DA SUCESSÃO EMPRESARIAL OU DE EMPREGADORES

1. Legislação

"Art. 448-A. Caracterizada a sucessão empresarial ou de empregadores prevista nos arts. 10 e 448 desta Consolidação, as obrigações trabalhistas, inclusive as contraídas à época em que os empregados trabalhavam para a empresa sucedida, são de responsabilidade do sucessor.

Parágrafo único. A empresa sucedida responderá solidariamente com a sucessora quando ficar comprovada fraude na transferência."

2. Parecer do relator

"A venda de uma empresa ou estabelecimento gera atualmente muitas dúvidas quanto às responsabilidades pelas obrigações trabalhistas e o texto do Substitutivo cria regras para aumentar a segurança jurídica.

A empresa sucessora será a responsável, num primeiro plano, por eventual passivo trabalhista pretérito, porque mantém patrimônio e faturamento vigentes na atividade econômica.

Para maior garantia do trabalhador, a redação do Substitutivo elenca que a responsabilidade da empresa sucedida será solidária com a empresa sucessora, quando for detectada fraude na transferência, a qualquer tempo."

3. Comentários

3.1. Sucessão empresarial ou de empregadores

Caracterizada a sucessão empresarial ou de empregadores prevista nos arts. 10 e 448 desta Consolidação, as obrigações trabalhistas, inclusive as contraídas à época em que os empregados trabalhavam para a empresa sucedida, são de responsabilidade do sucessor. (Art. 448-A, incluído pela Lei n. 13.467/2017)[67]

A sucessão de empregadores ocorre quando a empresa ou parte dela (um dos estabelecimentos) muda de proprietários, sem haver solução de continuidade em suas atividades.

Na venda de coisas singulares, contudo, não tem sido admitida a sucessão, ainda que os empregados do vendedor passem a trabalhar para o adquirente das mesmas. Assim também quando um empregador adquire apenas o estoque ou instrumentos de trabalho de outro. É que nesses casos não há prosseguimento da exploração do mesmo negócio ou empresa. Pode, porém, excepcionalmente, ocorrer a sucessão nos casos de venda de máquinas que constituam a alma do negócio, passando os empregados do vendedor a trabalhar para o comprador.[68]

Constituem casos de sucessão trabalhista: a) compra e venda de empresa ou um dos seus estabelecimentos; b) fusão de duas ou mais empresas formando uma terceira, que é a sucessora; c) incorporação de uma empresa por outra, que desaparece; d) transformação de uma empresa em outra (sociedade individual se transforma em sociedade coletiva); e) alienação de empresa com reserva de domínio; f) arrendamento etc.[69]

---

(67) Art. 10 – Qualquer alteração na estrutura jurídica da empresa não afetará os direitos adquiridos por seus empregados.
Art. 448 – A mudança na propriedade ou na estrutura jurídica da empresa não afetará os contratos de trabalho dos respectivos empregados.
(68) ALVES, Ivan Dias Rodrigues; MALTA, Christovão Piragibe Tostes. *Teoria e prática do direito do trabalho*. São Paulo: LTr, 1995. p. 80.
(69) OJ n. 225 da SDI-1 do TST – *Contrato de concessão de serviço público. Responsabilidade trabalhista.* Celebrado contrato de concessão de serviço público em que uma empresa (primeira concessionária) outorga a outra (segunda concessionária), no todo ou em parte, mediante arrendamento, ou qualquer outra forma contratual, a título transitório, bens de sua propriedade: I – em caso de rescisão do contrato de trabalho após a entrada em vigor da concessão, a segunda concessionária, na condição de sucessora, responde pelos direitos decorrentes do contrato de trabalho, sem prejuízo da responsabilidade subsidiária

O professor Evaristo de Moraes ensina, necessários são os seguintes requisitos no Direito Civil para que se dê a sucessão: a) a existência de uma relação jurídica; b) substituição de um sujeito por outro, que toma o seu lugar; c) permanência da relação; d) existência de um vínculo de causalidade entre as duas situações.[70]

A respeito da natureza jurídica da sucessão trabalhista, José Martins Catharino entende que a sucessão é *ope legis*, de todos os créditos e débitos decorrentes da relação de emprego, que fica incólume. Assim, ela é, como considerada no Direito alemão, transmissão de crédito e assunção de dívida. Ou, melhor, imposição de crédito e de débito, ajustável por inteiro à relação de emprego, que é de trato sucessivo, com tendência a permanecer.[71]

O instituto da sucessão de empregadores tem por objetivo proteger os direitos dos empregados, tendo em vista os princípios da intangibilidade, da continuidade dos contratos de trabalho e o da despersonalização do empregador (desconsideração da pessoa jurídica e responsabilização dos sócios).[72]

Na recuperação judicial e na falência do empresário e da sociedade empresárial, o objeto da alienação conjunta ou separada de ativos, inclusive da empresa ou de suas filiais, estará livre de qualquer ônus e não haverá sucessão do arrematante nas obrigações do devedor, inclusive as de natureza tributária, as derivadas da legislação do trabalho e as decorrentes de acidentes de trabalho. Ainda, empregados do devedor contratados pelo arrematante serão admitidos mediante novos contratos de trabalho e o arrematante não responde por obrigações decorrentes do contrato anterior.[73]

3.2. Responsabilidade solidária

A empresa sucedida responderá solidariamente com a sucessora quando ficar comprovada fraude na transferência. (Parágrafo único, introduzido pela Lei n. 13.467/2017)

Na sucessão trabalhista, a responsabilidade pelo pagamento das obrigações trabalhistas é da empresa sucessora.[74]

Entretanto, esclarece o dispositivo em comento, a empresa sucedida responderá solidariamente com a sucessora quando ficar comprovada fraude na transferência.

---

da primeira concessionária pelos débitos trabalhistas contraídos até a concessão;
(70) MORAES FILHO, Evaristo de. *Sucessão nas obrigações e a teoria da empresa*. São Paulo: Forense, 1960. vol. I, p. 72.
(71) CATHARINO, José Martins. *Compêndio de direito do trabalho*. São Paulo: Saraiva, 1981. vol. I, pp. 147/8.
(72) CORTEZ (2004:139).
(73) Nova Lei de falência (Lei n. 11.101/2005, arts. 60 e 141).
(74) As obrigações trabalhistas, inclusive as contraídas à época em que os empregados trabalhavam para o banco sucedido, são de responsabilidade do sucessor, uma vez que a este foram transferidos os ativos, as agências, os direitos e deveres contratuais, caracterizando típica sucessão trabalhista. (OJ n. 261 da SDI-1-TST)

DA REGULAMENTAÇÃO DO CONTRATO DE TRABALHO INTERMITENTE

1. Legislação

"Art. 452-A. O contrato de trabalho intermitente deve ser celebrado por escrito e deve conter especificamente o valor da hora de trabalho, que não pode ser inferior ao valor horário do salário mínimo ou àquele devido aos demais empregados do estabelecimento que exerçam a mesma função em contrato intermitente ou não.

§ 1º O empregador convocará, por qualquer meio de comunicação eficaz, para a prestação de serviços, informando qual será a jornada, com, pelo menos, três dias corridos de antecedência.

§ 2º Recebida a convocação, o empregado terá o prazo de um dia útil para responder ao chamado, presumindo-se, no silêncio, a recusa.

§ 3º A recusa da oferta não descaracteriza a subordinação para fins do contrato de trabalho intermitente.

§ 4º Aceita a oferta para o comparecimento ao trabalho, a parte que descumprir, sem justo motivo, pagará à outra parte, no prazo de trinta dias, multa de 50% (cinquenta por cento) da remuneração que seria devida, permitida a compensação em igual prazo.

§ 5º O período de inatividade não será considerado tempo à disposição do empregador, podendo o trabalhador prestar serviços a outros contratantes.

§ 6º Ao final de cada período de prestação de serviço, o empregado receberá o pagamento imediato das seguintes parcelas:

I – remuneração;

II – férias proporcionais com acréscimo de um terço;

III – décimo terceiro salário proporcional;

IV – repouso semanal remunerado; e

V – adicionais legais.

§ 7º O recibo de pagamento deverá conter a discriminação dos valores pagos relativos a cada uma das parcelas referidas no § 6º deste artigo.

§ 8º O empregador efetuará o recolhimento da contribuição previdenciária e o depósito do Fundo de Garantia do Tempo de Serviço, na forma da lei, com base nos valores pagos no período mensal e fornecerá ao empregado comprovante do cumprimento dessas obrigações.

§ 9º A cada doze meses, o empregado adquire direito a usufruir, nos doze meses subsequentes, um mês de férias, período no qual não poderá ser convocado para prestar serviços pelo mesmo empregador."

Nova redação dada pela Medida Provisória n. 808, de 14 de novembro de 2017:

> "Art. 452-A. O contrato de trabalho intermitente será celebrado por escrito e registrado na CTPS, ainda que previsto acordo coletivo de trabalho ou convenção coletiva, e conterá:
>
> I – identificação, assinatura e domicílio ou sede das partes;
>
> II – valor da hora ou do dia de trabalho, que não poderá ser inferior ao valor horário ou diário do salário mínimo, assegurada a remuneração do trabalho noturno superior à do diurno e observado o disposto no § 12; e
>
> III – o local e o prazo para o pagamento da remuneração.
>
> [...]
>
> § 2º Recebida a convocação, o empregado terá o prazo de vinte e quatro horas para responder ao chamado, presumida, no silêncio, a recusa.
>
> [...]
>
> § 6º Na data acordada para o pagamento, observado o disposto no § 11, o empregado receberá, de imediato, as seguintes parcelas:
>
> [...]
>
> § 10. O empregado, mediante prévio acordo com o empregador, poderá usufruir suas férias em até três períodos, nos termos dos § 1º e § 2º do art. 134.

§ 11. Na hipótese de o período de convocação exceder um mês, o pagamento das parcelas a que se referem o § 6º não poderá ser estipulado por período superior a um mês, contado a partir do primeiro dia do período de prestação de serviço.

§ 12. O valor previsto no inciso II do *caput* não será inferior àquele devido aos demais empregados do estabelecimento que exerçam a mesma função.

§ 13. Para os fins do disposto neste artigo, o auxílio-doença será devido ao segurado da Previdência Social a partir da data do início da incapacidade, vedada a aplicação do disposto no § 3º do art. 60 da Lei n. 8.213, de 1991.

§ 14. O salário-maternidade será pago diretamente pela Previdência Social, nos termos do disposto no § 3º do art. 72 da Lei n. 8.213, de 1991.

§ 15. Constatada a prestação dos serviços pelo empregado, estarão satisfeitos os prazos previstos nos § 1º e § 2º." (NR)

Acrescentados pela Medida Provisória n. 808, de 14 de novembro de 2017:

"Art. 452-B. É facultado às partes convencionar por meio do contrato de trabalho intermitente:

I – locais de prestação de serviços;

II – turnos para os quais o empregado será convocado para prestar serviços;

III – formas e instrumentos de convocação e de resposta para a prestação de serviços;

IV – formato de reparação recíproca na hipótese de cancelamento de serviços previamente agendados nos termos dos § 1º e § 2º do art. 452-A." (NR)

"Art. 452-C. Para fins do disposto no § 3º do art. 443, considera-se período de inatividade o intervalo temporal distinto daquele para o qual o empregado intermitente haja sido convocado e tenha prestado serviços nos termos do § 1º do art. 452-A.

§ 1º Durante o período de inatividade, o empregado poderá prestar serviços de qualquer natureza a outros tomadores de serviço, que exerçam ou não a mesma atividade econômica, utilizando contrato de trabalho intermitente ou outra modalidade de contrato de trabalho.

§ 2º No contrato de trabalho intermitente, o período de inatividade não será considerado tempo à disposição do empregador e não será remunerado, hipótese em que restará descaracterizado o contrato de trabalho intermitente caso haja remuneração por tempo à disposição no período de inatividade." (NR)

"Art. 452-D. Decorrido o prazo de um ano sem qualquer convocação do empregado pelo empregador, contado a partir da data da celebração do contrato, da última convocação ou do último dia de prestação de serviços, o que for mais recente, será considerado rescindido de pleno direito o contrato de trabalho intermitente." (NR)

"Art. 452-E. Ressalvadas as hipóteses a que se referem os art. 482 e art. 483, na hipótese de extinção do contrato de trabalho intermitente serão devidas as seguintes verbas rescisórias:

I – pela metade:

a) o aviso-prévio indenizado, calculado conforme o art. 452-F; e

b) a indenização sobre o saldo do Fundo de Garantia do Tempo de Serviço – FGTS, prevista no § 1º do art. 18 da Lei n. 8.036, de 11 de maio de 1990; e

II – na integralidade, as demais verbas trabalhistas.

§ 1º A extinção de contrato de trabalho intermitente permite a movimentação da conta vinculada do trabalhador no FGTS na forma do inciso I-A do art. 20 da Lei n. 8.036, de 1990, limitada a até oitenta por cento do valor dos depósitos.

§ 2º A extinção do contrato de trabalho intermitente a que se refere este artigo não autoriza o ingresso no Programa de Seguro-Desemprego." (NR)

"Art. 452-F. As verbas rescisórias e o aviso-prévio serão calculados com base na média dos valores recebidos pelo empregado no curso do contrato de trabalho intermitente.

§ 1º No cálculo da média a que se refere o *caput*, serão considerados apenas os meses durante os quais o empregado tenha recebido parcelas remuneratórias no intervalo dos últimos doze meses ou o período de vigência do contrato de trabalho intermitente, se este for inferior.

§ 2º O aviso-prévio será necessariamente indenizado, nos termos dos § 1º e § 2º do art. 487." (NR)

"Art. 452-G. Até 31 de dezembro de 2020, o empregado registrado por meio de contrato de trabalho por prazo indeterminado demitido não poderá prestar serviços para o mesmo empregador por meio de contrato de trabalho intermitente pelo prazo de dezoito meses, contado da data da demissão do empregado." (NR)

"Art. 452-H. No contrato de trabalho intermitente, o empregador efetuará o recolhimento das contribuições previdenciárias próprias e do empregado e o depósito do FGTS com base nos valores pagos no período mensal e fornecerá ao empregado comprovante do cumprimento dessas obrigações, observado o disposto no art. 911-A." (NR)

2. Parecer do relator

A respeito do parecer do relator, voltar ao art. 443.

3. Comentários

3.1. Forma do contrato – Conteúdo do contrato intermitente – Especificações do contrato

O contrato de trabalho intermitente será celebrado por escrito e registrado na CTPS, ainda que previsto acordo coletivo de trabalho ou convenção coletiva, e conterá: (Art. 452-A, com redação dada pela MP n. 808/2017)

I – identificação, assinatura e domicílio ou sede das partes; (incluído pela MP n. 808/2017)

II – valor da hora ou do dia de trabalho, que não poderá ser inferior ao valor horário ou diário do salário mínimo, assegurada a remuneração do trabalho noturno superior à do diurno e observado o disposto no § 12; e (incluído pela MP n. 808/2017)

III – o local e o prazo para o pagamento da remuneração. (Incluído pela MP n. 808/2017)

É facultado às partes convencionar por meio do contrato de trabalho intermitente: (Art. 452-B, incluído pela MP n. 808/2017)

I – locais de prestação de serviços; (Incluído pela MP n. 808/2017)

II – turnos para os quais o empregado será convocado para prestar serviços; (Incluído pela MP n. 808/2017)

III – formas e instrumentos de convocação e de resposta para a prestação de serviços; (Incluído pela MP n. 808/2017)

IV – formato de reparação recíproca na hipótese de cancelamento de serviços previamente agendados nos termos dos § 1º e § 2º do art. 452-A. (Incluído pela MP n. 808/2017)

3.1.1. Forma do contrato

O Art. 452-A, introduzido pela Lei n. 13.467/2017, previa: "O contrato de trabalho intermitente deve ser celebrado por escrito e deve conter especificamente o valor da hora de trabalho, que não pode ser inferior ao valor horário do salário mínimo ou àquele devido aos demais empregados do estabelecimento que exerçam a mesma função em contrato intermitente ou não".

Antes de tecer qualquer comentário aos parágrafos do art. 452-A, alterado pela Lei n. 13.467/2017, registramos antecipadamente que em alguns desses preceitos legais existem imprecisões, omissões, falhas e falta de clareza, que deverão ser revistas e corrigidas para melhor atender à nossa realidade, como nos casos de férias, 13º salário, aviso-prévio, período de inatividade etc.

Como se sabe, o contrato individual de trabalho pode ser feito à vontade; a forma é livre. Entretanto, a forma do contrato de trabalho intermitente tem que ser escrita e nele deve constar especificamente o valor da hora de trabalho.

O *caput* do art. 452-A, com redação dada pela MP n. 808/2017, determina, sem necessidade, que o contrato de trabalho intermitente seja registrado na CTPS do empregado, sendo que o art. 29 da CLT já o faz em relação aos contratos em geral, inclusive estabelecendo o prazo de 48 horas para que sejam feitas as anotações, sob pena de multa administrativa.

3.1.2. Conteúdo do contrato intermitente

O item I do *caput* do art. 452-A trata da qualificação das partes do contrato; o item II determina que o valor da hora ou do dia de trabalho não seja inferior ao valor horário ou diário do salário mínimo (CF/1988 – art. 7º, IV) e ainda, que não seja inferior àquele devido aos demais empregados do estabelecimento que exerçam a mesma função (CLT, art. 461), ficando assegurada a remuneração do trabalho noturno superior à do diurno; e o item III estabelece que do contrato devem constar: o local e o prazo para o pagamento da remuneração.

3.1.3. Especificações do contrato intermitente

Por meio do contrato de trabalho intermitente, segundo o art. 452-B e incisos, incluídos pela MP n. 808/2017, as partes podem convencionar: locais de prestação de serviços; turnos para os quais o empregado será convocado para prestar serviços; formas e instrumentos de convocação e de resposta para a prestação de serviços; e, formato de reparação recíproca na hipótese de cancelamento de serviços previamente agendados nos termos dos § 1º e § 2º do art. 452-A.

3.2. Forma de convocação

O empregador convocará, por qualquer meio de comunicação eficaz, para a prestação de serviços, informando qual será a jornada, com, pelo menos, três dias corridos de antecedência. (§ 1º do art. 452-A, incluído pela Lei n. 13.467/2017)

No contrato intermitente, quando o empregador precisar dos serviços do empregado fará a sua convocação, por qualquer meio de comunicação, informando qual será a jornada, com, pelo menos, três dias corridos de antecedência.

Para efeito de prova, em que pese ser livre a forma de comunicação é aconselhável materializá-la (*v. g.* telegrama, carta via AR, *e-mail* etc.).

3.3. Prazo para resposta do empregado

Recebida a convocação, o empregado terá o prazo de vinte e quatro horas para responder ao chamado, presumida, no silêncio, a recusa. (§ 2º do art. 452-A, com redação dada pela MP n. 808/2017)

A redação anterior, incluída pela Lei n. 13.467/2017, previa: "Recebida a convocação, o empregado terá o prazo de um dia útil para responder ao chamado, presumindo-se, no silêncio, a recusa".

O atual parágrafo não deixa dúvida, recebida a convocação, o empregado terá o prazo de vinte e quatro horas e não mais "um dia útil" para responder ao chamado, presumindo-se, no silêncio, a recusa.

O empregado não tem o dever de responder à convocação do empregador, mas é bom fazê-lo, caso não o faça, fica caracterizada a sua recusa, sem nenhuma consequência para o trabalhador.

3.4. Recusa do empregado

A recusa da oferta não descaracteriza a subordinação para fins do contrato de trabalho intermitente. (§ 3º do art. 452-A, incluído pela Lei n. 13.467/2017)

A recusa da oferta não descaracteriza a subordinação para fins do contrato de trabalho intermitente, não efeta o negócio jurídico (contrato de emprego), tampouco caracteriza ato do empregado, que seja considerado como causa justificadora da resolução do contrato.

3.5. Descumprimento

Aceita a oferta para o comparecimento ao trabalho, a parte que descumprir, sem justo motivo, pagará à outra parte, no prazo de trinta dias, multa de 50% (cinquenta por cento) da remuneração que seria devida, permitida a compensação em igual prazo. (§ 4º do art. 452-A, incluído pela Lei n. 13.467/2017) – Revogado pela MP n. 808/2017.

O parágrafo em questão prescrevia que, aceita a oferta para o comparecimento ao trabalho, a parte que descumprisse, sem justo motivo, pagaria à outra parte, no prazo de trinta dias, multa de 50% (cinquenta por cento) da remuneração que seria devida, permitida a compensação em igual prazo.

Portanto, tanto o empregado quanto o empregador que descumprisse a oferta para a prestação de serviços, sem justo motivo, ficaria sujeito a uma multa de valor igual à metade da remuneração do período descumprido, sendo permitida a compensação no prazo de 30 dias.

A Medida Provisória n. 808, de 14 de novembro de 2017, revogou o § 4º do art. 452-A da CLT, incluído pela Lei n. 13.467/2017.

3.6. Não computação do período de inatividade – Período de inatividade

3.6.1. Não computação do período de inatividade

O período de inatividade não será considerado tempo à disposição do empregador, podendo o trabalhador prestar serviços a outros contratantes. (§ 5º do art. 452-A, incluído pela Lei n. 13.467/2017) – Revogado pela MP n. 808/2017.

O parágrafo em análise era taxativo ao determinar que o período de inatividade do empregado não seria considerado tempo à disposição do empregador, podendo o trabalhador prestar serviços a outros contratantes.

Como o contrato de trabalho intermitente não previa forma de rescisão do contrato, poderia ocorrer a situação esdrúxula do trabalhador ficar à disposição do empregador indefinidamente, com a CTPS assinada, sem trabalho, sem salário e sem direito a qualquer benefício, mas empregado.

A Medida Provisória n. 808, de 14 de novembro de 2017, revogou o § 5º do art. 452-A da CLT, incluindo o art. 452-C e §§, a seguir transcritos.

3.6.2. Período de inatividade – Prestação de serviços a outros tomadores – Descaracterização do contrato de trabalho intermitente

3.6.2.1. Período de inatividade

Para fins do disposto no § 3º do art. 443, considera-se período de inatividade o intervalo temporal distinto daquele para o qual o empregado intermitente haja sido convocado e tenha prestado serviços nos termos do § 1º do art. 452-A. (Art. 452-C, incluído pela MP n. 808/2017)

Período de inatividade é o período distinto daquele para o qual o empregado intermitente haja sido convocado e tenha prestado serviços.

3.6.2.2. Prestação de serviços a outros tomadores

Durante o período de inatividade, o empregado poderá prestar serviços de qualquer natureza a outros tomadores de serviço, que exerçam ou não a mesma atividade econômica, utilizando contrato de trabalho intermitente ou outra modalidade de contrato de trabalho. (§ 1º do art. 452-C, incluído pela MP n. 808/2017)

Durante o período de inatividade, o empregado poderá prestar serviços de qualquer natureza a outros tomadores de serviço, utilizando qualaquer modalidade de contrato de trabalho.

3.6.2.3. Descaracterização do contrato de trabalho intermitente

No contrato de trabalho intermitente, o período de inatividade não será considerado tempo à disposição do empregador e não será remunerado, hipótese em que restará descaracterizado o contrato de trabalho intermitente caso haja remuneração por tempo à disposição no período de inatividade. (§ 2º do art. 452-C, incluído pela MP n. 808/2017)

O período de inatividade não será considerado tempo à disposição do empregador e não será remunerado, se houver remuneração nesse período, fica descaracterizado o contrato de trabalho intermitente.

3.7. Pagamento ao empregado

Na data acordada para o pagamento, observado o disposto no § 11, o empregado receberá, de imediato, as seguintes parcelas: (§ 6º do art. 452-A, com redação dada pela MP n. 808/2017)

I – remuneração; (incluído pela Lei n. 13.467/2017)

II – férias proporcionais com acréscimo de um terço; (incluído pela Lei n. 13.467/2017)

III – décimo terceiro salário proporcional; (incluído pela Lei n. 13.467/2017)

IV – repouso semanal remunerado; e (incluído pela Lei n. 13.467/2017)

V – adicionais legais. (incluído pela Lei n. 13.467/2017)

Na hipótese de o período de convocação exceder um mês, o pagamento das parcelas a que se refere o § 6º não poderá ser estipulado por período superior a um mês, contado a partir do primeiro dia do período de prestação de serviço. (§ 11 do art. 452-A, incluído pela MP n. 808/2017)

O § 6º do art. 452-A tinha a redação: "Ao final de cada período de prestação de serviço, o empregado receberá o pagamento imediato das seguintes parcelas: (incluído pela Lei n. 13.467/2017)

Nos comentários a esse parágrafo afirmamos que, ao final de cada período de prestação de serviço, o empregado receberá o pagamento imediato, dentre outras, das seguintes parcelas: I – remuneração; II – férias proporcionais com acréscimo de um terço; III – décimo terceiro salário proporcional; IV – repouso semanal remunerado; e V – adicionais legais.

Se o período de prestação de serviço ultrapassar o mês trabalhado, o pagamento do salário deverá observar o que determina a CLT:

> "Art. 459. O pagamento do salário, qualquer que seja a modalidade do trabalho, não deve ser estipulado por período superior a 1 (um) mês, salvo no que concerne a comissões, percentagens e gratificações.
>
> § 1º. Quando o pagamento houver sido estipulado por mês, deverá ser efetuado, o mais tardar, até o quinto dia útil do mês subsequente ao vencido".

Com a nova redação, o § 6º determina que "na data acordada para o pagamento, observado o disposto no § 11, o empregado receberá, ..." (grifamos); sendo assim, pela redação do § 11, introduzido pela MP n. 808/2017, o caminho a ser seguido será o do art. 459 da CLT, transcrito acima.

Pelo preceito em análise, poderão ocorrer situações em que o trabalhador jamais receberá férias e 13º salário; como no caso do empregado que trabalha, a cada mês, para empregador diferente e em período de prestação de serviço inferior a 15 dias.

3.8. Recibo de pagamento

O recibo de pagamento deverá conter a discriminação dos valores pagos relativos a cada uma das parcelas referidas no § 6º deste artigo. (§ 7º do art. 452-A, incluído pela Lei n. 13.467/2017)

O § 7º do artigo em comento, determina que o recibo de pagamento deverá conter a discriminação dos valores pagos relativos a cada uma das parcelas referidas no § 6º deste artigo.

Para segurança do próprio empregador, no recibo de pagamento deve ser especificada a natureza de cada parcela paga ao empregado e discriminado o seu valor.

O pagamento do salário deverá ser efetuado contra recibo, no qual serão discriminados todos os valores pagos ao empregado, não sendo admissível o pagamento em forma complexiva, englobando o salário e outras parcelas salariais em um só valor sem discriminá-las.[75]

---

(75) O pagamento do salário deverá ser efetuado contra recibo, assinado pelo empregado; em se tratando de analfabeto, mediante sua impressão digital, ou,

Como no caso em que o empregador paga determinado valor, a título de salário e adicionais, sem fazer a discriminação das respectivas parcelas e seus valores.

Segundo o professor Amauri, permitir o salário complessivo seria uma porta aberta para a fraude. Bastaria, nos processos trabalhistas, alegar a complessividade como forma de liberação do pagamento de adicionais como de horas extraordinárias, noturno, periculosidade, insalubridade, ou, até mesmo, de qualquer forma complementar da remuneração do trabalhador.[76]

Nula é a cláusula contratual que fixa determinada importância ou percentagem para atender englobadamente a vários direitos legais ou contratuais do trabalhador. (Súmula n. 91 do TST)

3.9. Recolhimento da Contribuição Previdenciária e do FGTS

O empregador efetuará o recolhimento da contribuição previdenciária e o depósito do Fundo de Garantia do Tempo de Serviço, na forma da lei, com base nos valores pagos no período mensal e fornecerá ao empregado comprovante do cumprimento dessas obrigações. (§ 8º do art. 452-A, incluído pela Lei n. 13.467/2017) – (Revogado pela MP n. 808/2017)

O § 8º, incluído pela Lei n. 13.467/2017, com muita clareza, determinava desnecessariamente que o empregador efetuaria o recolhimento da contribuição previdenciária e o depósito do Fundo de Garantia do Tempo de Serviço, na forma da lei, com base nos valores pagos no período mensal e forneceria ao empregado comprovante do cumprimento dessas obrigações, foi revogado pela MP n. 808/2017.

3.10. Férias anuais

A cada doze meses, o empregado adquire direito a usufruir, nos doze meses subsequentes, um mês de férias, período no qual não poderá ser convocado para prestar serviços pelo mesmo empregador. (§ 9º do art. 452-A, incluído pela Lei n. 13.467/2017)

O empregado, mediante prévio acordo com o empregador, poderá usufruir suas férias em até três períodos, nos termos dos § 1º e § 2º do art. 134. (§ 10 do art. 452-A, incluído pela MP n. 808/2017)

O valor previsto no inciso II do caput não será inferior àquele devido aos demais empregados do estabelecimento que exerçam a mesma função. (§ 12 do art. 452-A, incluído pela MP n. 808/2017)

O § 9º do art. 452-A, estabelece que, a cada doze meses, o empregado adquire direito a usufruir, nos doze meses subsequentes, um mês de férias, período no qual não poderá ser convocado para prestar serviços pelo mesmo empregador.

Por sua vez, o inciso II, do § 6º, determina que, ao final de cada período de prestação de serviços, o empregado receberá o pagamento de imediato das férias proporcionais com acréscimo de um terço.

Como se vê, poderá ocorrer de o empregado usufruir as férias sem remuneração. Senão vejamos: nos termos do § 9º, a cada doze meses de serviços, o empregado terá direito de usufruir um mês de férias, mas se já tiver recebido o pagamento das férias proporcionais ao final de cada período de prestação de serviços (§ 6º), após um ano (12 meses), o trabalhador terá direito a férias não remuneradas, por já ter recebido por antecipação.

A MP n. 808/2017 incluiu, desnecessariamente, o § 10, repetindo o art. 134 da CLT no que diz respeito ao parcelamento das férias em até três períodos e com o acréscimo do § 12, quanto às férias, manda respeitar a equiparação salarial, atendidos os requisitos indispensáveis (art. 461).

3.11. Benefícios previdenciários

Para os fins do disposto neste artigo, o auxílio-doença será devido ao segurado da Previdência Social a partir da data do início da incapacidade, vedada a aplicação do disposto no § 3º do art. 60 da Lei n. 8.213, de 1991. (§ 13 do art. 452-A, incluído pela MP n. 808/2017)

---

não sendo esta possível, a seu rogo. Terá força de recibo o comprovante de depósito em conta bancária, aberta para esse fim em nome de cada empregado, com o consentimento deste, em estabelecimento de crédito próximo ao local de trabalho. (CLT – art. 464 e parágrafo único)

(76) NASCIMENTO, Amauri Mascaro. *Pequeno dicionário de processo trabalhista*. São Paulo: LTr, 1994. p. 137.

O salário-maternidade será pago diretamente pela Previdência Social, nos termos do disposto no § 3º do art. 72 da Lei n. 8.213, de 1991. (§ 14 do art. 452-A, incluído pela MP n. 808/2017)

Nos contratos intermitentes, segundo o § 13 do art. 452-A, incluído pela MP n. 808/2017, o auxílio-doença será devido e pago pela Previdência Social a partir da data do início da incapacidade do segurado; o empregador não tem a incumbência de pagar os primeiros quinze dias consecutivos ao do afastamento da atividade por motivo de doença; da mesma forma, determina o § 14, o salário-maternidade será pago diretamente pela Previdência Social.

3.12. Satisfação dos prazos

Constatada a prestação dos serviços pelo empregado, estarão satisfeitos os prazos previstos nos § 1º e § 2º (§ 15 do art. 452-B, incluído pela MP n. 808/2017)

Este parágrafo é totalmente desnecessário e inútil, não se consegue vislumbrar o motivo de sua existência.

3.13. Rescisão do contrato de trabalho intermitente – Verbas rescisórias devidas – Cálculo das verbas rescisórias e do aviso-prévio

Decorrido o prazo de um ano sem qualquer convocação do empregado pelo empregador, contado a partir da data da celebração do contrato, da última convocação ou do último dia de prestação de serviços, o que for mais recente, será considerado rescindido de pleno direito o contrato de trabalho intermitente. (Art. 452-D, incluído pela MP n. 808/2017)

Ressalvadas as hipóteses a que se referem os art. 482 e art. 483, na hipótese de extinção do contrato de trabalho intermitente serão devidas as seguintes verbas rescisórias: (Art. 452-E, incluído pela MP n. 808/2017)

I – pela metade:

a) o aviso-prévio indenizado, calculado conforme o art. 452-F; e

b) a indenização sobre o saldo do Fundo de Garantia do Tempo de Serviço – FGTS, prevista no § 1º do art. 18 da Lei n. 8.036, de 11 de maio de 1990; e

II – na integralidade, as demais verbas trabalhistas.

A extinção de contrato de trabalho intermitente permite a movimentação da conta vinculada do trabalhador no FGTS na forma do inciso I-A do art. 20 da Lei n. 8.036, de 1990, limitada a até oitenta por cento do valor dos depósitos. (§ 1º do art. 452-E, incluído pela MP n. 808/2017)

A extinção do contrato de trabalho intermitente a que se refere este artigo não autoriza o ingresso no Programa de Seguro-Desemprego. (§ 2º do art. 452-E, incluído pela MP n. 808/2017)

As verbas rescisórias e o aviso-prévio serão calculados com base na média dos valores recebidos pelo empregado no curso do contrato de trabalho intermitente. (Art. 452-F, incluído pela MP n. 808/2017)

No cálculo da média a que se refere o caput, serão considerados apenas os meses durante os quais o empregado tenha recebido parcelas remuneratórias no intervalo dos últimos doze meses ou o período de vigência do contrato de trabalho intermitente, se este for inferior. (§ 1º do art. 452-F, incluído pela MP n. 808/2017)

O aviso-prévio será necessariamente indenizado, nos termos dos § 1º e § 2º do art. 487. (§ 2º do art. 452-F)

3.13.1. Rescisão do contrato de trabalho intermitente

Em comentários à Lei da Reforma, anterior ao advento da MP n. 808/2017, apontamos a omissão da Lei n. 13.467/2017 quanto à forma de cessação do contrato de trabalho intermitente, o que foi sanado pelo art. 452-D, introduzido pela MP n. 808/2017 ao estabelecer que, decorrido o prazo de um ano sem qualquer convocação do empregado pelo empregador, contado a partir da data da celebração do contrato, da última convocação ou do último dia de prestação de serviços, o que for mais recente, será considerado rescindido de pleno direito o contrato de trabalho intermitente.

3.13.2. Verbas rescisórias devidas – FGTS – Programa do Seguro-desemprego

3.13.2.1. Verbas rescisórias devidas

Na extinção do contrato de trabalho intermitente, diz o *caput* do art. 452-E, ressalvadas as hipóteses a que se referem os art. 482 e art. 483, serão devidas as seguintes verbas rescisórias: aviso-prévio indenizado e indenização (40%) sobre o saldo do Fundo de Garantia do Tempo de Serviço (FGTS), ambas pela metade; as demais verbas rescisórias trabalhistas na sua integralidade.

3.13.2.2. Movimentação do FGTS

Nesta situação de extinção do contrato de trabalho intermitente, o empregado além de receber aviso--prévio indenizado pela metade e 20% do valor da indenização (multa) fundiária, poderá sacar até 80% do valor dos depósitos, ficando o restante (20%) na conta vinculada do trabalhador no FGTS, para ser sacado em outra oportunidade.

3.13.2.3. Programa do Seguro-desemprego

A extinção do contrato de trabalho intermitente a que se refere o art. 452-E não autoriza o ingresso do trabalhador no Programa de Seguro-desemprego.

3.13.3. Cálculo das verbas rescisórias e do aviso-prévio – Cálculo pela média – Indenização do aviso-prévio

3.13.3.1. Cálculo das verbas rescisórias e do aviso-prévio

O *caput* do art. 452-F, incluído pela MP n. 808/2017, estabelece que, as verbas rescisórias e o aviso--prévio serão calculados com base na média dos valores recebidos pelo empregado no curso do contrato de trabalho intermitente.

Portanto, as verbas rescisórias e o aviso-prévio não serão calculados com base no último salário e sim com base na média dos valores recebidos pelo empregado no curso do contrato de trabalho intermitente.

3.13.3.2. Cálculo pela média

Por sua vez, o § 1º do art. 452-F disciplina que no cálculo da média a que se refere o *caput*, serão considerados apenas os meses durante os quais o empregado tenha recebido parcelas remuneratórias no intervalo dos últimos doze meses ou o período de vigência do contrato de trabalho intermitente, se este for inferior.

3.13.3.3. Indenização do aviso-prévio

Segundo determina o § 2º do art. 452-F, incluído pela MP n. 808/2017, o aviso-prévio será necessariamente indenizado, nos termos dos § 1º e § 2º do art. 487.

Por óbvio, nessa modalidade de cessação do contrato de trabalho intermitente, o aviso-prévio será indenizado e o seu valor será a metade do valor do aviso-prévio calculado pela regra geral do art. 487 da CLT, com as alterações da Lei n. 12.506, de outubro de 2011.

3.14. Quarentena do empregado

A respeito do período de quarentena do empregado, o art. 452-G, incluído pela MP n. 808/2017, determina que, até 31 de dezembro de 2020, o empregado registrado por meio de contrato de trabalho por prazo indeterminado demitido não poderá prestar serviços para o mesmo empregador por meio de contrato de trabalho intermitente pelo prazo de dezoito meses, contado da data da demissão do empregado.

3.15. Recolhimento dos encargos sociais

Diz o art.. 452-H, incluído pela MP n. 808/2017, que no contrato de trabalho intermitente, o empregador efetuará o recolhimento das contribuições previdenciárias próprias e do empregado e o depósito do FGTS com base nos valores pagos no período mensal e fornecerá ao empregado comprovante do cumprimento dessas obrigações, observado o disposto no art. 911-A.[77]

---

(77) Art. 911-A. O empregador efetuará o recolhimento das contribuições previdenciárias próprias e do trabalhador e o depósito do FGTS com base nos valores pagos no período mensal e fornecerá ao empregado comprovante do cumprimento dessas obrigações. (Incluído pela MP n. 808/2017)
§ 1º Os segurados enquadrados como empregados que, no somatório de remunerações auferidas de um ou mais empregadores no período de um mês, independentemente do tipo de contrato de trabalho, receberem remuneração inferior ao salário mínimo mensal, poderão recolher ao Regime Geral de Previdência Social a diferença entre a remuneração recebida e o valor do salário mínimo mensal, em que incidirá a mesma alíquota aplicada à contribuição do trabalhador retida pelo empregador. (Incluído pela MP n. 808/2017)
§ 2º Na hipótese de não ser feito o recolhimento complementar previsto no § 1º, o mês em que a remuneração total recebida pelo segurado de um ou mais empregadores for menor que o salário mínimo mensal não será considerado para fins de aquisição e manutenção de qualidade de segurado do Regime Geral de Previdência Social nem para cumprimento dos períodos de carência para concessão dos benefícios previdenciários. (Incluído pela MP n. 808/2017)

DO PADRÃO DE VESTIMENTA E HIGIENIZAÇÃO DO UNIFORME

1. Legislação

"Art. 456-A. Cabe ao empregador definir o padrão de vestimenta no meio ambiente laboral, sendo lícita a inclusão no uniforme de logomarcas da própria empresa ou de empresas parceiras e de outros itens de identificação relacionados à atividade desempenhada.

Parágrafo único. A higienização do uniforme é de responsabilidade do trabalhador, salvo nas hipóteses em que forem necessários procedimentos ou produtos diferentes dos utilizados para a higienização das vestimentas de uso comum."

2. Parecer do relator

"O art. 456-A objetiva reprimir uma prática abusiva que temos verificado em nossos tribunais, com as inúmeras reclamações ajuizadas pelos empregados em que se requer o pagamento de dano moral pelo simples fato de utilizar uniforme com a logomarca da empresa, bem como indenizações pela lavagem do uniforme em sua residência.

Vale a ressalva de que quando a limpeza do uniforme depender de um tratamento especial, como, por exemplo, em determinadas indústrias químicas, essa responsabilidade será do empregador".

3. Comentários

3.1. Padrão de vestimenta no local de trabalho

Cabe ao empregador definir o padrão de vestimenta no meio ambiente laboral, sendo lícita a inclusão no uniforme de logomarcas da própria empresa ou de empresas parceiras e de outros itens de identificação relacionados à atividade desempenhada. (Caput do art. 456-A, incluído pela Lei n. 13.467/2017)

A CLT era omissa a respeito do disciplinamento do uso do uniforme no local de trabalho, o que foi sanado pela Lei n. 13.467/2017.

A definição do padrão de vestimenta (uniforme) no meio ambiente laboral, por lei, cabe ao empregador, sendo de sua responsabilidade o seu fornecimento, sem ônus para o empregado, por se tratar de utilidade para a prestação de serviço.

Como o uniforme será fornecido gratuitamente, o legislador admitiu, em contrapartida, a inclusão no uniforme de logomarcas da própria empresa ou de empresas parceiras e de outros itens de identificação relacionados à atividade desempenhada, não constituindo ilegalidade por parte do empregador, por entender que não há desrespeito ao direito de imagem do empregado.[78]

3.2. Higienização do uniforme

A higienização do uniforme é de responsabilidade do trabalhador, salvo nas hipóteses em que forem necessários procedimentos ou produtos diferentes dos utilizados para a higienização das vestimentas de uso comum. (Párafrafo único do art. 456-A, incluído pela Lei n. 13.467/2017)

A limpezada ou higienização do uniforme, regra geral, fica a cargo do usuário (empregado); entretanto, nas hipóteses em que forem necessários procedimentos ou produtos diferentes dos utilizados para a higienização das vestimentas de uso comum, a responsaabilidade será do empregador.

---

(78) Salvo se autorizadas, ou se necessárias à administração da justiça ou à manutenção da ordem pública, a divulgação de escritos, a transmissão da palavra, ou a publicação, a exposição ou a utilização da imagem de uma pessoa poderão ser proibidas, a seu requerimento e sem prejuízo da indenização que couber, se lhe atingirem a honra, a boa fama ou a respeitabilidade, ou se se destinarem a fins comerciais. (CC/2002 – *Caput* do art. 20).

DA REMUNERAÇÃO

1. Legislação

"Art. 457. [...]

§ 1º Integram o salário a importância fixa estipulada, as gratificações legais e as comissões pagas pelo empregador.

§ 2º As importâncias, ainda que habituais, pagas a título de ajuda de custo, auxílio-alimentação, vedado seu pagamento em dinheiro, diárias para viagem, prêmios e abonos não integram a remuneração do empregado, não se incorporam ao contrato de trabalho e não constituem base de incidência de qualquer encargo trabalhista e previdenciário.

[...]

§ 4º Consideram-se prêmios as liberalidades concedidas pelo empregador em forma de bens, serviços ou valor em dinheiro a empregado ou a grupo de empregados, em razão de desempenho superior ao ordinariamente esperado no exercício de suas atividades." (NR)

Nova redação dada pela Medida Provisória n. 808, de 14 de novembro de 2017:

> "Art. 457. [...]
>
> § 1º Integram o salário a importância fixa estipulada, as gratificações legais e de função e as comissões pagas pelo empregador.
>
> § 2º As importâncias, ainda que habituais, pagas a título de ajuda de custo, limitadas a cinquenta por cento da remuneração mensal, o auxílio-alimentação, vedado o seu pagamento em dinheiro, as diárias para viagem e os prêmios não integram a remuneração do empregado, não se incorporam ao contrato de trabalho e não constituem base de incidência de encargo trabalhista e previdenciário.
>
> [...]
>
> § 12. A gorjeta a que se refere o § 3º não constitui receita própria dos empregadores, destina-se aos trabalhadores e será distribuída segundo os critérios de custeio e de rateio definidos em convenção coletiva ou acordo coletivo de trabalho.
>
> § 13. Se inexistir previsão em convenção coletiva ou acordo coletivo de trabalho, os critérios de rateio e distribuição da gorjeta e os percentuais de retenção previstos nos § 14 e § 15 serão definidos em assembleia geral dos trabalhadores, na forma estabelecida no art. 612.
>
> § 14. As empresas que cobrarem a gorjeta de que trata o § 3º deverão:
>
> I – quando inscritas em regime de tributação federal diferenciado, lançá-la na respectiva nota de consumo, facultada a retenção de até vinte por cento da arrecadação correspondente, mediante previsão em convenção coletiva ou acordo coletivo de trabalho, para custear os encargos sociais, previdenciários e trabalhistas derivados da sua integração à remuneração dos empregados, hipótese em que o valor remanescente deverá ser revertido integralmente em favor do trabalhador;
>
> II – quando não inscritas em regime de tributação federal diferenciado, lançá-la na respectiva nota de consumo, facultada a retenção de até trinta e três por cento da arrecadação correspondente, mediante previsão em convenção coletiva ou acordo coletivo de trabalho, para custear os encargos sociais, previdenciários e trabalhistas derivados da sua integração à remuneração dos empregados, hipótese em que o valor remanescente deverá ser revertido integralmente em favor do trabalhador; e
>
> III – anotar na CTPS e no contracheque de seus empregados o salário contratual fixo e o percentual percebido a título de gorjeta.
>
> § 15. A gorjeta, quando entregue pelo consumidor diretamente ao empregado, terá seus critérios definidos em convenção coletiva ou acordo coletivo de trabalho, facultada a retenção nos parâmetros estabelecidos no § 14.
>
> § 16. As empresas anotarão na CTPS de seus empregados o salário fixo e a média dos valores das gorjetas referente aos últimos doze meses.
>
> § 17. Cessada pela empresa a cobrança da gorjeta de que trata o § 3º, desde que cobrada por mais de doze meses, essa se incorporará ao salário do empregado, a qual terá como base a média dos últimos doze meses, sem prejuízo do estabelecido em convenção coletiva ou acordo coletivo de trabalho.
>
> § 18. Para empresas com mais de sessenta empregados, será constituída comissão de empregados, mediante previsão em convenção coletiva ou acordo coletivo de trabalho, para acompanhamento e fiscalização da regularidade da cobrança e distribuição da gorjeta de que trata o § 3º, cujos representantes serão eleitos em assembleia geral convocada para esse fim pelo sindicato laboral e gozarão de garantia de emprego vinculada ao desempenho das funções para que foram eleitos, e, para as demais empresas, será constituída comissão intersindical para o referido fim.

> § 19. Comprovado o descumprimento ao disposto nos § 12, § 14, § 15 e § 17, o empregador pagará ao trabalhador prejudicado, a título de multa, o valor correspondente a um trinta avos da média da gorjeta por dia de atraso, limitada ao piso da categoria, assegurados, em qualquer hipótese, os princípios do contraditório e da ampla defesa.
>
> § 20. A limitação prevista no § 19 será triplicada na hipótese de reincidência do empregador.
>
> § 21. Considera-se reincidente o empregador que, durante o período de doze meses, descumprir o disposto nos § 12, § 14, § 15 e § 17 por período superior a sessenta dias.
>
> § 22. Consideram-se prêmios as liberalidades concedidas pelo empregador, até duas vezes ao ano, em forma de bens, serviços ou valor em dinheiro, a empregado, grupo de empregados ou terceiros vinculados à sua atividade econômica em razão de desempenho superior ao ordinariamente esperado no exercício de suas atividades.
>
> § 23. Incidem o imposto sobre a renda e quaisquer outros encargos tributários sobre as parcelas referidas neste artigo, exceto aquelas expressamente isentas em lei específica." (NR)

2. Parecer do relator

"A jurisprudência dos tribunais trabalhistas entende que benefícios pagos com liberalidade pelo empregador integram o salário do empregado, sobre ele incidindo encargos trabalhistas e previdenciários.

A nossa intenção com a mudança proposta ao art. 457 é a de permitir que o empregador possa premiar o seu funcionário sem que isso seja considerado salário. É o caso, por exemplo, de reclamações comumente ajuizadas em que se requer a incorporação ao salário de um prêmio por vendas – uma viagem ou determinado objeto.

O efeito concreto disso é a retração do empregador, que evita conceder esses prêmios sob o risco de vê-los incorporados ao salário, caracterizando um claro prejuízo aos empregados".

3. Comentários

3.1. Remuneração

Compreendem-se na remuneração do empregado, para todos os efeitos legais, além do salário devido e pago diretamente pelo empregador, como contraprestação do serviço, as gorjetas que receber. (*Caput* do art. 457)

Remuneração = salário + gorjetas

Remuneração traduz tudo que o empregado percebe no exercício do trabalho, provenha do empregador ou não. O termo salário foi reservado para a retribuição paga diretamente pelo empregador.[79]

Considera-se gorjeta não só a importância espontaneamente dada pelo cliente ao empregado, como também o valor cobrado pela empresa, como serviço ou adicional, a qualquer título, e destinado à distribuição aos empregados. (Redação dada pela Lei n. 13.419, de 2017 – V. abaixo o item 3.4)

3.2. Salário

Integram o salário a importância fixa estipulada, as gratificações legais e de função e as comissões pagas pelo empregador.[80] *(§ 1° do art. 457, com redação dada pela MP n. 808/2017)*

Salário = salário-base + gratificações legais e de função

Salário é o que o empregado ganha do empregador como contraprestação do serviço prestado ou não, como ocorre nos casos de interrupção do contrato de trabalho (*v. g.* férias, licença-paternidade etc.).

---

(79) GOMES, Orlando. *O salário no direito brasileiro*. São Paulo: LTr, 1966. p. 23.
(80) Texto anterior:
Art. 457 ... § 1º – Integram o salário não só a importância fixa estipulada, como também as comissões, percentagens, gratificações ajustadas, diárias para viagens e abonos pagos pelo empregador.

A importância fixa estipulada e a variável pagas pelo empregador constituem o que se denomina de salário-base.

Em síntese, o salário-base compreende o salário fixo, o salário variável (comissões) ou o salário misto (fixo + variável).

Salário fixo é o salário determinado em razão do tempo em que o empregado fica à disposição do empregador. O mesmo é estabelecido em quantia certa, invariável, não sendo levada em consideração a produção realizada. Exemplos: salário por hora, dia, semana, quinzena ou mês.

Salário variável é o que depende da produção do empregado, podendo ser estabelecido por comissão, peça, tarefa etc.

No caso de vendas, o salário variável, por comissão, é aquele cujo valor depende das vendas realizadas pelo empregado. A comissão, normalmente, incide sobre o preço de venda da mercadoria. O salário por comissão, como todo salário variável, depende da produção do trabalhador, ficando-lhe assegurado, qualquer que seja o resultado, o salário mínimo (Lei n. 8.716/93, art. 1º). Essa forma de salário é bastante usual em relação aos empregados vendedores, viajantes ou pracistas (Lei n. 3.207/57).

O salário misto compreende parte fixa e parte variável. Exemplo: empregado que ganha salário mínimo mensal e mais 2% sobre as vendas efetuadas.

Ensina Amauri Mascaro Nascimento (1994:62), que o conceito de salário-base está relacionado com a forma principal do salário e condicionado à ideia de periodicidade mínima de pagamentos correlativos às necessidades econômicas habituais do trabalhador. Assim, tanto é salário-base o fixo mensal do empregado que assim é remunerado, como as comissões mensais recebidas pelo empregado vendedor que tem nas mesmas a habitual forma de retribuição.

Ainda, pág. 242, não se confundem a comissão e a percentagem, porque pode haver comissão estipulada em bases não percentuais, mas sim em quantia fixa por unidade vendida.

As gratificações legais, as previstas em lei, integram o salário do empregado. Como a gratificação de Natal, instituida pela Lei n. 4.090, de 1962, conhecida por 13º salário, denominação consagrada pela CF, de 1988 (art. 7º, VIII).

A gratificação de função, com a Lei n. 13.467, foi excluída do salário, voltando a integrá-lo com a MP n. 808/2017.

Gratificação de função é a gratificação paga ao empregado por sua maior responsabilidade no desempenho de suas funções.

Com exceção da gratificação de função, incluída pela MP n. 808/2017, as gratificações ajustadas (tempo de serviço, balanço etc.), com o advento da Lei n. 13.467/2017, deixaram de integrar o salário do empregado.

A diminuição dos custos do empregador era um dos objetivos da Reforma Trabalhista, razão da alteração da natureza salarial da gratificação de função (gratificação ajustada) pela Lei n. 13.467/2017; entretanto, em determinadas situações, em vez de diminuir ocorreu o contrário, os custos aumentararam e se criou um certo transtorno para as empresas, como aconteceu com os gerentes, os diretores e os chefes de departamento e/ou filial que eram excluídos do controle da jornada, consequentemente nada recebiam pelas horas extras trabalhadas (CLT – art. 62, II, parágrafo único), desde que o valor da gratificação de função não fosse inferior a 40% do salário do cargo efetivo.

Esses são os motivos da MP n. 808/2017 se apressar em restabelecer a natureza salarial da gratificação de função.

As percentagens, pela redação anterior do § 1º do art. 457, integravam o salário. Em outro livro (2009:262) destacamos que, no gênero percentagens, que integram o salário, compreendem as várias espécies de adicionais, que são acréscimos do salário (sobressalário) relacionados a uma condição especial, geralmente ocasional ou transitória, em que o trabalho é prestado, ou uma situação especial em que se encontre o empregado.

Os adicionais, regra geral, têm natureza de salário-condição e, normalmente, são calculados em forma de percentual incidente sobre um determinado parâmetro salarial.

Com a nova redação, dada pela Lei n. 13.467, de 2017, as percentagens (adicional de horas extras, noturno etc.) deixaram de integrar o salário.

Entretanto, como observa Homero Batista Mateus da Silva, "será indispensável que o art. 457, § 1º, continue a ser interpretado como um rol meramente exemplificativo, ou seja, além desses dois elementos (ordenado e comissões), há numerosas outras parcelas de natureza salarial, sejam elas fixas, sejam elas condicionais (como os adicionais de insalubridade e periculosidade). Neste sentido, não houve na Lei n. 13.467/2017 mudança flagrante, mas apenas uma reforma na redação que pode gerar incompreensões".[81]

3.3. Ajuda de custo – Auxílio-alimentação – Diárias para viagem – Prêmios

As importâncias, ainda que habituais, pagas a título de ajuda de custo, limitadas a cinquenta por cento da remuneração mensal, o auxílio-alimentação, vedado o seu pagamento em dinheiro, as diárias para viagem e os prêmios não integram a remuneração do empregado, não se incorporam ao contrato de trabalho e não constituem base de incidência de encargo trabalhista e previdenciário. (§ 2º do art. 457, com redação dada pela MP n. 808/2017)

3.3.1. Ajuda de custo

A ajuda de custo constitui-se no pagamento feito pelo empregador, para cobrir certas despesas efetuadas pelo empregado, com transporte, hotel, alimentação etc.

O § 2º do art. 457, com redação dada pela MP n. 808/2017, estabelece que as importâncias, ainda que habituais, pagas a título de ajuda de custo, limitadas a cinquenta por cento da remuneração mensal, não integram a remuneração do empregado, não se incorporam ao contrato de trabalho e não constitui base de incidência de qualquer encargo trabalhista e previdenciário.

3.3.2. Auxílio-alimentação

O § 2º do art. 457-A da CLT, com redação dada pela MP n. 808/2017, determina que o auxílio-alimentação não integra a remuneração do empregado, ficando vedado seu pagamento em dinheiro, não se incorpora ao contrato de trabalho e não constitui base de incidência de qualquer encargo trabalhista e previdenciário.

3.3.3. Diárias para viagem

Diárias para viagem são valores pagos pelo empregador ao empregado quando viaja, para fazer face às despesas com transporte, hotel, alimentação etc.

O dispositivo em questão, ao contrário do parágrafo anterior, excluiu totalmente as diárias para viagem da remuneração do empregado e sobre elas não há encargo trabalhista e/ou previdenciário.

3.3.4. Prêmios

Consideram-se prêmios as liberalidades concedidas pelo empregador em forma de bens, serviços ou valor em dinheiro a empregado ou a grupo de empregados, em razão de desempenho superior ao ordinariamente esperado no exercício de suas atividades. (§ 4º do art. 457, introduzido pela Lei n. 13.467/2017)

Os prêmios (por fidelidade, assiduidade, produção, qualidade etc.), geralmente, constituem uma forma de incentivo, por meio dos quais se procura estimular a produção, o interesse e a dedicação do empregado, não integram a sua remuneração, não se incorporam ao contrato de trabalho e não constituem base de incidência de qualquer encargo trabalhista e previdenciário.

---

(81) *Ob. cit.*, p. 80/81.

A medida Provisória n. 808/2017, incluindo o § 22 do art. 457 da CLT, estabelece:

"Consideram-se prêmios as liberalidades concedidas pelo empregador, até duas vezes ao ano, em forma de bens, serviços ou valor em dinheiro, a empregado, grupo de empregados ou terceiros vinculados à sua atividade econômica em razão de desempenho superior ao ordinariamente esperado no exercício de suas atividades".

3.4. Gorjetas

Considera-se gorjeta não só a importância espontaneamente dada pelo cliente ao empregado, como também o valor cobrado pela empresa, como serviço ou adicional, a qualquer título, e destinado à distribuição aos empregados. (§ 3º do art. 457 da CLT, com redação dada pela Lei n. 13.419, de março de 2017).

[...]

§ 12. A gorjeta a que se refere o § 3º não constitui receita própria dos empregadores, destina-se aos trabalhadores e será distribuída segundo os critérios de custeio e de rateio definidos em convenção coletiva ou acordo coletivo de trabalho. (Incluído pela MP n. 808/2017)

§ 13. Se inexistir previsão em convenção coletiva ou acordo coletivo de trabalho, os critérios de rateio e distribuição da gorjeta e os percentuais de retenção previstos nos § 14 e § 15 serão definidos em assembleia geral dos trabalhadores, na forma estabelecida no art. 612. (Incluído pela MP n. 808/2017)

§ 14. As empresas que cobrarem a gorjeta de que trata o § 3º deverão: (Incluído pela MP n. 808/2017)

I – quando inscritas em regime de tributação federal diferenciado, lançá-la na respectiva nota de consumo, facultada a retenção de até vinte por cento da arrecadação correspondente, mediante previsão em convenção coletiva ou acordo coletivo de trabalho, para custear os encargos sociais, previdenciários e trabalhistas derivados da sua integração à remuneração dos empregados, hipótese em que o valor remanescente deverá ser revertido integralmente em favor do trabalhador; (Incluído pela MP n. 808/2017)

II – quando não inscritas em regime de tributação federal diferenciado, lançá-la na respectiva nota de consumo, facultada a retenção de até trinta e três por cento da arrecadação correspondente, mediante previsão em convenção coletiva ou acordo coletivo de trabalho, para custear os encargos sociais, previdenciários e trabalhistas derivados da sua integração à remuneração dos empregados, hipótese em que o valor remanescente deverá ser revertido integralmente em favor do trabalhador; e (Incluído pela MP n. 808/2017)

III – anotar na CTPS e no contracheque de seus empregados o salário contratual fixo e o percentual percebido a título de gorjeta. (Incluído pela MP n. 808/2017)

§ 15. A gorjeta, quando entregue pelo consumidor diretamente ao empregado, terá seus critérios definidos em convenção coletiva ou acordo coletivo de trabalho, facultada a retenção nos parâmetros estabelecidos no § 14. (Incluído pela MP n. 808/2017)

§ 16. As empresas anotarão na CTPS de seus empregados o salário fixo e a média dos valores das gorjetas referente aos últimos doze meses. (Incluído pela MP n. 808/2017)

§ 17. Cessada pela empresa a cobrança da gorjeta de que trata o § 3º, desde que cobrada por mais de doze meses, essa se incorporará ao salário do empregado, a qual terá como base a média dos últimos doze meses, sem prejuízo do estabelecido em convenção coletiva ou acordo coletivo de trabalho. (Incluído pela MP n. 808/2017)

§ 18. Para empresas com mais de sessenta empregados, será constituída comissão de empregados, mediante previsão em convenção coletiva ou acordo coletivo de trabalho, para acompanhamento e fiscalização da regularidade da cobrança e distribuição da gorjeta de que trata o § 3º, cujos representantes serão eleitos em assembleia geral convocada para esse fim pelo sindicato laboral e gozarão de garantia de emprego vinculada ao desempenho das funções para que foram eleitos, e, para as demais empresas, será constituída comissão intersindical para o referido fim. (Incluído pela MP n. 808/2017)

§ 19. Comprovado o descumprimento ao disposto nos § 12, § 14, § 15 e § 17, o empregador pagará ao trabalhador prejudicado, a título de multa, o valor correspondente a um trinta avos da média da gorjeta por dia de atraso, limitada ao piso da categoria, assegurados, em qualquer hipótese, o princípio do contraditório e da ampla defesa. (Incluído pela MP n. 808/2017)

§ 20. A limitação prevista no § 19 será triplicada na hipótese de reincidência do empregador. (Incluído pela MP n. 808/2017)

§ 21. Considera-se reincidente o empregador que, durante o período de doze meses, descumprir o disposto nos § 12, § 14, § 15 e § 17 por período superior a sessenta dias. (Incluído pela MP n. 808/2017)

§ 22. Consideram-se prêmios as liberalidades concedidas pelo empregador, até duas vezes ao ano, em forma de bens, serviços ou valor em dinheiro, a empregado, grupo de empregados ou terceiros vinculados à sua atividade econômica em razão de desempenho superior ao ordinariamente esperado no exercício de suas atividades. (Incluído pela MP n. 808/2017)

§ 23. Incidem o imposto sobre a renda e quaisquer outros encargos tributários sobre as parcelas referidas neste artigo, exceto aquelas expressamente isentas em lei específica. (Incluído pela MP n. 808/2017)

DO PAGAMENTO DO SALÁRIO EM DINHEIRO E UTILIDADES

1. Legislação

"Art. 458. [...]

[...]

§ 5º O valor relativo à assistência prestada por serviço médico ou odontológico, próprio ou não, inclusive o reembolso de despesas com medicamentos, óculos, aparelhos ortopédicos, próteses, órteses, despesas médico-hospitalares e outras similares, mesmo quando concedido em diferentes modalidades de planos e coberturas, não integram o salário do empregado para qualquer efeito nem o salário de contribuição, para efeitos do previsto na alínea *q* do § 9º do art. 28 da Lei nº 8.212, de 24 de julho de 1991."(NR)

2. Parecer do relator

"Incluímos um § 5º ao art. 458 para dispor que as despesas nele previstas, além de não integrarem o salário, como já consta do texto vigente da CLT, também não constituem base de cálculo para integrar o salário de contribuição".

3. Comentários

3.1. Pagamento do salário em dinheiro e utilidades

Além do pagamento em dinheiro, compreende-se no salário, para todos os efeitos legais, a alimentação, habitação, vestuário ou outras prestações *in natura* que a empresa, por força do contrato ou do costume, fornecer habitualmente ao empregado. Em caso algum será permitido o pagamento com bebidas alcoólicas ou drogas nocivas. (Art. 458, com redação dada pelo Decreto-lei n. 229, de 28.2.1967)

O pagamento do salário poderá ser feito em dinheiro e utilidades. A legislação não permite o pagamento do salário apenas com utilidades.

São consideradas utilidades: habitação, alimentação, vestuário, higiene, transporte etc.

O salário pago com utilidades (bens e serviços) é conhecido como salário-utilidade ou salário *in natura* e, como tal, refletirá nas verbas trabalhistas como aviso-prévio, 13º salário, férias acrescidas do terço constitucional, FGTS etc. (consultar o item anterior: Da remuneração)

No aviso-prévio trabalhado e nas férias gozadas, havendo uso da utilidade, sobre o seu valor é devido apenas o pagamento do terço constitucional das férias.

3.2. Proporcionalidade dos valores das utilidades

Os valores atribuídos às prestações *in natura* deverão ser justos e razoáveis, não podendo exceder, em cada caso, os dos percentuais das parcelas componentes do salário mínimo (arts. 81 e 82). (§ 1º do art. 458)

O parágrafo único do art. 82 da CLT estabelece que pelo menos 30% do salário mínimo tem de ser pago em dinheiro e o restante (70%) do salário mínimo poderá ser dividido entre as utilidades, as chamadas prestações *in natura*.

Quando a utilidade fornecida pelo empregador não tiver o percentual de desconto previsto legalmente, cabe às partes (empregado e empregador) fixá-lo, desde que seja justo e razoável, como determina o dispositivo em análise.

3.3. Utilidades não salariais

Para os efeitos previstos neste artigo, não serão consideradas como salário as seguintes utilidades concedidas pelo empregador: (§ 2º do art. 458)

I – vestuários, equipamentos e outros acessórios fornecidos aos empregados e utilizados no local de trabalho, para a prestação do serviço;

II – educação, em estabelecimento de ensino próprio ou de terceiros, compreendendo os valores relativos a matrícula, mensalidade, anuidade, livros e material didático;

III – transporte destinado ao deslocamento para o trabalho e retorno, em percurso servido ou não por transporte público;

IV – assistência médica, hospitalar e odontológica, prestada diretamente ou mediante seguro-saúde;

V – seguros de vida e de acidentes pessoais;

VI – previdência privada;

VII – (VETADO)

VIII – o valor correspondente ao vale-cultura.

3.4. Habitação e alimentação

A habitação e a alimentação fornecidas como salário-utilidade deverão atender aos fins a que se destinam e não poderão exceder, respectivamente, a 25% (vinte e cinco por cento) e 20% (vinte por cento) do salário-contratual. (§ 3º do art. 458)

3.5. Habitação coletiva

Tratando-se de habitação coletiva, o valor do salário-utilidade a ela correspondente será obtido mediante a divisão do justo valor da habitação pelo número de co-habitantes, vedada, em qualquer hipótese, a utilização da mesma unidade residencial por mais de uma família. (§ 4º do art. 458, incluído pela Lei n. 8.860, de 24.3.1994)

3.6. Serviço médico ou odontológico

O valor relativo à assistência prestada por serviço médico ou odontológico, próprio ou não, inclusive o reembolso de despesas com medicamentos, óculos, aparelhos ortopédicos, próteses, órteses, despesas médico-hospitalares e outras similares, mesmo quando concedido em diferentes modalidades de planos e coberturas, não integram o salário do empregado para qualquer efeito nem o salário de contribuição, para efeitos do previsto na alínea q do § 9º do art. 28 da Lei nº 8.212, de 24 de julho de 1991. (§ 5º do art. 458, incluído pela Lei n.13.467/2017)

Como justifica o relator, as despesas incluídas no parágrafo em análise, além de não integrarem o salário, como já consta do texto vigente da CLT, também não constituem base de cálculo para integrar o salário de contribuição.

DA EQUIPARAÇÃO OU ISONOMIA SALARIAL

1. Legislação

"Art. 461. Sendo idêntica a função, a todo trabalho de igual valor, prestado ao mesmo empregador, no mesmo estabelecimento empresarial, corresponderá igual salário, sem distinção de sexo, etnia, nacionalidade ou idade.

§ 1º Trabalho de igual valor, para os fins deste Capítulo, será o que for feito com igual produtividade e com a mesma perfeição técnica, entre pessoas cuja diferença de tempo de serviço para o mesmo empregador não seja superior a quatro anos e a diferença de tempo na função não seja superior a dois anos.

§ 2º Os dispositivos deste artigo não prevalecerão quando o empregador tiver pessoal organizado em quadro de carreira ou adotar, por meio de norma interna da empresa ou de negociação coletiva, plano de cargos e salários, dispensada qualquer forma de homologação ou registro em órgão público.

§ 3º No caso do § 2º deste artigo, as promoções poderão ser feitas por merecimento e por antiguidade, ou por apenas um destes critérios, dentro de cada categoria profissional.

[...]

§ 5º A equiparação salarial só será possível entre empregados contemporâneos no cargo ou na função, ficando vedada a indicação de paradigmas remotos, ainda que o paradigma contemporâneo, tenha obtido a vantagem em ação judicial própria.

§ 6º No caso de comprovada discriminação por motivo de sexo ou etnia, o juízo determinará, além do pagamento das diferenças salariais devidas, multa, em favor do empregado discriminado, no valor de 50% (cinquenta por cento) do limite máximo dos benefícios do Regime Geral de Previdência Social." (NR)

2. Parecer do relator

"A norma vigente do art. 461 prevê que os requisitos para caracterizar a identidade de função observarão a "mesma localidade", termo amplo que não define adequadamente o conceito. Estamos alterando para "o mesmo estabelecimento empresarial". Além disso, o serviço deverá ser prestado "para o mesmo empregador" e por tempo não superior a quatro anos, quando a lei atual prevê dois anos. A alteração ao § 2º é para adequação do texto à redação proposta para o art. 611-A neste Substitutivo. O § 5º, por sua vez, impede a utilização de paradigmas remotos, ou seja, decisões proferidas em relação a empregados com diferença de tempo muito superior a dois anos".

3. Comentários

3.1. Introdução

O Tratado de Versalhes (1919) assegura o princípio de salário igual, sem distinção de sexo, para trabalhos de igual valor.

A Convenção n. 100 da OIT prevê que deverá ser assegurada "a aplicação a todos os trabalhadores do princípio de igualdade de remuneração para a mão de obra masculina e a mão de obra feminina por um trabalho de igual valor".

O princípio da igualdade salarial, também conhecido como princípio da equivalência ou da isonomia salarial, está inserto na Constituição Federal de 1988:

a) Art. 5º ...: I – homens e mulheres são iguais em direitos e obrigações, nos termos desta Constituição;

b) Art. 7º: ... XXX – proibição de diferença de salários, de exercício de funções e de critério de admissão por motivo de sexo, idade, cor ou estado civil.

Para que haja equiparação salarial, o artigo 461 da CLT estabelece os requisitos ou pressupostos indispensáveis (mesmo empregador – mesma função – mesmo estabelecimento – trabalho de igual valor – inexistência de quadro de carreira – contemporaneidade no cargo ou na função) e que serão analisados a seguir.

A respeito de equiparação salarial, transcreve-se, no rodapé, a atual Súmula n. 6 do TST e que servirá para efeito de comparação.[82]

3.2. Mesmo empregador – Mesma função – Mesmo estabelecimento – Trabalho de igual valor

3.2.1. Mesmo empregador

Sendo idêntica a função, a todo trabalho de igual valor, prestado ao mesmo empregador, no mesmo estabelecimento empresarial, corresponderá igual salário, sem distinção de sexo, etnia, nacionalidade ou idade.[83] (*Caput* do art. 461, com redação dada pela Lei n. 13.467/2017)

Para que haja equiparação salarial entre dois empregados, equiparando e paradigma, eles devem trabalhar para o mesmo empregador.

3.2.2. Mesma função

Para que seja aplicado o princípio da equiparação salarial, os empregados, equiparando e paradigma, devem trabalhar para o mesmo empregador e com identidade de funções.

A identidade de funções não precisa ser absoluta, mas os empregados em questão devem desenvolver as mesmas atividades, realizando as mesmas tarefas, como disse a professora Alice Monteiro de Barros: o importante é que as operações substanciais sejam idênticas.[84]

Exemplo: empresa que emprega dois pintores, um de paredes e o outro de legendas, ambos são pintores, porém exercem funções diferentes; neste caso, não há possibilidade de se aplicar o princípio da igualdade salarial, por não existir identidade de funções.

3.2.3. Mesmo estabelecimento

Para efeito de isonomia salarial, o artigo alterado exigia que os empregados, equiparando e paradigma, trabalhassem na mesma localidade, o que era objeto de muita polêmica.

---

(82) Súmula n. 6 do TST – *Equiparação salarial. Art. 461 da CLT* (redação do item VI alterada) – Res. 198/2015, republicada em razão de erro material – DEJT divulgado em 12, 15 e 16.06.2015
I – Para os fins previstos no § 2º do art. 461 da CLT, só é válido o quadro de pessoal organizado em carreira quando homologado pelo Ministério do Trabalho, excluindo-se, apenas, dessa exigência o quadro de carreira das entidades de direito público da administração direta, autárquica e fundacional aprovado por ato administrativo da autoridade competente. (ex-Súmula n. 06 – alterada pela Res. 104/2000, DJ 20.12.2000)
II – Para efeito de equiparação de salários em caso de trabalho igual, conta-se o tempo de serviço na função e não no emprego. (ex-Súmula n. 135 – RA 102/1982, DJ 11.10.1982 e DJ 15.10.1982)
III – A equiparação salarial só é possível se o empregado e o paradigma exercerem a mesma função, desempenhando as mesmas tarefas, não importando se os cargos têm, ou não, a mesma denominação. (ex-OJ da SBDI-1 n. 328 – DJ 09.12.2003)
IV – É desnecessário que, ao tempo da reclamação sobre equiparação salarial, reclamante e paradigma estejam a serviço do estabelecimento, desde que o pedido se relacione com situação pretérita. (ex-Súmula n. 22 – RA 57/1970, DO-GB 27.11.1970)
V – A cessão de empregados não exclui a equiparação salarial, embora exercida a função em órgão governamental estranho à cedente, se esta responde pelos salários do paradigma e do reclamante. (ex-Súmula n. 111 – RA 102/1980, DJ 25.09.1980)
VI -Presentes os pressupostos do art. 461 da CLT, é irrelevante a circunstância de que o desnível salarial tenha origem em decisão judicial que beneficiou o paradigma, exceto: a) se decorrente de vantagem pessoal ou de tese jurídica superada pela jurisprudência de Corte Superior; b) na hipótese de equiparação salarial em cadeia, suscitada em defesa, se o empregador produzir prova do alegado fato modificativo, impeditivo ou extintivo do direito à equiparação salarial em relação ao paradigma remoto, considerada irrelevante, para esse efeito, a existência de diferença de tempo de serviço na função superior a dois anos entre o reclamante e os empregados paradigmas componentes da cadeia equiparatória, à exceção do paradigma imediato.
VII – Desde que atendidos os requisitos do art. 461 da CLT, é possível a equiparação salarial de trabalho intelectual, que pode ser avaliado por sua perfeição técnica, cuja aferição terá critérios objetivos. (ex-OJ da SBDI-1 n. 298 – DJ 11.08.2003)
VIII – É do empregador o ônus da prova do fato impeditivo, modificativo ou extintivo da equiparação salarial. (ex-Súmula n. 68 – RA 9/1977, DJ 11.02.1977)
IX – Na ação de equiparação salarial, a prescrição é parcial e só alcança as diferenças salariais vencidas no período de 5 (cinco) anos que precedeu o ajuizamento. (ex-Súmula n. 274 – alterada pela Res. 121/2003, DJ 21.11.2003)
X – O conceito de "mesma localidade" de que trata o art. 461 da CLT refere-se, em princípio, ao mesmo município, ou a municípios distintos que, comprovadamente, pertençam à mesma região metropolitana. (ex-OJ da SBDI-1 n. 252 – inserida em 13.03.2002)
(83) Texto anterior: Art. 461 – Sendo idêntica a função, a todo trabalho de igual valor, prestado ao mesmo empregador, na mesma localidade, corresponderá igual salário, sem distinção de sexo, nacionalidade ou idade.
(84) BARROS, Alice Monteiro de. Isonomia salarial. São Paulo: *Revista LTr*, 1998, vol. 62, n. 06, p. 726.

Com a nova redação, o artigo exige que os empregados trabalhem no mesmo estabelecimento empresarial que segundo o mestre Amador, é o local onde a empresa se instala, se estabelece, para alcançar o seu objetivo.[85]

A empresa pode ter um ou vários estabelecimentos, que compreendem a matriz, a agência, a filial, a sucursal etc.

Essa exigência legal de os empregados trabalharem no mesmo estabelecimento empresarial, em vez de ser na mesma localidade, é menos vantajosa para os trabalhadores, por causa da sua grande limitação.

3.2.4. Trabalho de igual valor – Diferença de tempo de serviço

3.2.4.1. Trabalho de igual valor

Trabalho de igual valor, para os fins deste Capítulo, será o que for feito com igual produtividade e com a mesma perfeição técnica, entre pessoas cuja diferença de tempo de serviço para o mesmo empregador não seja superior a quatro anos e a diferença de tempo na função não seja superior a dois anos.[86] (§ 1º do art. 461, com redação dada pela Lei n. 13.467/2017)

Neste aspecto, o § 1º do art. 461, em análise, não destoou do anterior ao determinar que, sendo idêntica a função, trabalho de igual valor será o que for feito com igual produtividade e com a mesma perfeição técnica, sendo que igual produtividade não significa igual volume de produção, mas sim mesma capacidade de produzir e mesma perfeição técnica, quer dizer, mesma qualidade de serviço.

3.2.4.2. Diferença de tempo de serviço

Trabalho de igual valor será o que for feito com igual produtividade e com a mesma perfeição técnica, entre pessoas (equiparando e paradigma) cuja diferença de tempo de serviço para o mesmo empregador não seja superior a quatro anos e a diferença de tempo na função não seja superior a dois anos.

O dispositivo legal em análise complicou para os empregados conseguirem a equiparação salarial; senão vejamos: o texto anterior exigia, para efeito de isonomia salarial, apenas diferença de tempo de serviço não superior a 2 (dois) anos; agora, com a nova redação, a exigência é dupla: diferença de tempo de serviço para o mesmo empregador não superior a quatro anos e diferença de tempo na função não superior a dois anos.

3.3. Inexistência de quadro de carreira

Os dispositivos deste artigo não prevalecerão quando o empregador tiver pessoal organizado em quadro de carreira ou adotar, por meio de norma interna da empresa ou de negociação coletiva, plano de cargos e salários, dispensada qualquer forma de homologação ou registro em órgão público.[87] (§ 2º do art. 461, com redação dada pela Lei n. 13.467/2017)

A existência de quadro de carreira ou de plano de cargos e salários na empresa, elimina a possibilidade de aplicação do princípio da equiparação salarial, não havendo necessidade de sua homologação ou registro em órgão público.

3.4. Promoção

No caso do § 2º deste artigo, as promoções poderão ser feitas por merecimento e por antiguidade, ou por apenas um destes critérios, dentro de cada categoria profissional.[88] (§ 3º do art. 461, com redação dada pela Lei n. 13.467/2017)

---

(85) ALMEIDA, Amador Paes de. *Aviso prévio* – aspectos práticos. São Paulo: LTr Sup. Trab. 053/9, p. 23.
(86) Texto anterior: § 1º – Trabalho de igual valor, para os fins deste Capítulo, será o que for feito com igual produtividade e com a mesma perfeição técnica, entre pessoas cuja diferença de tempo de serviço não for superior a 2 (dois) anos.
(87) Texto anterior: § 2º – Os dispositivos deste artigo não prevalecerão quando o empregador tiver pessoal organizado em quadro de carreira, hipótese em que as promoções deverão obedecer aos critérios de antiguidade e merecimento.
(88) Texto anterior: § 3º – No caso do parágrafo anterior, as promoções deverão ser feitas alternadamente por merecimento e por antiguidade, dentro de cada categoria profissional.

Com a nova redação do parágrafo em questão, o critério para as promoções é de livre escolha da empresa; entretanto, eleito o critério, o mesmo não poderá ser mudado por conveniência do empregador.

3.5. Readaptação

O trabalhador readaptado em nova função por motivo de deficiência física ou mental atestada pelo órgão competente da Previdência Social não servirá de paradigma para fins de equiparação salarial. (§ 4º do art. 461, incluído pela Lei n. 5.798/1972)

3.6. Contemporaneidade no cargo ou na função

A equiparação salarial só será possível entre empregados contemporâneos no cargo ou na função, ficando vedada a indicação de paradigmas remotos, ainda que o paradigma contemporâneo tenha obtido a vantagem em ação judicial própria. (§ 5º do art. 461, incluído pela Lei n. 13.467/2017)

Este parágrafo foi introduzido pela Lei n. 13.467/2017; antes, por construção doutrinária e jurisprudencial, era exigida a simultaneidade (coincidência temporal) na prestação de serviços entre equiparando e paradigma.

Como se constata pelo item IV da Súmula n. 6 do TST: É desnecessário que, ao tempo da reclamação sobre equiparação salarial, reclamante e paradigma estejam a serviço do estabelecimento, desde que o pedido se relacione com situação pretérita. (ex-Súmula n. 22 – RA 57/1970, DO-GB 27.11.1970)

3.7. Discriminação

No caso de comprovada discriminação por motivo de sexo ou etnia, o juízo determinará, além do pagamento das diferenças salariais devidas, multa, em favor do empregado discriminado, no valor de 50% (cinquenta por cento) do limite máximo dos benefícios do Regime Geral de Previdência Social. (§ 6º do art. 461, incluído pela Lei n. 13.467/2017)

A CF/1988 estabelece: Art. 7º, ... XXX – proibição de diferença de salários, de exercício de funções e de critério de admissão por motivo de sexo, idade, cor ou estado civil.

No caso de comprovada discriminação, cabe ao juiz determinar o pagamento das diferenças salariais devidas e multa específica, a favor da pessoa discriminada, no valor de 50% do limite máximo dos benefícios do Regime Geral de Previdência Social.

Por último, lembramos que a enumeração dos motivos discriminatórios no *caput* do art. 461 (sem distinção de sexo, etnia, nacionalidade ou idade) é apenas exemplificativa, podendo existir outros motivos.

DA ALTERAÇÃO DO CONTRATO DE TRABALHO

1. Legislação

"Art. 468. [...]

§ 1º [...]

§ 2º A alteração de que trata o § 1º deste artigo, com ou sem justo motivo, não assegura ao empregado o direito à manutenção do pagamento da gratificação correspondente, que não será incorporada, independentemente do tempo de exercício da respectiva função." (NR)

2. Parecer do relator

"O atual parágrafo único do art. 468 da CLT permite que o empregador reverta seu empregado que esteja ocupando função de confiança ao cargo efetivo, sem que esse ato seja considerado alteração unilateral do contrato de trabalho.

Ocorre que o TST, por intermédio de súmula de jurisprudência, tem entendido que, se o empregado tiver passado mais de dez anos no exercício da função, a gratificação respectiva deverá ser incorporada à remuneração mesmo se houver a reversão ao cargo efetivo.

O acréscimo do § 2º ao art. 468 visa a instituir como regra a possibilidade de o empregador poder reverter o empregado ao cargo efetivo, com ou sem justo motivo, sem que este incorpore o valor da gratificação à sua remuneração, independentemente do tempo de exercício da função.

Privilegia-se, desse modo, o poder de comando do empregador na direção de sua empresa."

3. Comentários

3.1. Alteração do contrato de trabalho

Nos contratos individuais de trabalho só é lícita a alteração das respectivas condições, por mútuo consentimento, e, ainda assim, desde que não resultem, direta ou indiretamente, prejuízos ao empregado, sob pena de nulidade de cláusula infringente desta garantia. (*Caput* do art. 468)

A Constituição de 1988 modificou, consideravelmente, o princípio da inalterabilidade do contrato de trabalho insculpido no art. 468 da CLT, o que motivou, em 1997, Irany Ferrari a fazer a seguinte observação: "O art. 468 consolidado, é claro, não perdeu sua vigência. Contudo, sua eficácia, de absoluta que era, tornou-se restrita".[89]

Mais adiante será retomado o assunto das alterações negociadas das fontes formais, fundamento maior da presente reforma trabalhista.

3.2. Reversão ao cargo efetivo

Não se considera alteração unilateral a determinação do empregador para que o respectivo empregado reverta ao cargo efetivo, anteriormente ocupado, deixando o exercício de função de confiança. (§ 1º do art. 468, com a redação dada pela Lei n. 13.467/2017)

---

(89) FERRARI, Irany. Convenção e/ou acordo coletivo de trabalho. Alteração contratual. São Paulo: *LTr Suplemento Trabalhista*, 1997, n. 036, p. 175.

3.3. Perda de vantagem

A alteração de que trata o § 1º deste artigo, com ou sem justo motivo, não assegura ao empregado o direito à manutenção do pagamento da gratificação correspondente, que não será incorporada, independentemente do tempo de exercício da respectiva função. (§ 2º do art. 468, incluído pela Lei n. 13.467/2017)

A respeito do assunto, o TST, por meio da Súmula n. 372, tinha uniformizado:

Gratificação de função. Supressão ou redução. Limites. (Conversão das Orientações Jurisprudenciais ns. 45 e 303 da SBDI-1) – Res. 129/2005 – DJ 20.04.2005

I – Percebida a gratificação de função por dez ou mais anos pelo empregado, se o empregador, sem justo motivo, revertê-lo a seu cargo efetivo, não poderá retirar-lhe a gratificação tendo em vista o princípio da estabilidade financeira. (ex-OJ n. 45 – Inserida em 25.11.1996)

II – Mantido o empregado no exercício da função comissionada, não pode o empregador reduzir o valor da gratificação." (ex-OJ n. 303 – DJ 11.08.2003)

Pelo que determina o dispositivo legal em questão, a Súmula n. 372, do TST deverá ser revista.

DA RESCISÃO DO CONTRATO DE TRABALHO

1. Legislação

"Art. 477. Na extinção do contrato de trabalho, o empregador deverá proceder à anotação na Carteira de Trabalho e Previdência Social, comunicar a dispensa aos órgãos competentes e realizar o pagamento das verbas rescisórias no prazo e na forma estabelecidos neste artigo.

§ 1º (Revogado).

[...]

§ 3º (Revogado).

§ 4º O pagamento a que fizer jus o empregado será efetuado:

I – em dinheiro, depósito bancário ou cheque visado, conforme acordem as partes; ou

II – em dinheiro ou depósito bancário quando o empregado for analfabeto.

[...]

§ 6º A entrega ao empregado de documentos que comprovem a comunicação da extinção contratual aos órgãos competentes bem como o pagamento dos valores constantes do instrumento de rescisão ou recibo de quitação deverão ser efetuados até dez dias contados a partir do término do contrato.

a) (revogada);

b) (revogada).

§ 7º (Revogado).

[...]

§ 10. A anotação da extinção do contrato na Carteira de Trabalho e Previdência Social é documento hábil para requerer o benefício do seguro-desemprego e a movimentação da conta vinculada no Fundo de Garantia do Tempo de Serviço, nas hipóteses legais, desde que a comunicação prevista no *caput* deste artigo tenha sido realizada." (NR)

2. Parecer do relator

"Como já tivemos oportunidade de observar, na apreciação do presente projeto, devemos ter como uma de nossas metas a estabilidade das relações de trabalho, buscando-se uma forma de evitar que as conciliações feitas extrajudicialmente sejam levadas ao Judiciário indiscriminadamente.

Não se trata de impedir o acesso do cidadão à Justiça, mas sim de se garantir maior segurança jurídica às relações de trabalho.

É justamente com esse intento que estamos sugerindo uma nova redação para o art. 477 da CLT. Em sendo aprovado, não mais se exigirá a homologação da rescisão dos contratos com mais de um ano de vigência, mantida a exigência de especificação da natureza e do valor de cada parcela paga ao empregado no ato rescisório, sendo considerada válida a quitação apenas em relação a essas parcelas.

Com o fim da homologação sindical, bastará a anotação da rescisão do contrato na Carteira de Trabalho juntamente com a comunicação da dispensa aos órgãos competentes para que o empregado possa levantar a multa do Fundo de Garantia do Tempo de Serviço – FGTS e para dar entrada em seu pedido do seguro-desemprego.

Um dos problemas visíveis na homologação da rescisão é o fato de que, hoje, sem o ato rescisório, o trabalhador não pode dar início aos procedimentos para movimentação do FGTS e requerimento do seguro-desemprego. Portanto, estando com a documentação necessária para tais atos, o trabalhador não precisará mais ter "pressa" para assinar a sua rescisão, possibilitando uma verificação mais detalhada das verbas rescisórias que lhes são devidas.

Some-se a isso as inovações que estão sendo propostas neste Substitutivo com o objetivo de garantir maior segurança à homologação rescisória, e que serão examinadas mais adiante, e esperamos ter um sistema que reduza o número de ações na Justiça do Trabalho, sem que haja prejuízos para as partes envolvidas."

3. Comentários

3.1. Rescisão do contrato de trabalho

Na extinção do contrato de trabalho, o empregador deverá proceder à anotação na Carteira de Trabalho e Previdência Social, comunicar a dispensa aos órgãos competentes e realizar o pagamento das verbas rescisórias no prazo e na forma estabelecidos neste artigo.[90] (*Caput* do art. 477, com redação dada pela Lei n. 13.467/2017)

Na cessação do contrato de trabalho, qualquer que seja o prazo de sua duração, não haverá mais necessidade de homologação de pedido de demissão ou recibo de quitação, que era a exigência de assistência por parte do Sindicato ou do Ministério do Trabalho, nos contratos com mais de um ano de vigência, como previa o § 1º do art. 477, revogado.[91]

Com a nova redação do *caput* do art. 477, na rescisão do contrato, basta o empregador anotar a CTPS do empregado, fazer a comunicação aos órgãos competentes e pagar as verbas rescisórias no prazo e na forma legal.

3.2. Discriminação das verbas trabalhistas

O instrumento de rescisão ou recibo de quitação, qualquer que seja a causa ou forma de dissolução do contrato, deve ter especificada a natureza de cada parcela paga ao empregado e discriminado o seu valor, sendo válida a quitação, apenas, relativamente às mesmas parcelas. (§ 2º do art. 477, com redação dada pela Lei n. 5.584/1970)

No recibo de quitação deve ter especificada a natureza de cada parcela (salário, aviso-prévio, 13º salário, férias, FGTS etc.) paga ao empregado e discriminado o seu valor, sendo válida a quitação, apenas, relativamente às mesmas parcelas.

Não é admissível o pagamento englobando várias parcelas, em um só valor, sem discriminá-las; caso os valores das parcelas não estejam corretos ou não conste do recibo de quitação alguma verba rescisória a que faz jus o empregado, este poderá recorrer ao Poder Judiciário.

A Súmula n. 91, do TST, prevê: Nula é a cláusula contratual que fixa determinada importância ou percentagem para atender englobadamente vários direitos legais ou contratuais do trabalhador. (Res. 121/2003, DJ 19,20 e 21.2003)

3.3. Forma de pagamento

O pagamento a que fizer jus o empregado será efetuado: (§ 4º do art. 477, com redação dada pela Lei n. 13.467/2017)

I – em dinheiro, depósito bancário ou cheque visado, conforme acordem as partes; ou (incluído pela Lei n. 13.467/2017)

II – em dinheiro ou depósito bancário quando o empregado for analfabeto.[92] (incluído pela Lei n. 13.467/2017)

---

(90) Texto anterior: Art. 477 – É assegurado a todo empregado, não existindo prazo estipulado para a terminação do respectivo contrato, e quando não haja êle dado motivo para cessação das relações de trabalho, o direito de haver do empregador uma indenização, paga na base da maior remuneração que tenha percebido na mesma empresa.

(91) Texto revogado: § 1º – O pedido de demissão ou recibo de quitação de rescisão, do contrato de trabalho, firmado por empregado com mais de 1 (um) ano de serviço, só será válido quando feito com a assistência do respectivo Sindicato ou perante a autoridade do Ministério do Trabalho e Previdência Social.

(92) Texto alterado: § 4º – O pagamento a que fizer jus o empregado será efetuado no ato da homologação da rescisão do contrato de trabalho, em dinheiro ou em cheque visado, conforme acordem as partes, salvo se o empregado for analfabeto, quando o pagamento somente poderá ser feito em dinheiro.

A CF/1988 assegura como direito dos trabalhadores urbanos e rurais: "proteção do salário na forma da lei, constituindo crime sua retenção dolosa" (art. 7º, X).

Diz o parágrafo em análise que o pagamento do salário deverá ser feito: em dinheiro, depósito bancário ou cheque.

Quando o empregado for analfabeto, o pagamento do salário será em dinheiro ou depósito bancário.

É lícito ao menor firmar recibo pelo pagamento dos salários. Tratando-se, porém, de rescisão do contrato de trabalho, é vedado ao menor de 18 anos dar, sem assistência dos seus responsáveis legais, quitação ao empregador pelo recebimento de indenização que lhe for devida (CLT, art. 439).

3.4. Compensação

Qualquer compensação no pagamento de que trata o parágrafo anterior não poderá exceder o equivalente a um mês de remuneração do empregado. (§ 5º do art. 477, com redação dada pela Lei n. 5.584/1970)

Na rescisão do contrato, do total dos valores das verbas rescisórias podem ser efetuados os descontos para terceiros e a compensação.

Os descontos para terceiros são aqueles que o empregador tem a obrigatoriedade de efetuar e repassar para quem de direito; são os débitos do empregado para terceiros, como: previdência social, imposto de renda, pensão alimentícia etc.

Quando duas pessoas reúnem as qualidades de credor e devedor, conjunta e reciprocamente, dá-se a compensação, modo de extinguir obrigações que Zachariae definiu pelo modo seguinte: "a extinção de obrigações recíprocas, que se pagam uma por outra, até a concorrência de seus respectivos valores, entre pessoas que são devedoras uma da outra".[93]

Na compensação, o desconto não poderá exceder o equivalente a um mês de remuneração do empregado.[94]

Por ocasião do pagamento, o patrão poderá compensar quantias adiantadas ao empregado, em razão do emprego. A compensação é uma modalidade especial de extinção das obrigações. Na compensação as partes são simultaneamente credora e devedora. No caso do § 5º do art. 477, no entanto, o trabalhador devedor do patrão só pode ter compensada a sua dívida com os créditos trabalhistas a receber até o equivalente a um mês da sua remuneração. Nunca mais do que isso.[95]

3.5. Comprovantes da rescisão

A entrega ao empregado de documentos que comprovem a comunicação da extinção contratual aos órgãos competentes bem como o pagamento dos valores constantes do instrumento de rescisão ou recibo de quitação deverão ser efetuados até dez dias contados a partir do término do contrato.[96] (§ 6º do art. 477, com redação dada pela Lei n. 13.467/2017)

Com a nova redação do § 6º, do art. 477, o empregador, após o término do contrato, terá o prazo de até 10 dias para entregar ao empregado: os documentos que comprovem a comunicação da rescisão contratual aos órgãos competentes e o pagamento das verbas rescisórias.

---

(93) CESARINO JÚNIOR, Antonio Ferreira. *Direito social*. São Paulo: LTr, 1980. p. 276.
(94) Em caso de dano causado pelo empregado, o desconto será lícito, desde de que esta possibilidade tenha sido acordada ou na ocorrência de dolo do empregado. (§ 1º, do art. 462, da CLT)
(95) COSTA, Orlando Teixeira. Eficácia da quitação no direito do trabalho brasileiro. São Paulo: *Revista de Direito do Trabalho* ns. 24/25, 1980. p. 125.
(96) Texto alterado: § 6º – O pagamento das parcelas constantes do instrumento de rescisão ou recibo de quitação deverá ser efetuado nos seguintes prazos: a) até o primeiro dia útil imediato ao término do contrato; ou b) até o décimo dia, contado da data da notificação da demissão, quando da ausência do aviso-prévio, indenização do mesmo ou dispensa de seu cumprimento.

Caso o empregador não forneça os documentos mencionados, ele poderá ser responsabilizado pelo pagamento dos valores do seguro-desemprego que o empregado ficar impedido de receber; a respeito, consultar a Súmula n. 389 do TST.[97]

Como se vê, os prazos para pagamento das verbas rescisórias foram unificados, podendo ser efetuado até 10 dias contados a partir do término do contrato.

3.6. Multas

A inobservância do disposto no § 6º deste artigo sujeitará o infrator à multa de 160 BTN, por trabalhador, bem assim ao pagamento da multa a favor do empregado, em valor equivalente ao seu salário, devidamente corrigido pelo índice de variação do BTN, salvo quando, comprovadamente, o trabalhador der causa à mora. (§ 8º do art. 477, incluído pela Lei n. 7.855/1989)

O não pagamento dos valores das parcelas rescisórias no prazo estabelecido sujeitará o empregador a duas multas, uma para o tesouro nacional e a outra para o próprio trabalhador.

A Orientação Jurisprudencial n. 238 da SBDI-1, do TST, determina: "Submete-se à multa do artigo 477 da CLT a pessoa jurídica de direito público que não observa o prazo para pagamento das verbas rescisórias, pois nivela-se a qualquer particular, em direitos e obrigações, despojando-se do 'jus imperii' ao celebrar um contrato de emprego".

3.7. Anotação na CTPS

A anotação da extinção do contrato na Carteira de Trabalho e Previdência Social é documento hábil para requerer o benefício do seguro-desemprego e a movimentação da conta vinculada no Fundo de Garantia do Tempo de Serviço, nas hipóteses legais, desde que a comunicação prevista no caput deste artigo tenha sido realizada. (§ 10 do art. 477, incluído pela Lei n. 13.467/2017)

Na CTPS do empregado, além da data de admissão, início do contrato, deve ser anotada a data de saída, cessação do contrato de trabalho.

A CTPS, devidamente assinada, é documento hábil para o empregado requerer o benefício do seguro-desemprego e movimentar a conta vinculada no FGTS.

3.8. Procedimentos a serem observados pelo empregador

a) anotar a CTPS do empregado (data de saída);

b) fornecer ao empregado o comprovante de pagamento das verbas rescisórias, inclusive da multa fundiária (40%), se for o caso, no prazo de até 10 dias contados a partir do término do contrato;

c) no mesmo prazo, entregar ao empregado documento comprovante da comunicação da extinção contratual aos órgãos competentes.

---

(97) Súmula n. 389 do TST:
Seguro-desemprego. Competência da justiça do trabalho. direito à indenização por não liberação de guias (conversão das Orientações Jurisprudenciais ns. 210 e 211 da SBDI-1) – Res. 129/2005, DJ 20, 22 e 25.04.2005
I – Inscreve-se na competência material da Justiça do Trabalho a lide entre empregado e empregador tendo por objeto indenização pelo não fornecimento das guias do seguro-desemprego. (ex-OJ n. 210 da SBDI-1 – inserida em 08.11.2000)
II – O não fornecimento pelo empregador da guia necessária para o recebimento do seguro-desemprego dá origem ao direito à indenização. (ex-OJ n. 211 da SBDI-1 – inserida em 08.11.2000)

DA EQUIPARAÇÃO DAS DISPENSAS INDIVIDUAIS E COLETIVAS

1. Legislação

"Art. 477-A. As dispensas imotivadas individuais, plúrimas ou coletivas equiparam-se para todos os fins, não havendo necessidade de autorização prévia de entidade sindical ou de celebração de convenção coletiva ou acordo coletivo de trabalho para sua efetivação."

2. Parecer do relator

"A inclusão do art. 477-A tem por escopo assegurar a igualdade no tratamento entre os empregados quanto aos direitos oriundos da rescisão imotivada do contrato de trabalho, independentemente da modalidade de dispensa: individual, plúrima ou coletiva. Isso porque algumas decisões judiciais vinham tratando desigualmente os empregados nos processos de dispensa coletiva, ante a obrigatoriedade de a negociação coletiva prever vantagens adicionais na rescisão."

3. Comentários

Equiparação das dispensas imotivadas individuais, plúrimas ou coletivas

As dispensas imotivadas individuais, plúrimas ou coletivas equiparam-se para todos os fins, não havendo necessidade de autorização prévia de entidade sindical ou de celebração de convenção coletiva ou acordo coletivo de trabalho para sua efetivação. (Art. 477-A, incluído pela Lei n. 13.467/2017)

Em que pese a nossa legislação não fazer a distinção entre dispensa individual e coletiva, há diferença entre os dois institutos, a dispensa individual está disciplinada pela CLT, o que não ocorre em relação à dispensa coletiva, que não tem regulamentação específica.

Entretanto, o Tribunal Superior do Trabalho reconheceu a necessidade de prévia negociação coletiva para a efetivação da dispensa em massa dos trabalhadores, como ocorreu no caso paradigmático da EMBRAER, em 2009.[98]

---

(98) *Recurso ordinário em dissídio coletivo. Dispensas trabalhistas coletivas. Matéria de direito coletivo. Imperativa interveniência sindical. Restrições jurídicas às dispensas coletivas. Ordem constitucional e infraconstitucional democrática existente desde 1988.* A sociedade produzida pelo sistema capitalista é, essencialmente, uma sociedade de massas. A lógica de funcionamento do sistema econômico-social induz a concentração e centralização não apenas de riquezas, mas também de comunidades, dinâmicas socioeconômicas e de problemas destas resultantes. A massificação das dinâmicas e dos problemas das pessoas e grupos sociais nas comunidades humanas, hoje, impacta de modo frontal a estrutura e o funcionamento operacional do próprio Direito. Parte significativa dos danos mais relevantes na presente sociedade e das correspondentes pretensões jurídicas têm natureza massiva. O caráter massivo de tais danos e pretensões obriga o Direito a se adequar, deslocando-se da matriz individualista de enfoque, compreensão e enfrentamento dos problemas a que tradicionalmente perfilou-se. A construção de uma matriz jurídica adequada à massividade dos danos e pretensões característicos de uma sociedade contemporânea sem prejuízo da preservação da matriz individualista, apta a tratar os danos e pretensões de natureza estritamente atomizada – é, talvez, o desafio mais moderno proposto ao universo jurídico, e é sob esse aspecto que a questão aqui proposta será analisada. As dispensas coletivas realizadas de maneira maciça e avassaladora, somente seriam juridicamente possíveis em um campo normativo hiperindividualista, sem qualquer regulamentação social, instigador da existência de mercado hobbesiano na vida econômica, inclusive entre empresas e trabalhadores, tal como, por exemplo, respaldado por Carta Constitucional como a de 1891, já há mais um século superada no país. Na vigência da Constituição de 1988, das convenções internacionais da OIT ratificadas pelo Brasil relativas a direitos humanos e, por consequência, direitos trabalhistas, e em face da leitura atualizada da legislação infraconstitucional do país, é inevitável concluir-se pela presença de um Estado Democrático de Direito no Brasil, de um regime de império da norma jurídica (e não do poder incontrastável privado), de uma sociedade civilizada, de uma cultura de bem-estar social e respeito à dignidade dos seres humanos, tudo repelindo, imperativamente, dispensas massivas de pessoas, abalando empresa, cidade e toda uma importante região. Em consequência, fica fixada, por interpretação da ordem jurídica, a premissa de que "a negociação coletiva é imprescindível para a dispensa em massa de trabalhadores". *Dispensas coletivas trabalhistas. Efeitos jurídicos.* A ordem constitucional e infraconstitucional democrática brasileira, desde a Constituição de 1988 e diplomas internacionais ratificados (Convenções OIT n. 11, 87, 98, 135, 141 e 151, ilustrativamente), não permite o manejo meramente unilateral e potestativista das dispensas trabalhistas coletivas, por de tratar de ato/fato coletivo, inerente ao Direito Coletivo do Trabalho, e não Direito Individual, exigindo, por consequência, a participação do(s) respectivo(s) sindicato(s) profissional(is) obreiro(s). Regras e princípios constitucionais que determinam o respeito à dignidade da pessoa humana (art. 1º, III, CF), a valorização do trabalho e especialmente do emprego (arts. 1º, IV, 6º e 170, VIII, CF), a subordinação da propriedade à sua função socioambiental (arts. 5º, XXIII e 170, III, CF) e a intervenção sindical nas questões coletivas trabalhistas (art. 8º, III e VI, CF), tudo impõe que se reconheça distinção normativa entre as dispensas meramente tópicas e

A Lei da Reforma Trabalhista determina que, as dispensas imotivadas individuais, plúrimas ou coletivas equiparam-se para todos os fins, não havendo necessidade de autorização prévia de entidade sindical ou de celebração de convenção coletiva ou acordo coletivo de trabalho para sua efetivação.

O professor Enoque Ribeiro dos Santos, em artigo sobre dispensa coletiva, conclui: "No momento atual, não apenas de sedimentação da quarta dimensão dos direitos humanos, entre eles, o direito de informação, de democracia, de pluralidade, e, surgimento da quinta dimensão de direitos fundamentais, relacionada aos avanços da cibernética e da informática, o Brasil ao sancionar a Lei n. 13.467/2017, que em seu art. 477-A coloca no mesmo patamar institutos tão diversos e regidos por regimes jurídicos díspares – a dispensa individual, a plúrima e a coletiva -, não apenas se afasta dos sistemas modernos de tutela da segurança no emprego vigentes nos países de economia avançada, como se posta em sentido diametralmente oposto".[99]

O art. 477-A contraria os artigos 4º e 5º, das Convenções ns. 98 e 154 da Organização Internacional do Trabalho (OIT), respectivamente.[100]

Ainda, contraria a Convenção n. 158 da OIT, não vigente no Brasil (ratificada em 05/01/1995 e denunciada em 20/11/1996) e que determina no art. 13:

"1. Quando o empregador prever términos da relação de trabalho por motivos econômicos, tecnológicos, estruturais ou análogos;

a) Proporcionará aos representantes dos trabalhadores interessados, em tempo oportuno, a informação pertinente, incluindo os motivos dos términos previstos, o número e categorias dos trabalhadores que poderiam ser afetados pelos mesmos e o período durante o qual seriam efetuados esses términos:

b) em conformidade com a legislação e a prática nacionais, oferecerá aos representantes dos trabalhadores interessados, o mais breve que for possível, uma oportunidade para realizarem consultas sobre as medidas que deverão ser adotadas para evitar ou limitar os términos e as medidas para atenuar as consequências adversas de todos os términos para os trabalhadores interessados, o mais breve que possível, uma oportunidade para realizarem consultas sobre as medidas que deverão ser adotados para evitar ou limitar os términos e as medidas para atenuar as consequências adversas de todos os términos para os trabalhadores afetados, por exemplo, achando novos empregos para os mesmos.

2. A aplicação do parágrafo 1 do presente artigo poderá ser limitada, mediante os métodos de aplicação mencionados no artigo 1 da presente Convenção, àqueles casos em que o número de trabalhadores, cuja relação de trabalho tiver previsão de ser terminada, for pelo menos igual a uma cifra ou uma porcentagem determinadas do total do pessoal.

3. Para efeitos do presente artigo, a expressão 'representantes dos trabalhadores interessados' aplica-se aos representantes dos trabalhadores reconhecidos como tais pela legislação ou a prática nacionais, em conformidade com a Convenção sobre os Representantes dos Trabalhadores, em 1971".[101]

---

individuais e as dispensas massivas, coletivas, as quais são social, econômica, familiar e comunitariamente impactantes. Nesta linha, seria inválida a dispensa coletiva enquanto não negociada com o sindicato de trabalhadores, espontaneamente ou no plano do processo judicial coletivo. A d. Maioria, contudo, decidiu apenas fixar a premissa, *para casos futuros*, de que "a negociação coletiva é imprescindível para a dispensa em massa de trabalhadores", observados os fundamentos supra. Recurso ordinário a que se dá provimento parcial. (Processo: ED-.RODC – 30900-12.2009.5.15.0000 – Rel. Min. Mauricio Godinho Delgado – DEJT 4.9.2009)

(99) *LTr Sup. Trab.* 070/17 – p. 358.
(100) Süssekind (2007:122 e 271).
(101) Süssekind (2007:455).

DO PLANO DE DEMISSÃO VOLUNTÁRIA OU INCENTIVADA

1. Legislação

"Art. 477-B. Plano de Demissão Voluntária ou Incentivada, para dispensa individual, plúrima ou coletiva, previsto em convenção coletiva ou acordo coletivo de trabalho, enseja quitação plena e irrevogável dos direitos decorrentes da relação empregatícia, salvo disposição em contrário estipulada entre as partes."

2. Parecer do relator

"Esse artigo incorpora à CLT o entendimento que o Supremo Tribunal Federal consolidou em repercussão geral de que "a transação extrajudicial que importa rescisão do contrato de trabalho, em razão da adesão voluntária do empregado a plano de dispensa incentivada, enseja quitação ampla e irrestrita de todas as parcelas objeto do contrato de emprego, caso essa condição tenha constado expressamente do acordo coletivo que aprovou o plano, bem como dos demais instrumentos celebrados com o empregado". Essa tese foi firmada no Recurso Extraordinário n. 50.415, relatado pelo Ministro Roberto Barroso, e fundamentou-se nos pilares de que: a) decorreu de negociação coletiva, b) os empregados tiveram opção de aderir ou não ao plano e c) houve a previsão de vantagens aos trabalhadores. Esses fundamentos estão preservados na redação proposta para o artigo."

3. Comentários

Dispensa individual, plúrima ou coletiva

Plano de Demissão Voluntária ou Incentivada, para dispensa individual, plúrima ou coletiva, previsto em convenção coletiva ou acordo coletivo de trabalho, enseja quitação plena e irrevogável dos direitos decorrentes da relação empregatícia, salvo disposição em contrário estipulada entre as partes. (Art. 477-B, incluído pela Lei n. 13.467/2017)

Se o objeto da negociação coletiva (acordo ou convenção coletiva) for o estabelecimento de Plano de Demissão Voluntária ou Incentivada, para dispensa individual, plúrima ou coletiva e se forem respeitados os direitos fundamentais, a negociação é lícita e os direitos resultantes são indisponíveis em nível individual.

Neste sentido, o STF firmou entendimento, como se verifica da transcrição do final da ementa do RE 590.415, com repercussão geral: "A transação extrajudicial que importa rescisão do contrato de trabalho, em razão de adesão voluntária do empregado a plano de dispensa incentivada, enseja quitação ampla e irrestrita de todas as parcelas objeto do contrato de emprego, caso essa condição tenha constado expressamente do acordo coletivo que aprovou o plano, bem como dos demais instrumentos celebrados com o empregado" (STF, Pleno, RE 590.415/SC – Rel. Min. Luís Roberto Barroso – DJE 29/5/2015).

A OJ n. 270, da SDI-1-TST, disciplina: A transação extrajudicial que importa rescisão do contrato de trabalho ante a adesão do empregado a plano de demissão voluntária implica quitação exclusivamente das parcelas e valores constantes do recibo. (Inserida em 27.09.2002)

DA JUSTA CAUSA COMETIDA PELO EMPREGADO

1. Legislação

"Art. 482. [...]

[...]

m) perda da habilitação ou dos requisitos estabelecidos em lei para o exercício da profissão, em decorrência de conduta dolosa do empregado.

[...]" (NR)

2. Parecer do relator

"A inclusão de uma nova hipótese de justa causa ao art. 482 é para permitir que o empregado que perdeu a habilitação profissional que é requisito imprescindível para o exercício de suas funções possa ser demitido por justa causa. É o caso, por exemplo, de um médico que teve o seu registro profissional cassado ou o de um motorista que perdeu a sua habilitação para conduzir veículo."

3. Comentários

Conduta dolosa do empregado

m) perda da habilitação ou dos requisitos estabelecidos em lei para o exercício da profissão, em decorrência de conduta dolosa do empregado. (Alínea *m* do art. 482, incluída pela Lei n. 13.467/2017)

O Direito do Trabalho conhece três sistemas fundamentais de justa causa: o genérico, o taxativo e o misto. O Brasil adota o sistema taxativo.

O contrato de trabalho poderá cessar por culpa do empregado, quando o mesmo cometer certos atos que sejam considerados como causa justificadora da resolução da relação de emprego.

No Brasil, a justa causa, para ser fator determinante da cessação do contrato, tem que ser prevista em lei (sistema taxativo).

Nesse aspecto, o direito do trabalho se inspirou no princípio da reserva legal, previsto no direito penal (*nullum crimen nulla poena sine lege*).

Não haverá justa causa se não houver previsão legal e, no Direito do Trabalho, as situações de justa causa cometida pelo empregado estão, na sua maioria, enumeradas no art. 482 da CLT, sendo acrescidas de mais uma situação, letra *m*, pela Lei n. 13.467/2017.

Nesta situação, são pressupostos da justa causa:

a) perda da habilitação profissional; e

b) conduta dolosa do empregado.

DA CESSAÇÃO DO CONTRATO POR ACORDO

1. Legislação

"Art. 484-A. O contrato de trabalho poderá ser extinto por acordo entre empregado e empregador, caso em que serão devidas as seguintes verbas trabalhistas:

I – por metade:

a) o aviso-prévio, se indenizado; e

b) a indenização sobre o saldo do Fundo de Garantia do Tempo de Serviço, prevista no § 1º do art. 18 da Lei no 8.036, de 11 de maio de 1990;

II – na integralidade, as demais verbas trabalhistas.

§ 1º A extinção do contrato prevista no *caput* deste artigo permite a movimentação da conta vinculada do trabalhador no Fundo de Garantia do Tempo de Serviço na forma do inciso I-A do art. 20 da Lei n. 8.036, de 11 de maio de 1990, limitada até 80% (oitenta por cento) do valor dos depósitos.

§ 2º A extinção do contrato por acordo prevista no *caput* deste artigo não autoriza o ingresso no Programa de Seguro-Desemprego."

2. Parecer do relator

"O art. 484-A permite que empregador e empregado, de comum acordo, possam extinguir o contrato de trabalho. A medida visa a coibir o costumeiro acordo informal, pelo qual é feita a demissão sem justa causa para que o empregado possa receber o seguro-desemprego e o saldo depositado em sua conta no FGTS, com a posterior devolução do valor correspondente à multa do Fundo de Garantia ao empregador.

Havendo o consenso, o contrato é extinto e serão devidos pela metade o aviso-prévio, se indenizado, e a indenização sobre o saldo do FGTS. O empregado somente poderá movimentar oitenta por cento do valor depositado na sua conta vinculada e não fará jus ao ingresso no Programa do Seguro-Desemprego."

3. Comentários

3.1. Cessação do contrato por acordo das partes – Valor das verbas trabalhistas

O contrato de trabalho poderá ser extinto por acordo entre empregado e empregador, caso em que serão devidas as seguintes verbas trabalhistas: (Art. 484-A, incluído pela Lei n. 13.467/2017)

I – por metade: (incluído pela Lei n. 13.467/2017)

a) o aviso-prévio, se indenizado; e (incluído pela Lei n. 13.467/2017)

b) a indenização sobre o saldo do Fundo de Garantia do Tempo de Serviço, prevista no § 1º do art. 18 da Lei n. 8.036, de 11 de maio de 1990; (incluído pela Lei n. 13.467/2017)

II – na integralidade, as demais verbas trabalhistas. (incluído pela Lei n. 13.467/2017)

3.1.1. Cessação do contrato por acordo das partes

A Lei n. 13.467/2017 cria mais uma modalidade de cessação do contrato de trabalho, em que as partes, por meio de acordo, podem desfazer o contrato de trabalho. É o que se denomina de resilição bilateral do contrato e que o dispositivo em análise preferiu chamar de extinção.

Na extinção do contrato por acordo, além das verbas trabalhistas que o empregado recebe, entende Rafael Grassi Pinto Ferreira ser positiva a sua inclusão no ordenamento positivo, reconhecendo que, "certamente ocorrerão abusos na aplicação desta nova regra, tais como coações de humildes trabalhadores à assinatura de acordos para rescisão. Mas os abusos excepcionais, esses sim, deverão ser levados aos tribunais trabalhistas, processualmente provados e duramente coibidos, inclusive com aplicação de multas aos infratores".[102]

3.1.2. Valor das verbas trabalhistas

Na extinção do contrato por acordo entre empregado e empregador, serão devidas as verbas trabalhistas: aviso-prévio indenizado e indenização (40%) sobre o saldo do FGTS, ambas por metade; as demais verbas trabalhistas serão pagas integralmente.

3.2. FGTS

A extinção do contrato prevista no caput deste artigo permite a movimentação da conta vinculada do trabalhador no Fundo de Garantia do Tempo de Serviço na forma do inciso I-A do art. 20 da Lei n. 8.036, de 11 de maio de 1990, limitada até 80% (oitenta por cento) do valor dos depósitos. (§ 1º do art. 484-A, incluído pela Lei n. 13.467/2017)

Na extinção do contrato por acordo das partes, o empregado além de receber o valor do aviso-prévio por metade e 20% da indenização (multa) fundiária, poderá sacar até 80% do valor dos depósitos, ficando o restante (20%) depositado na conta do FGTS, para ser sacado em outra oportunidade.

3.3. Programa seguro-desemprego

A extinção do contrato por acordo prevista no caput deste artigo não autoriza o ingresso no Programa de Seguro-Desemprego. (§ 2º do art. 484-A, incluído pela Lei n. 13.467/2017)

O dispositivo em questão determina: a extinção do contrato por acordo entre as partes não autoriza o ingresso do empregado no Programa de Seguro-Desemprego.

3.4. Procedimentos a serem observados pelo empregador

a) anotar a CTPS do empregado (data de saída);

b) efetuar o pagamento das verbas rescisórias, inclusive da multa fundiária (20%), no prazo de até 10 dias contados a partir do término do contrato; e

c) entregar ao empregado os seguintes documentos: instrumento de rescisão ou recibo de quitação e a comunicação da extinção contratual aos órgãos competentes.

---

(102) . LTr Sup. Trab. 059/17, p. 299.

DA PACTUAÇÃO DE CLÁUSULA COMPROMISSÓRIA DE ARBITRAGEM

1. Legislação

"Art. 507-A. Nos contratos individuais de trabalho cuja remuneração seja superior a duas vezes o limite máximo estabelecido para os benefícios do Regime Geral de Previdência Social, poderá ser pactuada cláusula compromissória de arbitragem, desde que por iniciativa do empregado ou mediante a sua concordância expressa, nos termos previstos na Lei n. 9.307, de 23 de setembro de 1996."

2. Parecer do relator

"Como já tivemos oportunidade de mencionar, temos como um dos objetivos pretendidos com esta Reforma reduzir o número de ações ajuizadas na Justiça do Trabalho, conferindo maior estabilidade aos procedimentos de homologação dos acordos extrajudiciais. E um dos caminhos defendidos é o da utilização da arbitragem nas relações de trabalho.

A arbitragem, como um método alternativo ao Poder Judiciário, permite a solução de controvérsias de uma maneira mais ágil, sem abrir mão da tecnicidade. No entanto, como uma das suas características é a de se evitar que a demanda seja levada ao Judiciário, tivemos o cuidado de não a permitir indiscriminadamente a todos os empregados, uma vez que a sua fundamentação perpassa pela equivalência entre as partes.

Desse modo, diante da condição de hipossuficiência de boa parte dos empregados, estamos restringindo a utilização da arbitragem apenas aos empregados cuja remuneração seja superior a duas vezes o limite máximo estabelecido para os benefícios do Regime Geral de Previdência Social. Em valores atuais, corresponderá, tão somente, a um universo de aproximadamente dois por cento dos empregados. Além disso, a assinatura da cláusula compromissória de arbitragem dependerá de iniciativa do empregado ou, ao menos, de sua concordância expressa."

3. Comentários

Cláusula compromissória de arbitragem

Nos contratos individuais de trabalho cuja remuneração seja superior a duas vezes o limite máximo estabelecido para os benefícios do Regime Geral de Previdência Social, poderá ser pactuada cláusula compromissória de arbitragem, desde que por iniciativa do empregado ou mediante a sua concordância expressa, nos termos previstos na Lei n. 9.307, de 23 de setembro de 1996. (Art. 507-A, incluído pela Lei n. 13.467/2017)

A CLT era omissa a respeito de arbitragem, sendo que a Lei da Reforma (n. 13.467/2017) a introduziu por meio do artigo 507-A, determinando que fossem seguidos os procedimentos da Lei n. 9.307, de 1996, que dispõe sobre arbitragem.

A CF/1988 reporta-se à arbitragem na seara trabalhista apenas na solução de litígios coletivos, como prevê o § 1º do art. 114: "Frustrada a negociação coletiva, as partes poderão eleger árbitros".

Arbitragem é uma modalidade de solução de conflitos de interesses relativos a direitos patrimoniais disponíveis, resolvidos não pelo juiz de direito, mas por uma terceira pessoa, escolhida pelas partes, denominada árbitro.

Segundo a Lei n. 9.307/1996, as partes interessadas podem submeter a solução de seus litígios ao juízo arbitral mediante convenção de arbitragem, assim entendida a cláusula compromissória e o compromisso arbitral (art. 3º).

Cláusula compromissória de arbitragem é a pactuação feita entre as partes do contrato de trabalho (empregado e empregador) no sentido de submeter a solução dos conflitos ao juiz arbitral.

A Lei de Arbitragem, além de determinar que as pessoas capazes de contratar poderão valer-se da arbitragem para dirimir litígios relativos a direitos patrimoniais disponíveis, estabelece as regras procedimentais de arbitragem.

Assim, no contrato individual de trabalho, por iniciativa do empregado ou mediante a sua concordância expressa, desde que sua remuneração seja superior a duas vezes o limite máximo estabelecido para os benefícios do Regime Geral de Previdência Social, poderá ser pactuada, por escrito, cláusula compromissória de arbitragem e se ele (empregado) for portador de diploma de nível superior poderá pactuar cláusulas contratuais de livre estipulação, como disciplina o parágrafo único do art. 444 da CLT.

Não concordando com a aplicação da arbitragem de forma irrestrita na resolução de qualquer conflito individual de trabalho, graças à hipossuficiência econômica do trabalhador, Mauro Schiavi (2017:68) entende que "para algumas espécies de contrato de trabalho ou de emprego em que o trabalhador apresente hipossuficiência mais rarefeita, como os altos empregados, a arbitragem poderá ser utilizada, desde que seja espontânea a adesão do trabalhador, e após cessado o contrato de trabalho".

Por sua vez, lembra Melchíades Rodrigues Martins, toda inovação leva tempo para atingir os seus objetivos, principalmente quando a lei deixa a iniciativa por conta do empregado. Portanto, só o tempo é que dirá se a inovação dará ou não o resultado desejado pelo legislador.[103]

---

(103) *LTr Sup. Trab.* 062, p. 322.

DO TERMO DE QUITAÇÃO ANUAL

1. Legislação

"Art. 507-B. É facultado a empregados e empregadores, na vigência ou não do contrato de emprego, firmar o termo de quitação anual de obrigações trabalhistas, perante o sindicato dos empregados da categoria.

Parágrafo único. O termo discriminará as obrigações de dar e fazer cumpridas mensalmente e dele constará a quitação anual dada pelo empregado, com eficácia liberatória das parcelas nele especificadas."

2. Parecer do relator

"O art. 507-B permitirá que o empregador firme termo de quitação anual das obrigações trabalhistas, na presença do sindicato representante da categoria do empregado, no qual deverão constar as obrigações discriminadas e terá eficácia liberatória das parcelas nele especificadas. A ideia é que o termo de quitação sirva como mais um instrumento de prova, no caso de ser ajuizada ação trabalhista."

3. Comentários

3.1. Termo de quitação anual

É facultado a empregados e empregadores, na vigência ou não do contrato de emprego, firmar o termo de quitação anual de obrigações trabalhistas, perante o sindicato dos empregados da categoria. (Art. 507-B, incluído pela Lei n. 13.467/2017)

A CLT só exigia que empregados e empregadores firmassem o termo de quitação, no caso de empregados com mais de um ano de serviço, por ocasião da cessação do contrato de trabalho.

Com a Lei da Reforma, é facultado a empregados e empregadores, na vigência ou não do contrato de emprego, firmar o termo de quitação anual de obrigações trabalhistas, perante o sindicato dos empregados da categoria.

Em um primeiro momento, tem-se a impressão que o reformador espelhou-se na Lei n. 12.007, de 29 de julho de 2009, que dispõe sobre a emissão de declaração de quitação anual de débitos pelas pessoas jurídicas prestadoras de serviços públicos ou privados.

O termo de quitação anual de obrigações trabalhistas é um ato facultativo, firmado pelas partes (empregador e empregado) perante o sindicato da categoria profissional.

3.2. Discriminação das obrigações

O termo discriminará as obrigações de dar e fazer cumpridas mensalmente e dele constará a quitação anual dada pelo empregado, com eficácia liberatória das parcelas nele especificadas. (Parágrafo único do art. 507-B, incluído pela Lei n. 13.467/2017).

Segundo o dispositivo, o termo de quitação anual terá eficácia liberatória, dando a entender que os direitos quitados não podem mais serem reivindicados, se reproduzirem fiel e discriminadamente, todas as parcelas com os respectivos valores recebidos mensalmente pelo empregado.

Não é bem assim, a homologação sindical não produz efeito de coisa julgada material, o que só ocorrerá depois de passar pela apreciação do Poder Judiciário.

E mais, o exercício do direito fundamental de ação é uma garantia assegurada pela Constituição Federal de 1988, art. 5º, inciso XXXV.

O termo de quitação anual, somatório dos recibos mensais das verbas trabalhistas pagas de forma discriminada, como ato jurídico exige a assinatura das partes (empregador e empregado) e a do representante do sindicato profissional, como assistente.

TÍTULO IV-A
DA REPRESENTAÇÃO DOS EMPREGADOS

Nas empresas de mais de duzentos empregados, é assegurada a eleição de um representante destes com a finalidade exclusiva de promover-lhes o entendimento direto com os empregadores. (CF/1988, art. 11)

A respeito do assunto, consultar a Convenção n. 135, relativa à proteção de representantes de trabalhadores, da Organização Internacional do Trabalho, ratificada pelo Brasil.

O Título IV-A foi acrescentado à CLT, com o objetivo de regulamentar o artigo 11 da CF, de 1988.

1. Legislação

"'Art. 510-A. Nas empresas com mais de duzentos empregados, é assegurada a eleição de uma comissão para representá-los, com a finalidade de promover-lhes o entendimento direto com os empregadores.

§ 1º A comissão será composta:

I – nas empresas com mais de duzentos e até três mil empregados, por três membros;

II – nas empresas com mais de três mil e até cinco mil empregados, por cinco membros;

III – nas empresas com mais de cinco mil empregados, por sete membros.

§ 2º No caso de a empresa possuir empregados em vários Estados da Federação e no Distrito Federal, será assegurada a eleição de uma comissão de representantes dos empregados por Estado ou no Distrito Federal, na mesma forma estabelecida no § 1º deste artigo.'

'Art. 510-B. A comissão de representantes dos empregados terá as seguintes atribuições

I – representar os empregados perante a administração da empresa;

II – aprimorar o relacionamento entre a empresa e seus empregados com base nos princípios da boa-fé e do respeito mútuo;

III – promover o diálogo e o entendimento no ambiente de trabalho com o fim de prevenir conflitos;

IV – buscar soluções para os conflitos decorrentes da relação de trabalho, de forma rápida e eficaz, visando à efetiva aplicação das normas legais e contratuais;

V – assegurar tratamento justo e imparcial aos empregados, impedindo qualquer forma de discriminação por motivo de sexo, idade, religião, opinião política ou atuação sindical;

VI – encaminhar reivindicações específicas dos empregados de seu âmbito de representação;

VII – acompanhar o cumprimento das leis trabalhistas, previdenciárias e das convenções coletivas e acordos coletivos de trabalho.

§ 1º As decisões da comissão de representantes dos empregados serão sempre colegiadas, observada a maioria simples.

§ 2º A comissão organizará sua atuação de forma independente.'

'Art. 510-C. A eleição será convocada, com antecedência mínima de trinta dias, contados do término do mandato anterior, por meio de edital que deverá ser fixado na empresa, com ampla publicidade, para inscrição de candidatura.

§ 1º Será formada comissão eleitoral, integrada por cinco empregados, não candidatos, para a organização e o acompanhamento do processo eleitoral, vedada a interferência da empresa e do sindicato da categoria.

§ 2º Os empregados da empresa poderão candidatar-se, exceto aqueles com contrato de trabalho por prazo determinado, com contrato suspenso ou que estejam em período de aviso-prévio, ainda que indenizado.

§ 3º Serão eleitos membros da comissão de representantes dos empregados os candidatos mais votados, em votação secreta, vedado o voto por representação.

§ 4ª A comissão tomará posse no primeiro dia útil seguinte à eleição ou ao término do mandato anterior.

§ 5 Se não houver candidatos suficientes, a comissão de representantes dos empregados poderá ser formada com número de membros inferior ao previsto no art. 510-A desta Consolidação.

§ 6º Se não houver registro de candidatura, será lavrada ata e convocada nova eleição no prazo de um ano.'

'Art. 510-D. O mandato dos membros da comissão de representantes dos empregados será de um ano.

§ 1º O membro que houver exercido a função de representante dos empregados na comissão não poderá ser candidato nos dois períodos subsequentes.

§ 2º O mandato de membro de comissão de representantes dos empregados não implica suspensão ou interrupção do contrato de trabalho, devendo o empregado permanecer no exercício de suas funções.

§ 3º Desde o registro da candidatura até um ano após o fim do mandato, o membro da comissão de representantes dos empregados não poderá sofrer despedida arbitrária, entendendo-se como tal a que não se fundar em motivo disciplinar, técnico, econômico ou financeiro.

§ 4º Os documentos referentes ao processo eleitoral devem ser emitidos em duas vias, as quais permanecerão sob a guarda dos empregados e da empresa pelo prazo de cinco anos, à disposição para consulta de qualquer trabalhador interessado, do Ministério Público do Trabalho e do Ministério do Trabalho.'"

Acrescentado pela pela Medida Provisória n. 808, de 14 de novembro de 2017:

> "Art. 510-E. A comissão de representantes dos empregados não substituirá a função do sindicato de defender os direitos e os interesses coletivos ou individuais da categoria, inclusive em questões judiciais ou administrativas, hipótese em que será obrigatória a participação dos sindicatos em negociações coletivas de trabalho, nos termos dos incisos III e VI do *caput* do art. 8º da Constituição." (NR)

2. Parecer do relator

"Um dos tópicos abordados no projeto original é a regulamentação do art. 11 da Constituição Federal, acerca da eleição do representante das empresas com mais de duzentos empregados, o qual tem a "finalidade exclusiva de promover-lhes (os empregados) o entendimento direto com os empregadores". A ideia é que esse representante atue na conciliação de conflitos trabalhistas no âmbito da empresa.

Concordamos com a justificação do projeto de que essa regulamentação do art. 11 pode prestigiar o diálogo social e desenvolver as relações de trabalho, reduzindo os conflitos e diminuindo o número de ações judiciais para reclamações de direitos. De fato, é de se imaginar que uma pessoa que tenha credibilidade junto aos demais trabalhadores contribuirá para reduzir os desentendimentos internos da empresa.

Porém, embora concordemos com a ideia no plano geral, discordamos da técnica legislativa que o projeto adotou para a regulamentação do instituto. Isso porque a proposta inseriu os dispositivos que tratam do tema no Título relativo à Organização Sindical (Título V), especificamente, na Seção da "administração do sindicato" (Capítulo I, Seção III).

A Constituição Federal não previu em momento algum que este representante dos trabalhadores fosse vinculado à estrutura sindical. Ao contrário, se essa fosse a intenção, o artigo teria sido incorporado aos dispositivos específicos da organização sindical (art. 8º).

Visando a sanar esse equívoco, estamos propondo a regulamentação do representante dos empregados na empresa de forma distinta. Para tanto, estamos propondo o acréscimo de um novo Título à CLT, o Título IV-A, para tratar unicamente desse representante, apartado dos dispositivos da organização sindical, para que não reste dúvida de que o representante é autônomo em relação ao sindicato.

Mantivemos as linhas gerais adotadas pelo projeto para essa representação, mas tivemos o cuidado, ao tratar de suas atribuições, de esclarecer que a sua participação se dá no âmbito da empresa, nas questões que envolvam o aprimoramento das relações internas e a busca de soluções para os conflitos eventualmente surgidos entre empregados e empregadores, e que esse representante não tem atribuições no que se refere às negociações coletivas, atividade que é constitucionalmente delegada aos sindicatos.

Por último, diante da importância que esse instituto pode vir a ter na conciliação prévia de conflitos, estamos propondo que seja formada uma comissão, que será composta nos termos do art. 510-A. As chances de se compor um acordo podem aumentar, na medida em que mais empregados participem do entendimento."

3. Comentários

3.1. Representantes dos empregados nas empresas

Nas empresas com mais de duzentos empregados, é assegurada a eleição de uma comissão para representá-los, com a finalidade de promover-lhes o entendimento direto com os empregadores. (Art. 510-A, incluído pela Lei n. 13.467/2017)

A CF de 1988 prevê que nas empresas de mais de duzentos empregados é assegurada a eleição de um representante destes com a finalidade exclusiva de promover-lhes o entendimento direito com os empregadores.

O artigo 510-A, acrescido à CLT, regulamentando o art. 11 da CF/1988, assegura a eleição não de um e sim de uma comissão de representantes dos empregados, com o objetivo de promover a intermediação entre os interesses dos trabalhadores e dos empregadores.

O objeto dos entendimentos diretos são as questões do dia a dia, como qualidade de matéria-prima; funcionamento de máquinas e equipamentos; distribuição de pessoal para determinadas tarefas; escala de férias; procedimentos de conservação e de limpeza; substituições; perspectivas de promoções e transferências; reclamações contra chefia etc.[104]

Como esclarece o relator, a participação do representante se dá no âmbito da empresa, nas questões que envolvam o aprimoramento das relações internas e a busca de soluções para os conflitos eventualmente surgidos entre empregados e empregadores, e que esse representante não tem atribuições no que se refere às negociações coletivas, atividade que é constitucionalmente delegada aos sindicatos.

3.2. Composição da comissão

§ 1º A comissão será composta: (§ 1º do art. 510-A. incluído pela Lei n. 13.467/2017)

I – nas empresas com mais de duzentos e até três mil empregados, por três membros; (incluído pela Lei n. 13.467/2017)

II – nas empresas com mais de três mil e até cinco mil empregados, por cinco membros; (incluído pela Lei n. 13.467/2017)

III – nas empresas com mais de cinco mil empregados, por sete membros. (incluído pela Lei n. 13.467/2017)

Quadro demonstrativo

Empresas	Número de empregados	Número de representantes
I	+ 200 até 3.000	3
II	+ 3.000 até 5.000	5
III	+ 5.000	7

A composição da comissão será feita por empresa e não por estabelecimento. Exemplificando: se na mesma localidade (Estado), a empresa tiver dois estabelecimentos, um com 60 e o outro com 180 empregados, ela será obrigada a constituir uma comissão com 3 representantes.

Nas empresas que terceirizam as suas atividades, os trabalhadores terceirizados internos são considerados para a obtenção do número de representantes da comissão. Exemplo: na empresa que tem 3.200 empregados e 1.600 terceirizados, a comissão será formada por 5 representantes.

3.3. Estabelecimentos em vários Estados

No caso de a empresa possuir empregados em vários Estados da Federação e no Distrito Federal, será assegurada a eleição de uma comissão de representantes dos empregados por Estado ou no Distrito Federal, na mesma forma estabelecida no § 1º deste artigo. (§ 2º do art. 510-A, incluído pela Lei n. 13.467/2017)

---

(104) MAGANO, Octavio Bueno; MALLET, Estêvão. *O direito do trabalho na constituição*. Rio de Janeiro: Forense, 1993. p. 315.

No caso de a empresa possuir estabelecimentos em vários Estados da Federação e no Distrito Federal, a regra é a mesma do § 1º do artigo em análise, isto é, a constituição de uma comissão de representantes em cada Estado e no Distrito Federal, atendidos os requisitos do § 1º.

3.4. Atribuições da comissão

A comissão de representantes dos empregados terá as seguintes atribuições: (art. 510-B, incluído pela Lei n. 13.467/2017)

I – representar os empregados perante a administração da empresa; (incluído pela Lei n. 13.467/2017)

II – aprimorar o relacionamento entre a empresa e seus empregados com base nos princípios da boa-fé e do respeito mútuo; (incluído pela Lei n. 13.467/2017)

III – promover o diálogo e o entendimento no ambiente de trabalho com o fim de prevenir conflitos; (incluído pela Lei n. 13.467/2017)

IV – buscar soluções para os conflitos decorrentes da relação de trabalho, de forma rápida e eficaz, visando à efetiva aplicação das normas legais e contratuais; (incluído pela Lei n. 13.467/2017)

V – assegurar tratamento justo e imparcial aos empregados, impedindo qualquer forma de discriminação por motivo de sexo, idade, religião, opinião política ou atuação sindical; (incluído pela Lei n. 13.467/2017)

VI – encaminhar reivindicações específicas dos empregados de seu âmbito de representação; (incluído pela Lei n. 13.467/2017)

VII – acompanhar o cumprimento das leis trabalhistas, previdenciárias e das convenções coletivas e acordos coletivos de trabalho. (incluído pela Lei n. 13.467/2017)

Como a finalidade da comissão de representantes dos empregados é de colaboração, de promover o entendimento direto com o empregador, de mediação de conflitos e de prevenção, ela terá as atribuições acima indicadas pelos incisos do artigo em questão.

3.5. Decisões colegiadas

As decisões da comissão de representantes dos empregados serão sempre colegiadas, observada a maioria simples. (§ 1º do art. 510-B, incluído pela Lei n. 13.467/2017)

Como se trata de comissão de representantes dos empregados, as suas decisões serão sempre colegiadas, por maioria simples. Tomando como exemplo uma empresa que tenha três (3) representantes, prevalecerá a decisão da maioria simples, ou seja, a de dois (2) empregados representantes.

3.6. Atuação independente

A comissão organizará sua atuação de forma independente. (§ 2º do art. 510-B, incluído pela Lei n. 13.467/2017)

A comissão de representantes dos empregados terá atuação independente da empresa, em que pese os empregados estarem, juridicamente, subordinados ao empregador, têm autonomia para organizar a comissão de forma independente, gozando para tanto de estabilidade provisória, conforme prevê o art. 510-D, § 3º.

3.7. Eleição dos representantes

A eleição será convocada, com antecedência mínima de trinta dias, contados do término do mandato anterior, por meio de edital que deverá ser fixado na empresa, com ampla publicidade, para inscrição de candidatura. (Art. 510-C, incluído pela Lei n. 13.467/2017)

O artigo em tela determina que a eleição será convocada, com antecedência mínima de trinta dias, contados do término do mandato anterior, por meio de edital que deverá ser fixado na empresa, com ampla publicidade, para inscrição de candidatura.

Assim, as formalidades (publicação do edital, cumprimento de prazo, publicidade etc.) serão atendidas pelo representante da comissão reponsável por tais atos.

3.8. Comissão eleitoral

Será formada comissão eleitoral, integrada por cinco empregados, não candidatos, para a organização e o acompanhamento do processo eleitoral, vedada a interferência da empresa e do sindicato da categoria. (§ 1º do art. 510-C, incluído pela Lei n. 13.467/2017)

No processo eleitoral não será permitida a interferência da empresa e do sindicato profissional, sendo que uma comissão eleitoral será integrada por cinco empregados, não candidatos, para a organização, o acompanhamento do processo eleitoral e a solução dos casos omissos.

3.9. Candidatos

Os empregados da empresa poderão candidatar-se, exceto aqueles com contrato de trabalho por prazo determinado, com contrato suspenso ou que estejam em período de aviso-prévio, ainda que indenizado. (§ 2º do art. 510-C, incluído pela Lei n. 13.467/2017)

Todos os empregados da empresa poderão candidatar-se, exceto aqueles com contrato de trabalho por prazo determinado, com contrato suspenso ou que estejam em período de aviso-prévio, ainda que indenizado, sem dúvida, em razão de os empregados eleitos passarem a gozar de garantia provisória de emprego (§ 3º do art. 510-D, incluído pela Lei n. 13.467/2017).

3.10. Eleitos

Serão eleitos membros da comissão de representantes dos empregados os candidatos mais votados, em votação secreta, vedado o voto por representação. (§ 3º do art. 510-C, incluído pela Lei n. 13.467/2017)

É vedado o voto por representação, a votação será secreta e serão eleitos os candidatos mais votados.

3.11. Posse

A comissão tomará posse no primeiro dia útil seguinte à eleição ou ao término do mandato anterior. (§ 4º do art. 510-C, incluído pela Lei n. 13.467/2017)

O parágrafo é claro ao prever que a comissão tomará posse no primeiro dia útil seguinte à eleição ou ao término do mandato anterior.

3.12. Falta de candidatos

Se não houver candidatos suficientes, a comissão de representantes dos empregados poderá ser formada com número de membros inferior ao previsto no art. 510-A desta Consolidação. (§ 5º do art. 510-C, incluído pela Lei n. 13.467/2017)

Esta situação se constitui em exceção e que poderá criar um impasse. Exemplificando: na empresa com 500 empregados, a comissão será composta por 3 representantes, mas só aparecem 2 candidatos. Pelo dispositivo em análise, a comissão será formada pelos 2 candidatos, como atender ao § 1º do art. 510-B, que determina: "As decisões da comissão de representantes dos empregados serão sempre colegiadas, observada a maioria simples".

3.13. Nova eleição

Se não houver registro de candidatura, será lavrada ata e convocada nova eleição no prazo de um ano. (§ 6º do art. 510-C, incluído pela Lei n. 13.467/2017)

Diz o dispositivo: se não houver registro de candidatura, será lavrada ata e convocada nova eleição no prazo de um ano. Esta, também, deveria ser a regra no caso de insuficiência de candidatos, como visto acima.

3.14. Duração dos mandatos

O mandato dos membros da comissão de representantes dos empregados será de um ano. (Art. 510-D, incluído pela Lei n. 13.467/2017)

Os representantes dos empregados na comissão terão mandato de um ano.

3.15. Proibição de candidatura

O membro que houver exercido a função de representante dos empregados na comissão não poderá ser candidato nos dois períodos subsequentes. (§ 1º do art. 510-D, incluído pela Lei n. 13.467/2017)

Após um mandato, o representante dos empregados na comissão fica proibido de ser candidato nos dois períodos subsequentes, eliminando, desta forma, a possibilidade de a estabilidade provisória (do registro da candidatura até um ano após o fim do mandato) se prolongar no tempo.

3.16. Suspensão ou interrupção do contrato

O mandato de membro de comissão de representantes dos empregados não implica suspensão ou interrupção do contrato de trabalho, devendo o empregado permanecer no exercício de suas funções. (§ 2º do art. 510-D, incluído pela Lei n. 13.467/2017)

Para melhor compreensão dos dois institutos, suspensão e interrupção do contrato de trabalho, faz-se necessária a sua distinção.

No caso de suspensão, as cláusulas do contrato deixam de vigorar durante o afastamento do empregado; durante a suspensão o empregado não trabalha, não recebe salário e não é contado o tempo de afastamento para os devidos fins legais. Exemplos: suspensão disciplinar, exercício de cargo público etc.

Já na interrupção, nem todas as cláusulas do contrato param de produzir os seus efeitos; durante a interrupção o empregado não trabalha, recebe salário e é contado o tempo de afastamento para algum fim legal. Exemplos: períodos de descanso, licença-maternidade etc.

Portanto, o dispositivo em questão determina que o mandato de membro de comissão de representantes dos empregados não implica suspensão ou interrupção do contrato de trabalho, devendo o empregado permanecer no exercício de suas funções.

O parágrafo em análise não considerou as situações como reuniões, diligências e outras necessárias e que exijam a presença dos representantes dos empregados.

3.17. Estabilidade provisória

Desde o registro da candidatura até um ano após o fim do mandato, o membro da comissão de representantes dos empregados não poderá sofrer despedida arbitrária, entendendo-se como tal a que não se fundar em motivo disciplinar, técnico, econômico ou financeiro. (§ 3º do art. 510-D, incluído pela Lei n. 13.467/2017)

Há dois tipos de estabilidade, a definitiva e a provisória ou transitória. A estabilidade definitiva poderá ser instituída por lei, como a estabilidade decenal, por meio de contrato individual de trabalho, regulamento da empresa e negociação coletiva (convenção ou acordo coletivo).

A estabilidade decenal, disciplinada pela CLT, desapareceu com o advento da atual Constituição (5.10.88), restando a aplicação de seus preceitos aos empregados estáveis remanescentes, por imposição da própria Constituição.

A estabilidade transitória ou provisória também poderá ser definida em lei, contrato individual de trabalho, regulamento da empresa, convenção ou acordo coletivo.

Atualmente, existem várias espécies de estabilidade provisória previstas em lei.

A "estabilidade" provisória, assegurada no artigo em análise, é idêntica à dos empregados representantes da CIPA, garantida pelo art. 165 da CLT.[105]

3.18. Documentação

Os documentos referentes ao processo eleitoral devem ser emitidos em duas vias, as quais permanecerão sob a guarda dos empregados e da empresa pelo prazo de cinco anos, à disposição para consulta de qualquer trabalhador interessado, do Ministério Público do Trabalho e do Ministério do Trabalho. (§ 4º do art. 510-D, incluído pela Lei n. 13.467/2017)

O dispositivo determina que os documentos referentes ao processo eleitoral devem ser emitidos em duas vias, sendo uma via para efeito de prova dos empregados e a outra para a empresa apresentar a qualquer trabalhador interessado e, quando necessário, aos órgãos competentes (Poder Judiciário, Ministério Público do Trabalho e Fiscalização Trabalhista), devendo serem guardados pelo prazo de 5 anos.

3.19. Participação do sindicato

A comissão de representantes dos empregados não substituirá a função do sindicato de defender os direitos e os interesses coletivos ou individuais da categoria, inclusive em questões judiciais ou administrativas, hipótese em que será obrigatória a participação dos sindicatos em negociações coletivas de trabalho, nos termos dos incisos III e VI do caput do art. 8º da Constituição. (Art. 510-E, incluído pela MP n. 808/2017)

A Constituição Federal de 1988, prevê:

Art. 8º É livre a associação profissional ou sindical, observado o seguinte:

[...]

III – ao sindicato cabe a defesa dos direitos e interesses coletivos ou individuais da categoria, inclusive em questões judiciais ou administrativas;

[...]

VI – é obrigatória a participação dos sindicatos nas negociações coletivas de trabalho.

---

(105) Art. 165 – Os titulares da representação dos empregados nas CIPA (s) não poderão sofrer despedida arbitrária, entendendo-se como tal a que não se fundar em motivo disciplinar, técnico, econômico ou financeiro.
Parágrafo único – Ocorrendo a despedida, caberá ao empregador, em caso de reclamação à Justiça do Trabalho, comprovar a existência de qualquer dos motivos mencionados neste artigo, sob pena de ser condenado a reintegrar o empregado.

DA CONTRIBUIÇÃO SINDICAL

A CF de 1988 consagra a liberdade sindical, mantendo a contribuição sindical obrigatória prevista em lei e o princípio da unicidade sindical (art. 8º).

É livre a associação profissional ou sindical, observado o seguinte: Art. 8º ... IV – a assembleia geral fixará a contribuição que, em se tratando de categoria profissional, será descontada em folha, para custeio do sistema confederativo da representação sindical respectiva, independentemente da contribuição prevista em lei; (Grifamos)

A contribuição sindical obrigatória era prevista na CLT, passando à facultativa pela Lei n. 13.467, de 2017, como será visto a seguir.

1. Legislação

"Art. 545. Os empregadores ficam obrigados a descontar da folha de pagamento dos seus empregados, desde que por eles devidamente autorizados, as contribuições devidas ao sindicato, quando por este notificados.

[...]" (NR)

"Art. 578. As contribuições devidas aos sindicatos pelos participantes das categorias econômicas ou profissionais ou das profissões liberais representadas pelas referidas entidades serão, sob a denominação de contribuição sindical, pagas, recolhidas e aplicadas na forma estabelecida neste Capítulo, desde que prévia e expressamente autorizadas." (NR)

"Art. 579. O desconto da contribuição sindical está condicionado à autorização prévia e expressa dos que participarem de uma determinada categoria econômica ou profissional, ou de uma profissão liberal, em favor do sindicato representativo da mesma categoria ou profissão ou, inexistindo este, na conformidade do disposto no art. 591 desta Consolidação." (NR)

"Art. 582. Os empregadores são obrigados a descontar da folha de pagamento de seus empregados relativa ao mês de março de cada ano a contribuição sindical dos empregados que autorizaram prévia e expressamente o seu recolhimento aos respectivos sindicatos.

[...]" (NR)

"Art. 583. O recolhimento da contribuição sindical referente aos empregados e trabalhadores avulsos será efetuado no mês de abril de cada ano, e o relativo aos agentes ou trabalhadores autônomos e profissionais liberais realizar-se-á no mês de fevereiro, observada a exigência de autorização prévia e expressa prevista no art. 579 desta Consolidação.

[...]" (NR)

"Art. 587. Os empregadores que optarem pelo recolhimento da contribuição sindical deverão fazê-lo no mês de janeiro de cada ano, ou, para os que venham a se estabelecer após o referido mês, na ocasião em que requererem às repartições o registro ou a licença para o exercício da respectiva atividade." (NR)

"Art. 602. Os empregados que não estiverem trabalhando no mês destinado ao desconto da contribuição sindical e que venham a autorizar prévia e expressamente o recolhimento serão descontados no primeiro mês subsequente ao do reinício do trabalho.

[...]" (NR)

2. Parecer do relator

"É fato que o modelo sindical adotado no País ainda é praticamente o mesmo da época de sua criação, no período conhecido como Estado Novo, em que vivíamos a ditadura do governo Vargas.

Criada em uma época em que as garantias constitucionais estavam suspensas, a contribuição sindical tem inspiração claramente fascista, uma vez que tinha como principal objetivo subsidiar financeiramente os sindicatos para que dessem sustentação ao governo.

Os fundamentos da época em que a contribuição sindical foi criada não mais subsistem e o seu caráter obrigatório é um verdadeiro contrassenso com o princípio da liberdade sindical, consagrado em nossa Constituição. Não se pode admitir que a contribuição sindical seja imposta a todos os integrantes das categorias econômicas e profissionais e, ao mesmo tempo, que a Carta Magna determine que ninguém é obrigado a se filiar ou se manter filiado a entidade sindical.

Nesse contexto, estamos propondo que a contribuição sindical deixe de ser obrigatória, assumindo um caráter optativo, ou seja, a partir da sanção desta lei, caso ela venha a ser aprovada, a contribuição somente será devida mediante prévia adesão do trabalhador ou do empregador.

As entidades sindicais terão que se mostrar efetivas em suas atuações, atendendo aos anseios de seus representados, para que eles decidam livremente pelo suporte financeiro das atividades. Não há justificação para se exigir a cobrança de uma contribuição de alguém que não é filiado e que, muitas vezes, discorda frontalmente da atuação de seu sindicato.

E essa contrariedade à forma de atuar dos sindicatos explica, em grande medida, a inexpressiva taxa de sindicalização no Brasil. Apenas algo em torno de 20% dos trabalhadores brasileiros são filiados a alguma entidade sindical, segundo dados do próprio Ministério do Trabalho.

Temos uma firme convicção de que o fortalecimento da estrutura sindical brasileira passa pelo fim da contribuição sindical impositiva, que acaba por estimular a criação de sindicatos sem qualquer representatividade, apenas com a finalidade de arrecadar esse 'tributo'."

3. Comentários

3.1. Contribuições devidas ao sindicato – Prazo para recolhimento

3.1.1. Contribuições devidas ao sindicato

Os empregadores ficam obrigados a descontar da folha de pagamento dos seus empregados, desde que por eles devidamente autorizados, as contribuições devidas ao sindicato, quando por este notificados. (*Caput* do art. 545, com redação dada pela Lei n. 13.467/2017)

O art. 545 determinava: Os empregadores ficam obrigados a descontar na folha de pagamento dos seus empregados, desde que por eles devidamente autorizados, as contribuições devidas ao Sindicato, quando por este notificados, salvo quanto à contribuição sindical, cujo desconto independe dessas formalidades. (Grifamos)

A contribuição sindical, inicialmente denominada imposto sindical, foi instituída pelo Decreto-lei n. 2.377, de 8 de junho de 1940.

Essa contribuição sindical já surgiu com a marca da compulsoriedade (imposto), sendo devida por todos os membros das categorias econômicas (empregadores) e profissionais (empregados) em favor de suas entidades sindicais.

Pela nossa sistemática legal, anterior à Reforma Trabalhista, as contribuições para as entidades sindicais, compreendiam:

a) contribuição confederativa fixada pela assembleia geral sindical (CF/1988 – art. 8º, IV);

b) contribuição sindical, obrigatória, prevista em lei (CF/1988 – art. 8º, IV c/c. CLT, art. 578 e seguintes);

c) contribuição assistencial (prevista em convenção e/ou acordo coletivo);

d) contribuição associativa (prevista no estatuto da entidade sindical) – CLT, art. 513, alínea *e*.

As contribuições confederativa e assistencial, em que pese a divergência de entendimento, têm natureza facultativa, não podendo ser exigidas de todos os membros da categoria, mas apenas dos sindicalizados, conforme entendimento uniformizado da jurisprudência.

A respeito de contribuições sindicais: Súmula Vinculante n. 40 do STF (antiga Súmula n. 666), Precedente Normativo n. 119 da SDC do TST e OJ n. 17 da SDC-TST.

Com a nova redação do artigo em questão, foi excluído o desconto da contribuição sindical obrigatória, passando de obrigatória a facultativa.

3.1.2. Prazo para recolhimento

O parágrafo único, do art. 545, não foi alterado.[106]

---

[106] O recolhimento à entidade sindical beneficiária do importe descontado deverá ser feito até o décimo dia subsequente ao do desconto, sob pena de juros

3.2. Necessidade de autorização prévia e expressa

As contribuições devidas aos sindicatos pelos participantes das categorias econômicas ou profissionais ou das profissões liberais representadas pelas referidas entidades serão, sob a denominação de contribuição sindical, pagas, recolhidas e aplicadas na forma estabelecida neste Capítulo, desde que prévia e expressamente autorizadas. (Art. 578, com redação dada pela Lei n. 13.467/2017)

Ao artigo 578, apenas foi acrescida a expressão: "desde que prévia e expressamente autorizadas". Portanto, qualquer contribuição sindical, para ser descontada pelo empregador, deve ser prévia e expressamente autorizada pelo empregado.

3.3. Eliminação da contribuição sindical obrigatória

O desconto da contribuição sindical está condicionado à autorização prévia e expressa dos que participarem de uma determinada categoria econômica ou profissional, ou de uma profissão liberal, em favor do sindicato representativo da mesma categoria ou profissão ou, inexistindo este, na conformidade do disposto no art. 591 desta Consolidação.[107] (Art. 579, com redação dada pela Lei n. 13.467/2017)

A redação anterior estabelecia: "A contribuição sindical é devida por todos aqueles que participarem de uma determinada categoria econômica ou profissional, ou de uma profissão liberal, em favor do sindicato representativo da mesma categoria ou profissão ou, inexistindo este, na conformidade do disposto no art. 591". (Grifamos)

Como se observa, a nova redação do artigo 579 não diz que a contribuição é devida, ficando eliminado o desconto obrigatório da contribuição sindical, o antigo e odiado "imposto" sindical.

Eliminada a contribuição sindical obrigatória, outra qualquer contribuição sindical, para ser descontada pelo empregador, deve ser prévia e expressamente autorizada pelo empregado.

3.4. Mês para desconto da contribuição sindical – Limite do valor de desconto

3.4.1. Mês para desconto da contribuição sindical dos empregados

Os empregadores são obrigados a descontar da folha de pagamento de seus empregados relativa ao mês de março de cada ano a contribuição sindical dos empregados que autorizaram prévia e expressamente o seu recolhimento aos respectivos sindicatos. (Caput do art. 582, com redação dada pela Lei n. 13.467/2017)

O mês para desconto da contribuição sindical dos empregados não mudou, continua sendo o mês de março de cada ano; como a contribuição sindical não é mais obrigatória, o empregador só poderá descontá-la se houver autorização prévia e expressa do empregado.

3.4.2. Limite do valor de desconto

Os §§ 1º e 2º, do art. 582, não foram alterados.[108]

---

de mora no valor de 10% (dez por cento) sobre o montante retido, sem prejuízo da multa prevista no art. 553 e das cominações penais relativas à apropriação indébita. (Parágrafo único, do art. 545, incluído pelo Decreto-lei n. 925, de 10.10.1969)

(107) Art. 591. Inexistindo sindicato, os percentuais previstos na alínea c do inciso I e na alínea d do inciso II do *caput* do art. 589 desta Consolidação serão creditados à federação correspondente à mesma categoria econômica ou profissional.
Parágrafo único. Na hipótese do *caput* deste artigo, os percentuais previstos nas alíneas a e b do inciso I e nas alíneas a e c do inciso II do *caput* do art. 589 desta Consolidação caberão à confederação.

(108) Texto anterior:
Art. 582. Os empregadores são obrigados a descontar, da folha de pagamento de seus empregados relativa ao mês de março de cada ano, a contribuição sindical por estes devida aos respectivos sindicatos.
§ 1º Considera-se um dia de trabalho, para efeito de determinação da importância a que alude o item I do art. 580, o equivalente:
a) a uma jornada normal de trabalho, se o pagamento ao empregado for feito por unidade de tempo;
b) a 1/30 (um trinta avos) da quantia percebida no mês anterior, se a remuneração for paga por tarefa, empreitada ou comissão.
§ 2º Quando o salário for pago em utilidades, ou nos casos em que o empregado receba, habitualmente, gorjetas, a contribuição sindical corresponderá a 1/30

3.5. Recolhimento da contribuição sindical dos trabalhadores – Formas de recolhimento

3.5.1. Recolhimento da contribuição sindical dos trabalhadores

O recolhimento da contribuição sindical referente aos empregados e trabalhadores avulsos será efetuado no mês de abril de cada ano, e o relativo aos agentes ou trabalhadores autônomos e profissionais liberais realizar-se-á no mês de fevereiro, observada a exigência de autorização prévia e expressa prevista no art. 579 desta Consolidação. (*Caput* do art. 583, com redação dada pela Lei n. 13.467/2017)

O artigo em análise indica os meses (abril e fevereiro) em que devem ser efetuados os recolhimentos das contribuições sindicais dos trabalhadores (empregados/avulsos e autônomos/profissionais liberais, respectivamente), descontadas pela empresa, observada a exigência de autorização prévia e expressa prevista no art. 579 desta Consolidação.

3.5.2. Formas de recolhimento

Os §§ 1º e 2º, do art. 583, não foram alterados.[109]

3.6. Contribuição sindical dos empregadores

Os empregadores que optarem pelo recolhimento da contribuição sindical deverão fazê-lo no mês de janeiro de cada ano, ou, para os que venham a se estabelecer após o referido mês, na ocasião em que requererem às repartições o registro ou a licença para o exercício da respectiva atividade. (Art. 587, com redação dada pela Lei n. 13.467/2017)

O dispositivo em tela trata do recolhimento da contribuição sindical dos empregadores, que deixou de ser obrigatória, sendo que o artigo com redação anterior previa: "O recolhimento da contribuição sindical dos empregadores efetuar-se-á no mês de janeiro de cada ano, ou, para os que venham a estabelecer-se após aquele mês, na ocasião em que requeiram às repartições o registro ou a licença para o exercício da respectiva atividade".

3.7. Exceção para desconto da contribuição sindical dos empregados – Admissão posterior

3.7.1. Exceção para desconto da contribuição sindical dos empregados

Os empregados que não estiverem trabalhando no mês destinado ao desconto da contribuição sindical e que venham a autorizar prévia e expressamente o recolhimento serão descontados no primeiro mês subsequente ao do reinício do trabalho. (*Caput* do art. 602, com redação dada pela Lei n. 13.467/2017)

Como a contribuição sindical deixou de ser obrigatória, o *caput* do artigo em questão foi alterado para exigir autorização prévia e expressa do empregado.

3.7.2. Admissão posterior

O parágrafo único do art. 602 não foi alterado.[110]

(um trinta avos) da importância que tiver servido de base, no mês de janeiro, para a contribuição do empregado à Previdência Social.
(109) Texto anterior:
Art. 583 – O recolhimento da contribuição sindical referente aos empregados e trabalhadores avulsos será efetuado no mês de abril de cada ano, e o relativo aos agentes ou trabalhadores autônomos e profissionais liberais realizar-se-á no mês de fevereiro.
§ 1º – O recolhimento obedecerá ao sistema de guias, de acordo com as instruções expedidas pelo Ministro do Trabalho.
§ 2º – O comprovante de depósito da contribuição sindical será remetido ao respectivo Sindicato; na falta deste, à correspondente entidade sindical de grau superior, e, se for o caso, ao Ministério do Trabalho.
(110) Texto anterior:
Art. 602 – Os empregados que não estiverem trabalhando no mês destinado ao desconto do imposto sindical serão descontados no primeiro mês subsequente ao do reinício do trabalho.
Parágrafo único – De igual forma se procederá com os empregados que forem admitidos depois daquela data e que não tenham trabalhado anteriormente nem apresentado a respectiva quitação.

DA NEGOCIAÇÃO COLETIVA LÍCITA

1. Legislação

"Art. 611-A. A convenção coletiva e o acordo coletivo de trabalho têm prevalência sobre a lei quando, entre outros, dispuserem sobre: (incluído pela Lei n. 13.467/2017)

I – pacto quanto à jornada de trabalho, observados os limites constitucionais; (incluído pela Lei n. 13.467/2017)

II – banco de horas anual; (incluído pela Lei n. 13.467/2017)

III – intervalo intrajornada, respeitado o limite mínimo de trinta minutos para jornadas superiores a seis horas; (incluído pela Lei n. 13.467/2017)

IV – adesão ao Programa Seguro-Emprego (PSE), de que trata a Lei n. 13.189, 19 de novembro de 2015; (incluído pela Lei n. 13.467/2017)

V – plano de cargos, salários e funções compatíveis com a condição pessoal do empregado, bem como identificação dos cargos que se enquadram como funções de confiança; (incluído pela Lei n. 13.467/2017)

VI – regulamento empresarial; (incluído pela Lei n. 13.467/2017)

VII – representante dos trabalhadores no local de trabalho; (incluído pela Lei n. 13.467/2017)

VIII – teletrabalho, regime de sobreaviso, e trabalho intermitente; (incluído pela Lei n. 13.467/2017)

IX – remuneração por produtividade, incluídas as gorjetas percebidas pelo empregado, e remuneração por desempenho individual; (incluído pela Lei n. 13.467/2017)

X – modalidade de registro de jornada de trabalho; (incluído pela Lei n. 13.467/2017)

XI – troca do dia de feriado; (incluído pela Lei n. 13.467/2017)

XII – enquadramento do grau de insalubridade; (incluído pela Lei n. 13.467/2017)

XIII – prorrogação de jornada em ambientes insalubres, sem licença prévia das autoridades competentes do Ministério do Trabalho; (incluído pela Lei n. 13.467/2017)

XIV – prêmios de incentivo em bens ou serviços, eventualmente concedidos em programas de incentivo; (incluído pela Lei n. 13.467/2017)

XV – participação nos lucros ou resultados da empresa. (incluído pela Lei n. 13.467/2017)

§ 1º No exame da convenção coletiva ou do acordo coletivo de trabalho, a Justiça do Trabalho observará o disposto no § 3º do art. 8º desta Consolidação. (Incluído pela Lei n. 13.467/2017)

§ 2º A inexistência de expressa indicação de contrapartidas recíprocas em convenção coletiva ou acordo coletivo de trabalho não ensejará sua nulidade por não caracterizar um vício do negócio jurídico. (Incluído pela Lei n. 13.467/2017)

§ 3º Se for pactuada cláusula que reduza o salário ou a jornada, a convenção coletiva ou o acordo coletivo de trabalho deverão prever a proteção dos empregados contra dispensa imotivada durante o prazo de vigência do instrumento coletivo. (Incluído pela Lei n. 13.467/2017)

§ 4º Na hipótese de procedência de ação anulatória de cláusula de convenção coletiva ou de acordo coletivo de trabalho, quando houver a cláusula compensatória, esta deverá ser igualmente anulada, sem repetição do indébito. (Incluído pela Lei n. 13.467/2017)

§ 5º Os sindicatos subscritores de convenção coletiva ou de acordo coletivo de trabalho deverão participar, como litisconsortes necessários, em ação individual ou coletiva, que tenha como objeto a anulação de cláusulas desses instrumentos." (Incluído pela Lei n. 13.467/2017)

Nova redação dada pela Medida Provisória n. 808, de 14 de novembro de 2017:

> "Art. 611-A. A convenção coletiva e o acordo coletivo de trabalho, observados os incisos III e VI do *caput* do art. 8º da Constituição, têm prevalência sobre a lei quando, entre outros, dispuserem sobre:
>
> [...]
>
> XII – enquadramento do grau de insalubridade e prorrogação de jornada em locais insalubres, incluída a possibilidade de contratação de perícia, afastada a licença prévia das autoridades competentes do Ministério do Trabalho, desde que respeitadas, na integralidade, as normas de saúde, higiene e segurança do trabalho previstas em lei ou em normas regulamentadoras do Ministério do Trabalho;
>
> [...]
>
> § 5º Os sindicatos subscritores de convenção coletiva ou de acordo coletivo de trabalho participarão, como litisconsortes necessários, em ação coletiva que tenha como objeto a anulação de cláusulas desses instrumentos, vedada a apreciação por ação individual." (NR)

2. Parecer do relator

"Como já dissemos anteriormente, um dos fundamentos da proposta encaminhada para análise desta Casa é a do fortalecimento da negociação sindical.

Mantivemos a ideia original da proposição de se estabelecer um rol exemplificativo de temas que poderão ser objeto de negociação coletiva e que, uma vez acordados, prevalecerão sobre o disposto em lei. Com isso, fica assentada a ideia de se definir como regra a prevalência da convenção coletiva e do acordo coletivo de trabalho, e não como exceção, como se entende atualmente.

Deve ser reforçado, neste momento, que essa é a linha de pensamento que vem sendo adotada pelo STF atualmente, haja vista as decisões proferidas nos RE n. 590.415 e n. 895.759, antes citadas, em atendimento ao disposto no inciso XXVI do art. 7º da Constituição Federal, pelo qual se reconhece a autonomia da vontade coletiva como forma prioritária de regulação trabalhista."

3. Comentários

3.1. A prevalência do negociado sobre o legislado – Itens objeto de negociação coletiva

Art. 611-A A convenção coletiva e o acordo coletivo de trabalho, observados os incisos III e VI do caput *do art. 8º da Constituição, têm prevalência sobre a lei quando, entre outros, dispuserem sobre:* (redação dada pela Medida Provisória n. 808/2017)

I – pacto quanto à jornada de trabalho, observados os limites constitucionais; (incluído pela Lei n. 13.467/2017)

II – banco de horas anual; (incluído pela Lei n. 13.467/2017)

III – intervalo intrajornada, respeitado o limite mínimo de trinta minutos para jornadas superiores a seis horas; (incluído pela Lei n. 13.467/2017)

IV – adesão ao Programa Seguro-Emprego (PSE), de que trata a Lei n. 13.189, de 19 de novembro de 2015; (incluído pela Lei n. 13.467/2017)

V – plano de cargos, salários e funções compatíveis com a condição pessoal do empregado, bem como identificação dos cargos que se enquadram como funções de confiança; (incluído pela Lei n. 13.467/2017)

VI – regulamento empresarial; (incluído pela Lei n. 13.467/2017)

VII – representante dos trabalhadores no local de trabalho; (incluído pela Lei n. 13.467/2017)

VIII – teletrabalho, regime de sobreaviso, e trabalho intermitente; (incluído pela Lei n. 13.467/2017)

IX – remuneração por produtividade, incluídas as gorjetas percebidas pelo empregado, e remuneração por desempenho individual; (incluído pela Lei n. 13.467/2017)

X – modalidade de registro de jornada de trabalho; (incluído pela Lei n. 13.467/2017)

XI – troca do dia de feriado; (incluído pela Lei n. 13.467/2017)

XII – enquadramento do grau de insalubridade e prorrogação de jornada em locais insalubres, incluída a possibilidade de contratação de perícia, afastada a licença prévia das autoridades competentes do Ministério do Trabalho, desde que respeitadas, na integralidade, as normas de saúde, higiene e segurança do trabalho previstas em lei ou em normas regulamentadoras do Ministério do Trabalho; (redação dada pela MP n. 808/2017)

XIII – (revogado pela MP n. 808/2017)

XIV – prêmios de incentivo em bens ou serviços, eventualmente concedidos em programas de incentivo; (incluído pela Lei n. 13.467/2017)

XV – participação nos lucros ou resultados da empresa. (incluído pela Lei n. 13.467/2017)

3.1.1. A prevalência do negociado sobre o legislado – Fundamentação legal – Fundamentação jurisprudencial – Fundamentação doutrinária

3.1.1.1. A prevalência do negociado sobre o legislado

A convenção coletiva e o acordo coletivo de trabalho, observados os incisos III e VI do caput *do art. 8º da Constituição, têm prevalência sobre a lei quando, entre outros, dispuserem sobre*: (*Caput* do art. 611-A, com redação dada pela Medida Provisória n. 808, 2017)

3.1.1.2. Fundamentação legal

a) Constituição Federal de 1988:

a.1) Art. 5º ... § 2º Os direitos e garantias nela expressos não excluem outros decorrentes do regime e dos princípios por ela adotados, ou dos tratados internacionais em que a República Federativa do Brasil seja parte.

a.2) Art. 7º... XXVI – reconhecimento das convenções e acordos coletivos de trabalho.

a.3) Art. 8º [...]

[...]

III – ao sindicato cabe a defesa dos direitos e interesses coletivos ou individuais da categoria, inclusive em questões judiciais ou administrativas;

[...]

VI – é obrigatória a participação dos sindicatos nas negociações coletivas de trabalho;

b) Nenhuma disposição de contrato individual de trabalho que contrarie normas de Convenção ou Acordo Coletivo de Trabalho poderá prevalecer na execução do mesmo, sendo considerada nula de pleno direito. (CLT, art. 619)

c) Com exceção dos casos previstos em lei, os direitos da personalidade são intransmissíveis e irrenunciáveis, não podendo o seu exercício sofrer limitação voluntária. (CC/2002, art. 11)

d) No campo internacional, como fomento à negociação coletiva, merecem destaque as Convenções ns. 98 e 154, da Organização Internacional do Trabalho (OIT), ambas ratificadas pelo Brasil.

A Convenção n. 154 da OIT (1981) fornece a definição de negociação coletiva:

"A expressão 'negociação coletiva', compreende todas as negociações que tenham lugar entre, de uma parte, um empregador, um grupo de empregadores ou uma organização ou várias organizações de empregadores, e, de outra parte, uma ou várias organizações de trabalhadores com o fim de: a) fixar as condições de trabalho e emprego; ou b) regular as relações entre empregadores; ou c) regular as relações entre os empregadores ou suas organizações e uma ou várias organizações de trabalhadores, ou alcançar todos estes objetivos de uma só vez". (Art. 2º)[111]

3.1.1.3. Fundamentação jurisprudencial

Na seara da jurisprudência, destaca-se a seguinte ementa:

Tabalhista. Agravos regimentais no recurso extraordinário. Acordo coletivo de trabalho. Transação do cômputo das horas in itinere na jornada diária de trabalho. Concessão de vantagens de natureza pecuniária e de outras utilidades. Validade.

1. Conforme assentado pelo Plenário do Supremo Tribunal Federal no julgamento do RE 590.415 (Rel. Min. Roberto Barroso, DJe de 29/5/2015, Tema 152), a Constituição Federal "reconheceu as convenções e os acordos coletivos como instrumentos legítimos de prevenção e de auto composição de conflitos trabalhistas", tornando explícita inclusive "a possibilidade desses instrumentos para a redução de direitos trabalhistas". Ainda segundo esse precedente, as normas coletivas de trabalho podem prevalecer sobre "o padrão geral heterônomo, mesmo que sejam restritivas dos direitos dos trabalhadores, desde que não transacionem setorialmente parcelas justrabalhistas de indisponibilidade absoluta".

2. É válida norma coletiva por meio da qual categoria de trabalhadores transaciona o direito ao cômputo das horas in itinere na jornada diária de trabalho em troca da concessão de vantagens de natureza pecuniária e de outras utilidades.

---

(111) Süssekind (2007:271).

3. Agravos regimentais desprovidos. Inaplicável o art. 85, § 11, do CPC/2015, pois não houve prévia fixação de honorários advocatícios na causa. [STF – RE n. 895.759/PE – (2ª Turma) – Rel. Min. Teori Zavascki – DJe n. 107, 23.05.2017]

No julgamento do RE 590.415/SC, o Min. Luís Roberto Barroso lembra que a Constituição de 1988, em seu artigo 7º, XXVI, prestigiou a autonomia coletiva da vontade e a autocomposição dos conflitos trabalhistas, acompanhando a tendência mundial ao crescente reconhecimento dos mecanismos de negociação coletiva, retratada na Convenção n. 98/1949 e na Convenção n. 154/1981 da Organização Internacional do Trabalho. O reconhecimento dos acordos e convenções coletivas permite que os trabalhadores contribuam para a formulação das normas que regerão a sua própria vida.

Em seu voto, o magistrado destaca que, de acordo com o princípio da adequação setorial negociada, as regras autônomas juscoletivas podem prevalecer sobre o padrão geral heterônomo, mesmo que sejam restritivas dos direitos dos trabalhadores, desde que não transacionem setorialmente parcelas justrabalhistas de indisponibilidade absoluta. Embora, o critério definidor de quais sejam as parcelas de indisponibilidade absoluta seja vago, afirma-se que estão protegidos contra a negociação *in pejus* os direitos que correspondam a um "patamar civilizatório mínimo", como a anotação da CTPS, o pagamento do salário mínimo, o repouso semanal remunerado, as normas de saúde e segurança do trabalho, dispositivos antidiscriminatórios, a liberdade de trabalho etc. Enquanto tal patamar civilizatório mínimo deveria ser preservado pela legislação heterônoma, os direitos que o excedem sujeitar-se-iam à negociação coletiva, que, justamente por isso, constituiria um valioso mecanismo de adequação das normas trabalhistas aos diferentes setores da economia e a diferenciadas conjunturas econômicas.

3.1.1.4. Fundamentação doutrinária

No estudo da indisponibilidade dos direitos dos trabalhadores, há que se atentar para a distinção entre direitos absolutamente indisponíveis e direitos relativamente indisponíveis.

Na lição do mestre Arion Sayão Romita, entre indisponibilidade absoluta e relativa, pressupõe a classificação dos direitos em primários e secundários. Os primeiros seriam os derivados de norma inderrogável, como a Constituição (só seriam indisponíveis os direitos garantidos pela própria Constituição), enquanto os outros seriam os direitos patrimoniais assegurados por norma imperativa de natureza ordinária. No primeiro caso, os direitos seriam absolutamente indisponíveis, vale dizer, não se admite, em hipótese alguma, possam eles ser negociados. Já no segundo caso, a renúncia seria válida, porque sobre os direitos poderia ser exercido, em determinadas hipóteses, o *ius disponendi* do trabalhador.

A distinção entre direitos primários e secundários pode ser considerada adequada ao Direito brasileiro vigente, já que os primeiros se identificam com os direitos fundamentais assegurados pela Constituição e bem assim pelos tratados internacionais ratificados, enquanto os demais podem constituir objeto de negociação coletiva, autorizada pela própria Constituição. Aqui, toca-se no ponto crucial da indisponibilidade relativa, ou, em outros termos, possibilidade de estipulação in peius mediante negociação coletiva.[112]

Nas palavras do relator, "um dos fundamentos da proposta encaminhada para análise desta Casa é o do fortalecimento da negociação sindical", tendo como base a teoria da indisponibilidade dos direitos dos trabalhadores.

Em termos de sistema, e independentemente da análise dos concretos direitos previstos nos arts. 611-A e 611-B, segundo o professor João Leal Amado, a regra, no Brasil, parece ser agora a mesma que, nesta matéria, vigora em Portugal: em princípio, a convenção ou o acordo coletivo poderão afastar a lei, poderão prevalecer sobre esta, inclusive no caso de estabelecerem regimes menos favoráveis para os trabalhadores. Tal poderá suceder, no Brasil, nos casos previstos no art. 611-A, mas não apenas nesses casos, visto que a lei ressalva o caráter meramente exemplificativo dessa enumeração. Excepcionalmente, vale dizer, nos casos previstos no art. 611-B – e, ao que parece, ao menos *prima face*, exclusivamente nesses casos -, a lei constitui um obstáculo inultrapassável *in pejus* pela contratação coletiva, visto que nessas matérias a lei proíbe qualquer supressão ou redução de direitos dos trabalhadores.[113]

---

(112) ROMITA, Arion Sayão. Inderrogabilidade da norma e indisponibilidade de direitos em face da negociação coletiva: limites impostos pelos direitos fundamentais. *Revista do TST*, vol. 83 n. 02, 2017, p. 79.
(113) *Revista do TST*, vol. 83, p. 155.

Por sua vez, a professora Márcia Regina Lobato pondera que, só é possível o ajuste de regramento autônomo, em decorrência de método negocial, desde que se relacione a direitos de indisponibilidade relativa, pois os de indisponibilidade absoluta não são passíveis de se acordar e se, ainda assim, houver alguma cláusula no bojo do expediente coletivo convecionado, desrespeitando direitos de tal natureza, esta será invalidada de pleno direito.[114]

Finaliza a professora, a partir da averiguação realizada sobre a flexibilização de direitos sociais dos trabalhadores frente à reforma trabalhista, por meio da Lei n. 13.467, de 13 de julho de 2017, conclui-se que, na produção de convenção coletiva de trabalho (CCT) e do acordo coletivo de trabalho (ACT) oriundos da negociação coletiva, é preciso cautela, de maneira que sejam sopesadas as concessões recíprocas, naturais deste método. Afinal, a transação deverá ser realizada para garantir a ampliação e a instituição de melhorias de direitos, consubstanciados nestes mecanismos que passarão a reger os contratos individuais dos trabalhadores, representados na negociação, e não para abolir as condições mais benéficas.

Assim, no campo juslaboral, é sempre necessária uma atenção especial relativamente à proteção do trabalhador, a parte mais frágil da relação contratual, de maneira a tentar impedir a imposição da vontade do mais forte, o empregador. Conviver com as adversidades, realmente, não é fácil. Com efeito, é uma arte que se reveste do espírito democrático e que conclama cada partícipe a incorporar em si esta caracterísica, de maneira que se possam harmonizar os conflitos em prol da dignidadade dos trabalhadores e da tão desejável pacificação social.[115]

Por outro lado, como visto anteriormente, o reformador trabalhista abriu uma exceção em relação à exigência de negociação coletiva, estabelecendo que o empregado, portador de diploma de nível superior e que perceba salário mensal igual ou superior a duas vezes o limite máximo dos benefícios do Regime Geral de Previdência Social, poderá pactuar com o empregador, com prevalência sobre a lei, respeitados os direitos de indisponibilidade absoluta assegurados pela CF de 1988. A respeito, consultar os comentários ao parágrafo único do art. 444.

O artigo 611-A enumera, exemplificativamente, 15 itens que poderão ser objeto de negociação coletiva e que, se concretizada, têm prevalência sobre a lei. Vejamos.

3.1.2. Itens objeto de negociação coletiva

I – pacto quanto à jornada de trabalho, observados os limites constitucionais; (incluído pela Lei n. 13.467/2017)

É permitida a negociação coletiva da jornada de trabalho, respeitados os limites constitucionais: duração do trabalho normal não superior a 8 horas diárias e 44 semanais (CF – art. 7º, XIII) e 6 horas diárias para turnos ininterruptos de revezamento (CF – art. 7º, XIV).

Por exemplo, por meio de negociação coletiva, os empregados trabalham 44 horas na semana, de 2ª a 6ª feira, sendo 4 dias com jornada de 10 horas (sem pagamento das 2 horas suplementares) e 1 dia, com jornada de 4 horas, perfazendo o total de 44 horas semanais.

II – banco de horas anual; (incluído pela Lei n. 13.467/2017)

Banco de horas é o procedimento de compensação de horas extras e que funciona como um sistema de crédito e débito, podendo ser realizado pelo período máximo de um ano, por *instrumento coletivo* (convenção ou acordo coletivo), como disciplina o art. 59, § 2º.

Segundo a Lei da Reforma, por meio de negociação coletiva poderá ser ajustada qualquer forma de compensação de horas suplementares, desde que não ultrapasse o limite máximo de dez horas diárias.

III – intervalo intrajornada, respeitado o limite mínimo de trinta minutos para jornadas superiores a seis horas; (incluído pela Lei n. 13.467/2017)

Por meio de negociação coletiva (convenção ou acordo coletivo), as jornadas de trabalho superiores a 6 horas, respeitado o limite mínimo de 30 minutos, poderá ser negociado o intervalo para repouso ou alimentação, jamais eliminado, sob pena de indenização, multa adminstrativa e reparação por dano moral, por ferir

---

(114) *Revista Síntese – Trabalhista e Previdenciária* n. 338, p. 95.
(115) *Rev. cit.,* p. 100.

o princípio da dignidade da pessoa humana, como mostrado na análise do § 4º do art. 71 da CLT, para o qual remetemos o leitor.

IV – adesão ao Programa Seguro-Emprego (PSE), de que trata a Lei n. 13.189, de 19 de novembro de 2015; (incluído pela Lei n. 13.467/2017)

A Lei n. 13.189/2015 (Programa Seguro-Emprego) pode ser alterada por negociação coletiva.

V – plano de cargos, salários e funções compatíveis com a condição pessoal do empregado, bem como identificação dos cargos que se enquadram como funções de confiança; (incluído pela Lei n. 13.467/2017)

O Plano de Cargos, Salários e Funções poderá ser alterado por meio de negociação coletiva.

VI – regulamento empresarial; (incluído pela Lei n. 13.467/2017)

O regulamaento da empresa em vez de ser imposto de cima para baixo, unilateralmente, poderá ser negociado coletivamente.

VII – representante dos trabalhadores no local de trabalho; (incluído pela Lei n. 13.467/2017)

Além da representação obrigatória nas empresas com mais de 200 empregados, como visto nos artigos 510-A e seguintes, as empresas podem, por negociação coletiva, criar comissões de representantes dos trabalhadores no local de trabalho com o objetivo de auxiliar no desempenho e realização das condições de trabalho.

VIII – teletrabalho, regime de sobreaviso, e trabalho intermitente, (incluído pela Lei n. 13.467/2017)

Os regimes de teletrabalho e trabalho intermitente foram disciplinados, respectivamente, no Capítulo II-A e artigo 452-A, acrescentados à CLT; o regime de sobreaviso e de prontidão pela CLT, art. 244, § 2º (ferroviários), art. 235-C, §§ 8º e 9º (motoristas) e pela Lei n. 7.183/1984 (aeronautas). Como se trata de direitos de indisponibilidade relativa, por meio de negociação coletiva, poderão ser modificados e/ou alterados.

IX – remuneração por produtividade, incluídas as gorjetas percebidas pelo empregado, e remuneração por desempenho individual; (incluído pela Lei n. 13.467/2017)

A remunerção foi tratada no artigo 457, inclusive as novas regras da Lei n. 13.429, de 13 de março de 2017, que cuidam das gorjetas e com redação da MP n. 808/2017; entretanto, esses direitos, conforme disciplina o legislador reformista, podem ser alterados por meio de negociação coletiva, respeitados os direitos de indisponibilidade absoluta.

X – modalidade de registro de jornada de trabalho; (incluído pela Lei n. 13.467/2017)

Para os estabelecimentos de mais de dez trabalhadores será obrigatória a anotação da hora de entrada e de saída, em *registro manual, mecânico ou eletrônico*, conforme instruções a serem expedidas pelo Ministério do Trabalho, devendo haver pré-assinalação do período de repouso. (CLT, 74, § 2º – Grifamos)

Portanto, apenas a modalidade de registro de jornada de trabalho poderá ser negociada de acordo com os interesses das partes, sem interferência das autoridades administrativas.

XI – troca do dia de feriado. (incluído pela Lei n. 13.467/2017)

A Lei n. 11.603/2007 já permitia a troca, desde que autorizada em convenção coletiva e observada a legislação municipal; a Lei da Reforma flexibilizou ainda mais, permitindo, inclusive por acordo coletivo.

XII – enquadramento do grau de insalubridade e prorrogação de jornada em locais insalubres, incluída a possibilidade de contratação de pericia, afastada a licença prévia das autoridades competentes do Ministério do Trabalho, desde que respeitadas, na integralidade, as normas de saúde, higiene e segurança do trabalho previstas em lei ou em normas regulamentadoras do Ministério do Trabalho; (redação dada pela MP n. 808/2017)

O inciso XII, incluído pela Lei n. 13.467/2017, quando fizemos os comentários tinha a seguinte redação: "enquadramento do grau de insalubridade".

Na época comentamos: é possível a negociação coletiva para enquadramento do grau de insalubridade no que se refere ao seu valor e não para a caracterização e a classificação da insalubridade e da periculosidade, que segundo a CLT (art. 195) é incumbência do Ministério do Trabalho e que serão feitas por meio de perícia a cargo de Médico do Trabalho ou Engenheiro do Trabalho, registrados nos órgãos competentes, por se tratar de direito de indisponibilidade absoluta.

Como visto acima, a Medida Provisória n. 808/2017 procurou corrigir ao estabelecer: "desde que respeitadas, na integralidade, as normas de saúde, higiene e segurança do trabalho previstas em lei ou em normas regulamentadoras do Ministério do Trabalho".

XIII – prorrogação de jornada em ambientes insalubres, sem licença prévia das autoridades competentes do Ministério do Trabalho; (revogado pela MP n. 808/2017)

Antes da revogação do inciso XIII, comentamos que, o *caput* do art. 60 da CLT exige licença prévia da autoridade competente para que haja prorrogação da jornada normal de trabalho nas atividades insalubres, com exceção das jornadas de doze horas de trabalho por trinta e seis horas ininterruptas de descanso, conforme o parágrafo único, do art. 60, introduzido pela Lei n. 13.467/2017.

Nos termos do dispositivo em questão, por meio de negociação coletiva, poderá ser dispensada a exigência de licença prévia da autoridade competente, para que haja prorrogação da jornada normal de trabalho nas atividades insalubres; como dito anteriormente, trata-se de negociação bastante complexa e de constitucionalidade duvidosa, por envolver questão de saúde de consequências danosas e por afrontar o art. 7°, XXII da CF/1988.

A respeito, Mauricio e Gabriela Delgado (2017:265) argumentam que o dispositivo em questão, "entra em choque com a própria Lei da Reforma Trabalhista, uma vez que esta enfatiza que configuram objeto ilícito da negociação coletiva trabalhista a supressão ou redução de diversos direitos, entre os quais aqueles que resultem de 'normas de saúde, higiene e segurança do trabalho previstas em lei ou em normas regulamentadoras do Ministério do Trabalho' (novo art. 611-B, *caput* e inciso XVII, CLT)".

O inciso em análise foi revogado pela Medida Provisória n. 808, de 2017, art. 3º.

XIV – prêmios de incentivo em bens ou serviços, eventualmente concedidos em programas de incentivo; (incluído pela Lei n. 13.467/2017)

Consideram-se prêmios as liberalidades concedidas pelo empregador em forma de bens, serviços ou valor em dinheiro a empregado ou a grupo de empregados, em razão de desempenho superior ao ordinariamente esperado no exercício de suas atividades. (§ 4º do art. 457, introduzido pela Lei n. 13.467/2017)

Os prêmios (por fidelidade, assiduidade, produção, qualidade etc.), geralmente, constituem uma forma de incentivo, por meio dos quais se procura estimular a produção, o interesse e a dedicação do empregado, não integram sua remuneração, não se incorporam ao contrato de trabalho e não constituem base de incidência de qualquer encargo trabalhista e/ou previdenciário e devem ser estabelecidos por negociação coletiva.

XV – participação nos lucros ou resultados da empresa. (Incluído pela Lei n. 13.467/2017)

O instituto da participação dos empregados nos lucros da empresa, de origem controvertida, resultou da prática do industrial francês Edmé Leclaire, que no ano de 1827, distribuiu em dinheiro os resultados do empreendimento do ano.

A CF/1988 determina: Art. 7º ... XI – participação nos lucros, ou resultados, desvinculada da remuneração, e, excepcionalmente, participação na gestão da empresa, conforme definido em lei.

A Lei n. 10.101, de 19 de dezembro de 2000 (DOU 20.12.00), dispõe sobre a participação dos trabalhadores nos lucros ou resultados da empresa.

A própria Lei n. 10.101/2000 disciplina que a parcela resultante da participação nos lucros ou resultados da empresa não tem caráter salarial, podendo ser objeto de negociação coletiva, o que foi confirmado pela Lei da Reforma Trabalhista.

3.2. Princípio da intervenção mínima da Justiça do Trabalho

No exame da convenção coletiva ou do acordo coletivo de trabalho, a Justiça do Trabalho observará o disposto no § 3º do art. 8º desta Consolidação. (§ 1º do art. 611-A, incluído pela Lei n. 13.467/2017)

O § 3º, acrescentado ao art. 8º da CLT, dispõe que no exame de convenção coletiva ou acordo coletivo de trabalho, a Justiça do Trabalho analisará exclusivamente a conformidade dos elementos essenciais do negócio jurídico, respeitado o disposto no art. 104 da Lei n. 10.406, de 10 de janeiro de 2002 (Código Civil), e balizará sua atuação pelo princípio da intervenção mínima na autonomia da vontade coletiva.

Como se vê, o § 3º, acrescido ao art. 8º da CLT, determina que a Justiça do Trabalho, no exame de convenção coletiva ou acordo coletivo de trabalho, analisará exclusivamente a conformidade dos elementos essenciais do negócio jurídico e balizará sua atuação pelo princípio da intervenção mínima na autonomia da vontade coletiva; consultar os comentários ao art. 8º, § 3º.

O desembargador Georgenor de Sousa Franco Filho afirmou que no exame da convenção ou do acordo coletivo de trabalho, a Justiça do Trabalho observará o disposto nesse parágrafo, no que se refere ao preenchimento dos requisitos de validade do ato jurídico (agente capaz, objeto lícito, possível, determinado ou indeterminável e forma prescrita ou não defesa em lei – art. 104 do CCB) e o princípio da intervenção mínima na autonomia da vontade coletiva.[116]

No exame de convenção coletiva ou acordo coletivo de trabalho, como ato jurídico, a Justiça do Trabalho atenderá ao que determina o art. 9º, da CLT, ao prever que serão nulos de pleno direito os atos praticados com o objetivo de desvirtuar, impedir ou fraudar a aplicação dos preceitos contidos na presente Consolidação, o que deverá ser feito em conjugação com os artigos do Código Civil que tratam dos vícios de consentimento (dolo, erro ou ignorância, coação, fraude etc.).

À Justiça do Trabalho não só cabe verificar a validade do negócio jurídico no que diz respeito aos elementos essenciais e acidentais do ato jurídico, como, principalmente, verificar a postura das partes em não infringir os direitos fundamentais de indisponibilidade absoluta, por sua importância na limitação do exercício do poder do empregador na relação empregatícia e na flexibilização das condições de trabalho na negociação coletiva.

Em síntese, a Justiça do Trabalho examinará a convenção coletiva ou acordo coletivo de trabalho, limitando sua atuação pelo princípio da intervenção mínima na autonomia da vontade coletiva, mas exigindo destes instrumentos coletivos, que atendam aos requisitos de validade quanto aos elementos formais próprios de todo ato jurídico, bem como a licitude da negociação coletiva, isto é, se os direitos fundamentais, como atos de indisponibilidade absoluta, estão sendo respeitados, sob pena de nulidade.

Segundo o desembargador Francisco Antonio de Oliveira, o acordo coletivo e a convenção coletiva poderão avençar a menor, desde que seja para a garantia do emprego e para a recuperação da empresa durante um determinado período, desde que preservado o salário mínimo. O emprego é um bem maior a ser preservado.

Isso significa que o juiz não deve imiscuir-se e modificar ou tornar nulo aquilo que foi avençado em norma coletiva. Ressalvam-se, naturalmente, cláusulas leoninas que tragam prejuízos evidentes para o trabalhador. O princípio da conglobação deve estar presente nas negociações coletivas.[117]

3.3. Inexistência de cláusula compensatória

A inexistência de expressa indicação de contrapartidas recíprocas em convenção coletiva ou acordo coletivo de trabalho não ensejará sua nulidade por não caracterizar um vício do negócio jurídico. (§ 2º do art. 611-A, incluído pela Lei n. 13.467/2017)

Regra geral, na negociação coletiva (convenção ou acordo coletivo) de direitos de indisponibilidade relativa, é comum as partes, com razoabilidade e de boa-fé, estabelecerem contrapartidas (transações); entretanto, o dispositivo legal determina que a inexistência de expressa indicação de contrapartidas recíprocas, não ensejará sua nulidade por não caracterizar um vício do negócio jurídico.

Segundo Viviane Lícia Ribeiro, ocorre, todavia, que a perda de um direito só é considerada lícita em troca de uma vantagem, posto que do contrário estar-se-á diante de cláusula leonina em que uma das partes estará sendo prejudicada e por conseguinte poderá pleitear a nulidade desta.[118]

---

(116) *LTr Sup. Trab.* 057/17, p. 290.
(117) *Ob. cit.*, p. 67.
(118) *Revista LTr* 81-09/1109.

Como diz Francisco Antônio de Oliveira (2017:67), uma cláusula leonina ou prejudicial ao trabalhador poderá ser isoladamente anulada sem comprometer a negociação coletiva. Sana-se apenas o vício.

Segundo Mauricio e Gabriela Delgado (2017:280), "no mínimo, pela Teoria Geral dos Contratos, considera-se nula, sim, a cláusula viciada, porém não todo o negócio jurídico (art. 184, CCB-2002)".[119]

3.4. Cláusula que reduza o salário ou a jornada

Se for pactuada cláusula que reduza o salário ou a jornada, a convenção coletiva ou o acordo coletivo de trabalho deverão prever a proteção dos empregados contra dispensa imotivada durante o prazo de vigência do instrumento coletivo. (§ 3º do art. 611-A, incluído pela Lei n. 13.467/2017)

No caso de pactuação de redução do salário (respeitado o salário mínimo) ou da jornada, o dispositivo em questão exige uma contrapartida, que é a proteção dos empregados contra dispensa imotivada durante o prazo de vigência do instrumento coletivo.

3.5. Ação anulatória

Na hipótese de procedência de ação anulatória de cláusula de convenção coletiva ou de acordo coletivo de trabalho, quando houver a cláusula compensatória, esta deverá ser igualmente anulada, sem repetição do indébito. (§ 4º do art. 611-A, incluído pela Lei n. 13.467/2017)

O artigo em foco é bastante claro ao preceituar que na hipótese de procedência de ação anulatória de cláusula de convenção coletiva ou de acordo coletivo de trabalho, quando houver a cláusula compensatória, esta deverá ser igualmente anulada, sem repetição do indébito (sem devolução dos pagamentos efetuados).

3.6. Litisconsortes necessários

Os sindicatos subscritores de convenção coletiva ou de acordo coletivo de trabalho participarão, como litisconsortes necessários, em ação coletiva que tenha como objeto a anulação de cláusulas desses instrumentos, vedada a apreciação por ação individual. (§ 5º do art. 611-A, com redação dada pela MP n. 808/2017)

A redação anterior do item em questão, incluído pela Lei n. 13.467/2015, estabelecia: "Os sindicatos subscritores de convenção coletiva ou de acordo coletivo de trabalho deverão participar, como litisconsortes necessários, em ação individual ou coletiva, que tenha como objeto a anulação de cláusulas desses instrumentos".

A respeito lembramos que o professor Manoel Antonio Teixeira Filho (2017:48), define litisconsórcio como: a aglutinação, originária ou superveniente, voluntária ou coacta, de pessoas, em um ou em ambos os polos da mesma relação processual, nos casos autorizados por lei.

Segundo o dispositivo acima, em qualquer ação individual ou coletiva, que tenha como objeto a anulação de cláusula de negociação coletiva de trabalho, os sindicatos subscritores deverão ser citados para integrarem a lide, como listisconsortes necessários.

O desembargador Francisco Antonio de Oliveira (2017:68) comenta que, há evidente lapso do legislador ao falar que o sindicato "deverá" participar nas ações individuais ou coletivas na qualidade de litisconsorte. Afirmação não é correta. Só pode participar como litisconsorte ou de litisconsorte necessário aquele que for parte do "direito substancial" que se discute. E o sindicato não participa do direito substancial do trabalhador.

Ainda, comenta Antonio de Oliveira, o parágrafo é de péssima inspiração, quando conceitua mal ao falar em litisconsorte e quando usa do termo "deverá", como se o trabalhador fosse incapaz de defender os seus direitos. O parágrafo não tem serventia nenhuma e foi de má inspiração, fato que, mais uma vez, confirma a ausência de intimidade do legislador com o processo do trabalho.

---

(119) Respeitada a intenção das partes, a invalidade parcial de um negócio jurídico não o prejudicará na parte válida, se esta for separável; a invalidade da obrigação principal implica a das obrigações acessórias, mas a destas não induz a da obrigação principal. (CC/2002, art. 184)

Segundo Homero Batista Mateus da Silva (2017:115), o legislador criou uma espécie anômala de litisconsórcio necessário, obrigando o sindicato a figurar no polo passivo da demanda judicial em que se postula a nulidade da cláusula. Mais adiante o autor explica que, quando muito, poderíamos imaginar a hipótese de assistência simples – que é aquela modalidade de intervenção em que o terceiro, como o sindicato, concorre com provas e argumentos em busca de uma prestação favorável ao assistido, como a empresa, a fim de não deixar que uma decisão judicial possa acarretar prejuízos indiretos.

Como visto acima, a Medida Provisória n. 808/2017, dando nova redação ao item 3.6, excluiu e vedou a apreciação por ação individual.

DA NEGOCIAÇÃO COLETIVA ILÍCITA

1. Legislação

"Art. 611-B. Constituem objeto ilícito de convenção coletiva ou de acordo coletivo de trabalho, exclusivamente, a supressão ou a redução dos seguintes direitos: (incluído pela Lei n. 13.467/2017)

I – normas de identificação profissional, inclusive as anotações na Carteira de Trabalho e Previdência Social; (incluído pela Lei n. 13.467/2017)

II – seguro-desemprego, em caso de desemprego involuntário; (incluído pela Lei n. 13.467/2017)

III – valor dos depósitos mensais e da indenização rescisória do Fundo de Garantia do Tempo de Serviço (FGTS); (incluído pela Lei n. 13.467/2017)

IV – salário mínimo; (incluído pela Lei n. 13.467/2017)

V – valor nominal do décimo terceiro salário; (incluído pela Lei n. 13.467/2017)

VI – remuneração do trabalho noturno superior à do diurno; (incluído pela Lei n. 13.467/2017)

VII – proteção do salário na forma da lei, constituindo crime sua retenção dolosa; (incluído pela Lei n. 13.467/2017)

VIII – salário-família; (incluído pela Lei n. 13.467/2017)

IX – repouso semanal remunerado; (incluído pela Lei n. 13.467/2017)

X – remuneração do serviço extraordinário superior, no mínimo, em 50% (cinquenta por cento) à do normal; (incluído pela Lei n. 13.467/2017)

XI – número de dias de férias devidas ao empregado; (incluído pela Lei n. 13.467/2017)

XII – gozo de férias anuais remuneradas com, pelo menos, um terço a mais do que o salário normal; (incluído pela Lei n. 13.467/2017)

XIII – licença-maternidade com a duração mínima de cento e vinte dias; (incluído pela Lei n. 13.467/2017)

XIV – licença-paternidade nos termos fixados em lei; (incluído pela Lei n. 13.467/2017)

XV – proteção do mercado de trabalho da mulher, mediante incentivos específicos, nos termos da lei; (incluído pela Lei n. 13.467/2017)

XVI – aviso-prévio proporcional ao tempo de serviço, sendo no mínimo de trinta dias, nos termos da lei; (incluído pela Lei n. 13.467/2017)

XVII – normas de saúde, higiene e segurança do trabalho previstas em lei ou em normas regulamentadoras do Ministério do Trabalho; (incluído pela Lei n. 13.467/2017)

XVIII – adicional de remuneração para as atividades penosas, insalubres ou perigosas; (incluído pela Lei n. 13.467/2017)

XIX – aposentadoria; (incluído pela Lei n. 13.467/2017)

XX – seguro contra acidentes de trabalho, a cargo do empregador; (incluído pela Lei n. 13.467/2017)

XXI – ação, quanto aos créditos resultantes das relações de trabalho, com prazo prescricional de cinco anos para os trabalhadores urbanos e rurais, até o limite de dois anos após a extinção do contrato de trabalho; (incluído pela Lei n. 13.467/2017)

XXII – proibição de qualquer discriminação no tocante a salário e critérios de admissão do trabalhador com deficiência; (incluído pela Lei n. 13.467/2017)

XXIII – proibição de trabalho noturno, perigoso ou insalubre a menores de dezoito anos e de qualquer trabalho a menores de dezesseis anos, salvo na condição de aprendiz, a partir de quatorze anos; (incluído pela Lei n. 13.467/2017)

XXIV – medidas de proteção legal de crianças e adolescentes; (incluído pela Lei n. 13.467/2017)

XXV – igualdade de direitos entre o trabalhador com vínculo empregatício permanente e o trabalhador avulso; (incluído pela Lei n. 13.467/2017)

XXVI – liberdade de associação profissional ou sindical do trabalhador, inclusive o direito de não sofrer, sem sua expressa e prévia anuência, qualquer cobrança ou desconto salarial estabelecidos em convenção coletiva ou acordo coletivo de trabalho; (incluída pela Lei n. 13.467/2017)

XXVII – direito de greve, competindo aos trabalhadores decidir sobre a oportunidade de exercê-lo e sobre os interesses que devam por meio dele defender; (incluído pela Lei n. 13.467/2017)

XXVIII – definição legal sobre os serviços ou atividades essenciais e disposições legais sobre o atendimento das necessidades inadiáveis da comunidade em caso de greve;

XXIX – tributos e outros créditos de terceiros; (incluído pela Lei n. 13.467/2017)

XXX – as disposições previstas nos arts. 373-A, 390, 392, 392-A, 394, 394-A, 395, 396 e 400 desta Consolidação. (Incluído pela Lei n. 13.467/2017)

Parágrafo único. Regras sobre duração do trabalho e intervalos não são consideradas como normas de saúde, higiene e segurança do trabalho para os fins do disposto neste artigo." (Incluído pela Lei n. 13.467/2017)

2. Parecer do relator

"Visando a aumentar ainda mais a segurança jurídica do acordado, seja para os empregados seja para os empregadores, além de um rol exemplificativo do que pode ser negociado, estamos acrescendo um novo artigo à CLT (art. 611-B) para especificar taxativamente um marco regulatório com as matérias que não podem ser objeto de negociação, por serem direitos que se enquadram no conceito de indisponibilidade absoluta, preservando-se, dessa forma, o que se convencionou denominar de patamar civilizatório mínimo dos trabalhadores. Quanto ao que não se enquadra nesse conceito, permite-se a negociação coletiva e a participação direta das partes na formulação das normas trabalhistas que lhes sejam mais benéficas."

3. Comentários

3.1. Direitos de indisponibilidade absoluta – Regras sobre duração do trabalho e intervalos

Art. 611-B. Constituem objeto ilícito de convenção coletiva ou de acordo coletivo de trabalho, exclusivamente, a supressão ou a redução dos seguintes direitos: (incluído pela Lei n. 13.467/2017)

I – normas de identificação profissional, inclusive as anotações na Carteira de Trabalho e Previdência Social;

II – seguro-desemprego, em caso de desemprego involuntário;

III – valor dos depósitos mensais e da indenização rescisória do Fundo de Garantia do Tempo de Serviço (FGTS);

IV – salário mínimo;

V – valor nominal do décimo terceiro salário;

VI – remuneração do trabalho noturno superior à do diurno;

VII – proteção do salário na forma da lei, constituindo crime sua retenção dolosa;

VIII – salário-família;

IX – repouso semanal remunerado;

X – remuneração do serviço extraordinário superior, no mínimo, em 50% (cinquenta por cento) à do normal;

XI – número de dias de férias devidas ao empregado;

XII – gozo de férias anuais remuneradas com, pelo menos, um terço a mais do que o salário normal;

XIII – licença-maternidade com a duração mínima de cento e vinte dias;

XIV – licença-paternidade nos termos fixados em lei;

XV – proteção do mercado de trabalho da mulher, mediante incentivos específicos, nos termos da lei;

XVI – aviso-prévio proporcional ao tempo de serviço, sendo no mínimo de trinta dias, nos termos da lei;

XVII – normas de saúde, higiene e segurança do trabalho previstas em lei ou em normas regulamentadoras do Ministério do Trabalho;

XVIII – adicional de remuneração para as atividades penosas, insalubres ou perigosas;

XIX – aposentadoria;

XX – seguro contra acidentes de trabalho, a cargo do empregador;

XXI – ação, quanto aos créditos resultantes das relações de trabalho, com prazo prescricional de cinco anos para os trabalhadores urbanos e rurais, até o limite de dois anos após a extinção do contrato de trabalho;

XXII – proibição de qualquer discriminação no tocante a salário e critérios de admissão do trabalhador com deficiência;

XXIII – proibição de trabalho noturno, perigoso ou insalubre a menores de dezoito anos e de qualquer trabalho a menores de dezesseis anos, salvo na condição de aprendiz, a partir de quatorze anos;

XXIV – medidas de proteção legal de crianças e adolescentes;

XXV – igualdade de direitos entre o trabalhador com vínculo empregatício permanente e o trabalhador avulso;

XXVI – liberdade de associação profissional ou sindical do trabalhador, inclusive o direito de não sofrer, sem sua expressa e prévia anuência, qualquer cobrança ou desconto salarial estabelecidos em convenção coletiva ou acordo coletivo de trabalho;

XXVII – direito de greve, competindo aos trabalhadores decidir sobre a oportunidade de exercê-lo e sobre os interesses que devam por meio dele defender;

XXVIII – definição legal sobre os serviços ou atividades essenciais e disposições legais sobre o atendimento das necessidades inadiáveis da comunidade em caso de greve;

XXIX – tributos e outros créditos de terceiros;

XXX – as disposições previstas nos arts. 373-A, 390, 392, 392-A, 394, 394-A, 395, 396 e 400 desta Consolidação.

Parágrafo único. Regras sobre duração do trabalho e intervalos não são consideradas como normas de saúde, higiene e segurança do trabalho para os fins do disposto neste artigo. (Incluído pela Lei n. 13.467/2017)

3.1.1. Direitos de indisponibilidade absoluta

Constituem objeto ilícito de convenção coletiva ou de acordo coletivo de trabalho, exclusivamente, a supressão ou a redução dos seguintes direitos: (Art. 611-B, incluído pela Lei n. 13.467/2017)

Como visto anteriormente, os direitos secundários, de indisponibilidade relativa, são direitos não assegurados pela Constituição e que podem ser objeto de negociação coletiva, o que não ocorrre com os direitos primários, fundamentais, originários da Constituição e que são de indisponibilidade absoluta (não são passíveis de negociação, renúncia ou transação), por assegurarem a dignidade da pessoa humana.

O dispositivo em análise determina que, exclusivamente, a supressão ou a redução dos direitos fundamentais constituem objeto ilícito de convenção coletiva ou de acordo coletivo de trabalho ou melhor, graças à indisponibilidade absoluta dos direitos fundamentais, será ilícita a negociação coletiva no sentido suprimi-los ou reduzi-los, sob pena de nulidade.

Entretanto, os direitos fundamentais apesar de não poderem ser objeto de negociação coletiva, nada impede a negociação do modo de suas execuções, isto é, como os mesmos poderão ser exercidos.

Exemplicando: o direito ao valor nominal do 13º salário, como direito fundamental, é de indisponibilidade absoluta, é inegociável, mas a forma de antecipação do seu pagamento em parcelas poderá ser objeto de negociação.

Os direitos fundamentais, segundo Romita, são direitos intangíveis, irrenunciáveis, postos a salvo das estipulações *in peius* no bojo da negociação coletiva. A norma coletiva não pode, sob pena de ofensa à dignidade do trabalhador como pessoa humana, negar ao empregado o direito à aquisição de qualquer desses direitos. Não se pretende, com esta afirmação, impugnar o direito dos interlocutores sociais de negociar o modo de exercício desses direitos. Uma vez reconhecido o direito, as partes coletivas podem (e devem), com apoio na autonomia coletiva, pactuar o modo pelo qual eles serão exercidos. Tais direitos são direitos fundamentais no trabalho, afirmados em decorrência da proclamação da dignidade da pessoa humana como valor supremo a ser observado pelo Estado Democrático de Direito e pela sociedade que se quer justa e solidária.[120]

Por sua vez, Ricardo Souza Calcini, em artigo que trata dos limites à autonomia privada coletiva, observa que devem ser opostos ao princípio constitucional da autonomia negocial os seguintes limites incorporados ao

---

(120) *Revista cit.*, p. 82.

patamar mínimo civilizatório dos trabalhadores: (i) normas constitucionais em geral (rol exemplificativo do art. 7º da CRFB, com as ressalvas dos incisos VI, XIII e XIV); (ii) normas de tratados e convenções internacionais vigentes no Brasil (CRFB, art. 5º, § 2º); e (iii) normas infraconstitucionais que asseguram patamares de cidadania ao indivíduo (referentes, *v. g.*, à saúde e segurança do trabalho; bases salariais mínimas; identificação profissional; e condutas antidiscriminatórias).[121]

No ensinamento da professora Márcia Regina Lobato, os limites estabelecidos pela Lei n. 13.467, de 2017, ao acrescentar também o art. 611-B, o qual elenca a vedação de supressão ou redução de direitos, como os relacionados ao valor dos depósitos mensais e da indenização rescisória do Fundo de Garantia do Tempo de Serviço (FGTS), salário-mínimo e o valor nominal do decimo terceiro salário. Os preceitos relacionados à saúde do tabalhador, bem como os atinentes à segurança do trabalho, à integridade moral, compreendidos aí o direitos à intimidade, à privacidade, à honra e à boa fama, permanecem inegociáveis.[122]

O artigo em análise, com 30 incisos, enumera, de forma não exaustiva, a relação de direitos cujo objeto são de negociação ilícita e que não podem ser reduzidos ou excluídos, sob pena de nulidade.

São os denominados direitos fundamentais, assegurados pela Constituição e de indisponibilidade absoluta.

O inciso XXX, do artigo em foco, enumera normas infraconstitucionais (CLT) que não podem ser objeto de negociação coletiva:

1) Art. 373-A. Ressalvadas as disposições legais destinadas a corrigir as distorções que afetam o acesso da mulher ao mercado de trabalho e certas especificidades estabelecidas nos acordos trabalhistas, é vedado:

I – publicar ou fazer publicar anúncio de emprego no qual haja referência ao sexo, à idade, à cor ou situação familiar, salvo quando a natureza da atividade a ser exercida, pública e notoriamente, assim o exigir;

II – recusar emprego, promoção ou motivar a dispensa do trabalho em razão de sexo, idade, cor, situação familiar ou estado de gravidez, salvo quando a natureza da atividade seja notória e publicamente incompatível;

III – considerar o sexo, a idade, a cor ou situação familiar como variável determinante para fins de remuneração, formação profissional e oportunidades de ascensão profissional;

IV – exigir atestado ou exame, de qualquer natureza, para comprovação de esterilidade ou gravidez, na admissão ou permanência no emprego;

V – impedir o acesso ou adotar critérios subjetivos para deferimento de inscrição ou aprovação em concursos, em empresas privadas, em razão de sexo, idade, cor, situação familiar ou estado de gravidez;

VI – proceder o empregador ou preposto a revistas íntimas nas empregadas ou funcionárias.

Parágrafo único. O disposto neste artigo não obsta a adoção de medidas temporárias que visem ao estabelecimento das políticas de igualdade entre homens e mulheres, em particular as que se destinam a corrigir as distorções que afetam a formação profissional, o acesso ao emprego e as condições gerais de trabalho da mulher.

2) Art. 390. Ao empregador é vedado empregar a mulher em serviço que demande o emprego de força muscular superior a 20 (vinte) quilos para o trabalho contínuo, ou 25 (vinte e cinco) quilos para o trabalho ocasional.

Parágrafo único – Não está compreendida na determinação deste artigo a remoção de material feita por impulsão ou tração de vagonetes sobre trilhos, de carros de mão ou quaisquer aparelhos mecânicos.

3) Art. 392. A empregada gestante tem direito à licença-maternidade de 120 (cento e vinte) dias, sem prejuízo do emprego e do salário.

§ 1º A empregada deve, mediante atestado médico, notificar o seu empregador da data do início do afastamento do emprego, que poderá ocorrer entre o 28º (vigésimo oitavo) dia antes do parto e ocorrência deste.

§ 2º Os períodos de repouso, antes e depois do parto, poderão ser aumentados de 2 (duas) semanas cada um, mediante atestado médico.

§ 3º Em caso de parto antecipado, a mulher terá direito aos 120 (cento e vinte) dias previstos neste artigo.

§ 4º É garantido à empregada, durante a gravidez, sem prejuízo do salário e demais direitos:

I – transferência de função, quando as condições de saúde o exigirem, assegurada a retomada da função anteriormente exercida, logo após o retorno ao trabalho;

---

(121) *LTr Sup. Trab.*, 051/17, p. 253.
(122) *Rev. cit.*, p. 95.

II – dispensa do horário de trabalho pelo tempo necessário para a realização de, no mínimo, seis consultas médicas e demais exames complementares.

4) Art. 392-A. À empregada que adotar ou obtiver guarda judicial para fins de adoção de criança será concedida licença-maternidade nos termos do art. 392, observado o disposto no art. 5º.

§§ 1º a 3º (revogados);

§ 4º A licença-maternidade só será concedida mediante apresentação do termo judicial de guarda à adotante ou guardiã;

§ 5º A adoção ou guarda judicial conjunta ensejará a concessão de licença-maternidade a apenas um dos adotantes ou guardiães empregado ou empregada.

5) Art. 394 – Mediante atestado médico, à mulher grávida é facultado romper o compromisso resultante de qualquer contrato de trabalho, desde que este seja prejudicial à gestação.

6) Art. 394-A. A empregada gestante será afastada, enquanto durar a gestação, de quaisquer atividades, operações ou locais insalubres e exercerá suas atividades em local salubre, excluído, nesse caso, o pagamento de adicional de insalubridade. (Redação dada pela MP n. 808/2017)

§ 1º (vetado)

§ 2º O exercício de atividades e operações insalubres em grau médio ou mínimo, pela gestante, somente será permitido quando ela, voluntariamente, apresentar atestado de saúde, emitido por médico de sua confiança, do sistema privado ou público de saúde, que autorize a sua permanência no exercício de suas atividades. (Redação dada pela MP n. 808/2017)

§ 3º A empregada lactante será afastada de atividades e operações consideradas insalubres em qualquer grau quando apresentar atestado de saúde emitido por médico de sua confiança, do sistema privado ou público de saúde, que recomende o afastamento durante a lactação. (Redação dada pela MP n. 808/2017)

7) Art. 395 – Em caso de aborto não criminoso, comprovado por atestado médico oficial, a mulher terá um repouso remunerado de 2 (duas) semanas, ficando-lhe assegurado o direito de retornar à função que ocupava antes de seu afastamento.

8) Art. 396 – Para amamentar seu filho, inclusive se advindo de adoção, até que este complete 6 (seis) meses de idade, a mulher terá direito, durante a jornada de trabalho, a 2 (dois) descansos especiais de meia hora cada um. (Redação dada pela Lei n. 13.509, de 22.11.2017)

§ 1º Quando o exigir a saúde do filho, o período de 6 (seis) meses poderá ser dilatado, a critério da autoridade competente;

§ 2º Os horários dos descansos previstos no *caput* deste artigo deverão ser definidos em acordo individual entre a mulher e o empregador." (Redação da Lei n. 13.467/2017).

9) Art. 400 – Os locais destinados à guarda dos filhos das operárias durante o período da amamentação deverão possuir, no mínimo, um berçário, uma saleta de amamentação, uma cozinha dietética e uma instalação sanitária (art. 400).

3.1.2. Regras sobre duração do trabalho e intervalos

Regras sobre duração do trabalho e intervalos não são consideradas como normas de saúde, higiene e segurança do trabalho para os fins do disposto neste artigo. (Parágrafo único do artigo 611-B, incluído pela Lei n. 13.467/2017)

Segundo o *caput* do artigo em questão, constituem objeto ilícito de convenção coletiva ou de acordo coletivo de trabalho, exclusivamente, a supressão ou a redução dos seguintes direitos: ... XVII – *normas* de saúde, higiene e segurança do trabalho previstas em lei ou em normas regulamentadoras do Ministério do Trabalho. (Grifamos)

Por sua vez, o parágrafo único diz que as *regras* sobre duração do trabalho e intervalos não são consideradas como *normas* de saúde, higiene e segurança do trabalho para os fins do disposto neste artigo. (Grifamos)

Regras sobre execução ou cumprimento de duração do trabalho e de intervalos não são consideradas como normas de saúde, higiene e segurança do trabalho para os fins do disposto neste artigo ou melhor, as normas de saúde, higiene e segurança do trabalho previstas em lei ou em normas regulamentadoras do Ministério do Trabalho, são de ordem pública, consequentemente os direitos por elas previstos são de indisponibilidade absoluta, o que não ocorre com as regras sobre execução ou cumprimento de duração do trabalho e intervalos que podem ser objeto de negociação coletiva, respeitados os direitos fundamentais.

Exemplificando: por meio de negociação coletiva, o empregado poderá trabalhar: 2 dias, com jornada de 10:00 (sem pagamento das 2 horas suplementares); 2 dias, com jornada de 7:00 e mais 2 dias, com jornada de 5:00, perfazendo 44:00 horas na semana, com intervalo para repouso ou alimentação de trinta minutos.

Esse entendimento representa a vontade do legislador, em que pese a péssima redação do preceito em análise, como se conclui, sem maior esforço, quando levados em consideração outros métodos jurídicos, além da simples interpretação filológica ou literal.

Se não for esse o entendimento, estamos diante de um paradoxo, entre o que diz o *caput* e o inciso XVII do artigo e o que determina o seu parágrafo único, ou melhor, estamos diante não apenas de uma contradição, mas da inconstitucionalidade do parágrafo único do art. 611-B (CF/1988 – art. 7º, XXII).

No mesmo sentido, Viviane Lícia Ribeiro afirma que referido artigo não veda a negociação sobre tais questões, apenas proíbe que tais questões sejam negociadas em prejuízo dos empregados, não sendo passíveis de flexibilização, podendo apenas haver negociação quanto ao modo de gozo de tais direitos.[123]

---

[123] *Rev.* cit., p. 1110.

DOS PRAZOS E DA ULTRATIVIDADE DE CONVENÇÃO OU ACORDO COLETIVO

1. Legislação

"Art. 614. [...]

§ 1º [...]

§ 2º [...]

§ 3º Não será permitido estipular duração de convenção coletiva ou acordo coletivo de trabalho superior a dois anos, sendo vedada a ultratividade." (NR)

2. Parecer do relator

"A nova redação proposta ao § 3º do art. 614 também intenta garantir maior segurança jurídica às partes da relação empregatícia, uma vez que os tribunais trabalhistas têm, reiteradamente, decidido contra a lei em relação ao tema aqui proposto.

O § 3º do art. 614 da CLT, em sua redação vigente, determina que os instrumentos de negociação coletiva não poderão ter prazo de vigência superior a dois anos. No entanto, o TST decidiu por súmula que as cláusulas negociadas entre as partes se incorporam ao contrato individual de trabalho mesmo após o fim do prazo estipulado no acordo coletivo ou na convenção coletiva, vigorando até que novo instrumento seja celebrado. É o que se chama princípio da ultratividade da norma.

O STF, provocado, decidiu pela suspensão liminar de todos os processos, bem como dos efeitos de decisões no âmbito da Justiça do Trabalho que discutam a aplicação da ultratividade de normas coletivas de trabalho.

O fato é que esse entendimento de validade da norma coletiva mesmo após o término do seu prazo de vigência, além de contrariar texto expresso de lei, não contribui para o aprimoramento da negociação coletiva, uma vez que desestimula a participação das entidades representativas dos empregadores, sabedores de que o que vier a ser negociado se incorporará indefinidamente ao contrato. Prejudica, igualmente, os empregados, que se veem impedidos de ter melhoras temporárias em suas condições de trabalho, levando-se em conta aspectos conjunturais da economia, por exemplo.

Assim, a nova redação propõe a manutenção do prazo de validade máximo de dois anos para os acordos coletivos e as convenções coletivas de trabalho, vedando expressamente a ultratividade."

3. Comentários

3.1. Formalidades procedimentais

O *caput* do artigo 614 e os §§ 1º e 2º, não foram alterados.[124]

---

(124) Art. 614 – Os Sindicatos convenentes ou as empresas acordantes promoverão, conjunta ou separadamente, dentro de 8 (oito) dias da assinatura da Convenção ou Acordo, o depósito de uma via do mesmo, para fins de registro e arquivo, no Departamento Nacional do Trabalho, em se tratando de instrumento de caráter nacional ou interestadual, ou nos órgãos regionais do Ministério do Trabalho e Previdência Social, nos demais casos.
§ 1º As Convenções e os Acordos entrarão em vigor 3 (três) dias após a data da entrega dos mesmos no órgão referido neste artigo.
§ 2º Cópias autênticas das Convenções e dos Acordos deverão ser afixadas de modo visível, pelos Sindicatos convenentes, nas respectivas sedes e nos estabelecimentos das empresas compreendidas no seu campo de aplicação, dentro de 5 (cinco) dias da data do depósito previsto neste artigo.
§ 3º Não será permitido estipular duração de Convenção ou Acordo superior a 2 (dois) anos.

3.2. Duração de convenção ou acordo coletivo e vedação da ultratividade

Não será permitido estipular duração de convenção coletiva ou acordo coletivo de trabalho superior a dois anos, sendo vedada a ultratividade. (§ 3º do art. 614, com redação dada pela Lei n. 13.467/2017)

O dispositivo manteve a proibição de estipular prazo de duração de convenção e/ou acordo coletivo de trabalho superior a dois (2) anos, vedando a ultratividade das normas coletivas de trabalho.

No convênio coletivo (convenção ou acordo coletivo) destacam-se dois tipos de cláusulas: as contratuais e as normativas.

Cláusulas contratuais são as que criam direitos e obrigações para as partes do convênio coletivo (entidades sindicais e empresas). Exemplo: direito de acesso, aos representantes do sindicato profissional, nos locais de trabalho dos empregados.

Cláusulas normativas são as que criam normas aplicáveis aos contratos individuais de trabalho, sendo este o principal objetivo dos convênios coletivos.

Estabelecida a cláusula normativa, os contratos individuais de trabalho ficam subordinados a ela, como ficam à lei do Estado. Exemplos: a instituição de estabilidade provisória para os empregados maiores de cinquenta anos de idade e que tenham mais de dez anos de serviço, promoção de reajustes salariais, fixação de teto salarial etc.

A vedação da ultratividade se refere apenas às normas coletivas de trabalho estabelecidas por meio das cláusulas normativas.

A respeito do princípio da ultratividade, o relator observa que o TST decidiu por súmula que as cláusulas negociadas entre as partes se incorporam ao contrato individual de trabalho mesmo após o fim do prazo estipulado no acordo coletivo ou na convenção coletiva, vigorando até que novo instrumento seja celebrado.

A Súmula referida pelo relator é a de n. 277 do TST e que tinha sido suspensa por decisão do STF.[125]

Assim, a nova redação do parágrafo mantém o prazo de validade máximo de dois anos para os acordos coletivos e as convenções coletivas de trabalho, vedando expressamente a ultratividade das cláusulas normativas negociadas.

---

(125). As cláusulas normativas dos acordos coletivos ou convenções coletivas integram os contratos individuais de trabalho e somente poderão ser modificadas ou suprimidas mediante negociação coletiva de trabalho. (Súmula n. 277 do TST)

DA PREVALÊNCIA DO ACORDO COLETIVO SOBRE A CONVENÇÃO COLETIVA

1. Legislação

"Art. 620. As condições estabelecidas em acordo coletivo de trabalho sempre prevalecerão sobre as estipuladas em convenção coletiva de trabalho." (NR)

2. Parecer do relator

"A nova redação sugerida ao art. 620 da CLT segue a mesma linha adotada neste Substitutivo de se privilegiar a autonomia privada coletiva, dando aos sindicatos maior liberdade de negociação.

Aqui se reconhece que as condições ajustadas em acordo coletivo de trabalho prevalecerão sobre as estipuladas em convenção coletiva de trabalho, partindo-se do pressuposto de que como o acordo é um ato jurídico celebrado entre sindicatos e empresas, as cláusulas que vierem a ser por ele avençadas estarão mais próximas da realidade das partes do que aquelas estabelecidas em convenção, que se destinam a toda uma categoria."

3. Comentários

3.1. Prevalência do acordo coletivo sobre a convenção coletiva

As condições estabelecidas em acordo coletivo de trabalho sempre prevalecerão sobre as estipuladas em convenção coletiva de trabalho. (Art. 620 da CLT, com redação dada pela Lei n. 13.467/2017)

A nova redação do artigo 620 põe fim à aplicação do princípio da prevalência da norma mais favorável e mais benéfica para o trabalhador.[126]

A redação anterior do artigo determinava que, as condições estabelecidas em convenção, quando mais favoráveis, prevalecerão sobre as estipuladas em acordo.

Segundo Georgenor de Sousa Franco Filho (Sup. cit.) desta forma, atende mais eficientemente à realidade específica das relações entre uma dada empresa e seu conjunto de empregados, do que a primeira (a convenção coletiva) que é destinada a toda a categoria profissional.

Para Mauricio e Gabriela Delgado (2017:275), esssa alteração legislativa não toma em consideração a matriz humanística e social da Constituição de 1988 e das normas internacionais de direitos humanos vigorantes no Brasil, uma vez que negligencia, injustificadamente, o princípio da norma mais favorável.

---

(126) São direitos dos trabalhadores urbanos e rurais, além de outros que visem à melhoria de sua condição social: ... (Art. 7º, *caput*)

DAS MULTAS ADMINISTRATIVAS

1. Legislação

"Art. 634. [...]

§ 1º [...]

§ 2º Os valores das multas administrativas expressos em moeda corrente serão reajustados anualmente pela Taxa Referencial (TR), divulgada pelo Banco Central do Brasil, ou pelo índice que vier a substituí-lo." (NR)

2. Parecer do relator

"O Título VII da CLT disciplina o processo de multas administrativas aplicadas pela Inspeção do Trabalho, enquanto o seu art. 634 remete às autoridades competentes a imposição de multas, acrescentando que a aplicação de multa administrativa não eximirá a eventual responsabilidade por infração das leis penais. Todavia não é definido o índice de reajuste a ser adotado em relação a essas multas.

Essa omissão é que se pretende sanar com o projeto que determina que 'os valores das multas administrativas expressos em moeda corrente serão reajustados anualmente pelo Índice Nacional de Preços ao Consumidor Amplo – IPCA do Instituto Brasileiro de Geografia e Estatística – IBGE ou pelo índice de preços que vier a substituí-lo'.

Esse artigo teve a redação do projeto original mantida em sua íntegra."

3. Comentários

3.1. Aplicação das multas

O *caput* do artigo 634 e o § 1º (conversão do parágrafo único), não foram alterados.[127]

3.2. Reajustamento anual dos valores das multas administrativas

Os valores das multas administrativas expressos em moeda corrente serão reajustados anualmente pela Taxa Referencial (TR), divulgada pelo Banco Central do Brasil, ou pelo índice que vier a substituí-lo. (§ 2º do art. 634, incluído pela Lei n. 13.467/2017)

Sem comentários, em razão da clareza da redação do parágrafo em questão.

---

[127] Art. 634 – Na falta de disposição especial, a imposição das multas incumbe às autoridades regionais competentes em matéria de trabalho, na forma estabelecida por este Título.
Parágrafo único – A aplicação da multa não eximirá o infrator da responsabilidade em que incorrer por infração das leis penais.

DA TERCEIRIZAÇÃO

No Brasil, o Código Civil de 1916 tratou sobre terceirização, ao disciplinar a locação de serviços, a empreitada, a parceria e o arrendamento.

No atual Código Civil de 2002, a prestação de serviços está inserida no Título VI, Capítulo VII (arts. 593 a 609) e a empreitada no Capítulo VIII (arts. 610 a 626).

Em nosso Direito do Trabalho, o instituto da terceirização, tanto nas atividades-fim como nas atividades-meio, começou a se destacar pelos diplomas legais:

a. CLT – Decreto-Lei n. 5.452/1943 – art. 455, *caput* (contrato de subempreitada no setor da construção civil);

b. Lei n. 6.019/1974 (trabalho temporário urbano) – o regime de trabalho temporário, na lição da professora Gabriela Neves Delgado, acabou cimentando caminho para a naturalização da ideia de "prestação de serviços interempresariais" na iniciativa privada, no embalo do movimento já iniciado na adminstração pública;[128]

c. Lei n. 7.102/1983 (serviços de vigilância e transportes de valores).

No setor público, a figura da terceirização está disciplinada pelos diplomas legais: Decreto-Lei n. 200/1967 (art. 10, § 7º); Lei n. 5.645/1970 (art. 3º, parágrafo único); Decreto n. 2.271/1997 (art. 1º, § 1º), Lei Complementar n. 101/2000 (art. 18, § 1º) e outros mais.

A terceirização se faz presente, no setor público, por meio das empresas prestadoras de serviços nas atividades-meio, como transporte público, serviços de conservação e limpeza, saúde, segurança, vigilância, informática, coleta de lixo, construção e manutenção de estradas etc.

Como não havia, entre nós, lei específica regulamentando o processo da terceirização trabalhista, buscou-se no Direito Comparado e, especialmente, na jurisprudência uniformizada do Tribunal Superior do Trabalho, a solução para a maioria das questões pertinentes.

O Tribunal Superior do Trabalho, por meio da Resolução n. 4/1986, emitiu a Súmula n. 256: "Salvo os casos de trabalho temporário e de serviços de vigilância, previstos nas Leis ns. 6.019, de 3.1.74 e 7.102, de 20.6.83, é ilegal a contratação de trabalhadores por empresa interposta, formando-se o vínculo empregatício diretamente com o tomador de serviços".

No início, o TST só admitia a terceirização em duas situações legais, trabalho temporário (Lei n. 6.019/1974) e serviços de vigilância bancária (Lei n. 7.102/1983), tal posicionamento foi superado pelo próprio TST.

O enunciado n. 256 da Súmula do TST foi alterado e revisado pelo de n. 331, transcrito abaixo na nota de rodapé.[129]

---

(128) *Revista LTr* 75-03/287.
(129) Súmula n. 331 do TST
Contrato de prestação de serviços. Legalidade (nova redação do item IV e inseridos os itens V e VI à redação) – Res. 174/2011, DEJT divulgado em 27, 30 e 31.05.2011
I – A contratação de trabalhadores por empresa interposta é ilegal, formando-se o vínculo diretamente com o tomador dos serviços, salvo no caso de trabalho temporário (Lei n. 6.019, de 03.01.1974).
II – A contratação irregular de trabalhador, mediante empresa interposta, não gera vínculo de emprego com os órgãos da Administração Pública direta, indireta ou fundacional (art. 37, II, da CF/1988).
III – Não forma vínculo de emprego com o tomador a contratação de serviços de vigilância (Lei n. 7.102, de 20.06.1983) e de conservação e limpeza, bem como a de serviços especializados ligados à atividade-meio do tomador, desde que inexistente a pessoalidade e a subordinação direta.
IV – O inadimplemento das obrigações trabalhistas, por parte do empregador, implica a responsabilidade subsidiária do tomador dos serviços quanto àquelas obrigações, desde que haja participado da relação processual e conste também do título executivo judicial.
V – Os entes integrantes da Administração Pública direta e indireta respondem subsidiariamente, nas mesmas condições do item IV, caso evidenciada a sua conduta culposa no cumprimento das obrigações da Lei n. 8.666, de 21.06.1993, especialmente na fiscalização do cumprimento das obrigações contratuais e legais da prestadora de serviço como empregadora. A aludida responsabilidade não decorre de mero inadimplemento das obrigações trabalhistas assumidas

A Súmula n. 331 do TST, tomando por base a legislação do setor púlico (Decreto-lei n. 200/1967 e Lei n. 5.645/1970), admite o processo de terceirização nos serviços de "conservação e limpeza, bem como a de serviços especializados ligados à atividade-meio do tomador, desde que inexistentes a pessoalidade e a subordinação direta".[130]

A Lei n. 6.019/1974, dispõe sobre o Trabalho Temporário nas Empresas Urbanas, modificada e alterada pela Lei n. 13.429, de 31 de março de 2017, institui regras sobre terceirização trabalhista; essa Lei n. 13.429/2017 foi alterada pela Lei da Reforma Trabalhista (Lei n. 13.467/2017) que, pela primeira vez, estabelece um disciplinamento explícito e efetivo a respeito de terceirização trabalhista e que será analisado a seguir.

1. Legislação

A Lei da Reforma Trabalhista (Lei n. 13.467, de 13 de julho de 2017) determina:

Art. 2º A Lei n. 6.019, de 3 de janeiro de 1974, passa a vigorar com as seguintes alterações:

"Art. 4º-A. Considera-se prestação de serviços a terceiros a transferência feita pela contratante da execução de quaisquer de suas atividades, inclusive sua atividade principal, à pessoa jurídica de direito privado prestadora de serviços que possua capacidade econômica compatível com a sua execução.

[...]" (NR)

"Art. 4º-C. São asseguradas aos empregados da empresa prestadora de serviços a que se refere o art. 4º-A desta Lei, quando e enquanto os serviços, que podem ser de qualquer uma das atividades da contratante, forem executados nas dependências da tomadora, as mesmas condições:

I – relativas a:

a) alimentação garantida aos empregados da contratante, quando oferecida em refeitórios;

b) direito de utilizar os serviços de transporte;

c) atendimento médico ou ambulatorial existente nas dependências da contratante ou local por ela designado;

d) treinamento adequado, fornecido pela contratada, quando a atividade o exigir.

II – sanitárias, de medidas de proteção à saúde e de segurança no trabalho e de instalações adequadas à prestação do serviço.

§ 1º Contratante e contratada poderão estabelecer, se assim entenderem, que os empregados da contratada farão jus a salário equivalente ao pago aos empregados da contratante, além de outros direitos não previstos neste artigo.

§ 2º Nos contratos que impliquem mobilização de empregados da contratada em número igual ou superior a 20% (vinte por cento) dos empregados da contratante, esta poderá disponibilizar aos empregados da contratada os serviços de alimentação e atendimento ambulatorial em outros locais apropriados e com igual padrão de atendimento, com vistas a manter o pleno funcionamento dos serviços existentes."

"Art. 5º-A. Contratante é a pessoa física ou jurídica que celebra contrato com empresa de prestação de serviços relacionados a quaisquer de suas atividades, inclusive sua atividade principal.

[...]" (NR)

"Art. 5º-C. Não pode figurar como contratada, nos termos do art. 4º-A desta Lei, a pessoa jurídica cujos titulares ou sócios tenham, nos últimos dezoito meses, prestado serviços à contratante na qualidade de empregado ou trabalhador sem vínculo empregatício, exceto se os referidos titulares ou sócios forem aposentados.

"Art. 5º-D. O empregado que for demitido não poderá prestar serviços para esta mesma empresa na qualidade de empregado de empresa prestadora de serviços antes do decurso de prazo de dezoito meses, contados a partir da demissão do empregado."

2. Parecer do relator

"O art. 2º do Projeto de Lei n. 6.787, de 2016, trata, especificamente, de alterações na Lei n. 6.019, de 3 de janeiro de 1974.

---

pela empresa regularmente contratada.
VI – A responsabilidade subsidiária do tomador de serviços abrange todas as verbas decorrentes da condenação referentes ao período da prestação laboral.
(130) Cortez (2015:15)

Ocorre que essa lei foi recentemente modificada pela Lei n. 13.429, de 31 de março de 2017, sendo desnecessária a análise das modificações propostas no projeto.

Contudo, após a sanção da Lei n. 13.429, de 2017, verificamos que determinadas matérias que dela deveriam constar não ficaram bem definidas.

Desse modo, estamos apresentando algumas alterações pontuais para complementá-la.

A primeira mudança é a inclusão do art. 4º-A para definir o que seja a prestação de serviços a terceiros, permitindo a sua contratação para a execução de quaisquer de suas atividades.

O art. 4º-C, também incluído, é para que sejam garantidas aos empregados das empresas de prestação de serviços as condições de trabalho relacionadas nos incisos do artigo, desde que elas sejam também previstas em relação aos empregados da tomadora.

Por fim, impede que a pessoa jurídica, cujos titulares ou sócios tenham, nos últimos dezoito meses, prestado serviços à contratante na qualidade de empregado ou trabalhador sem vínculo empregatício, possa figurar como contratada."

3. Comentários

3.1. Licitude da terceirização – Vínculo empregatício com a empresa prestadora de serviços

Considera-se prestação de serviços a terceiros a transferência feita pela contratante da execução de quaisquer de suas atividades, inclusive sua atividade principal, à pessoa jurídica de direito privado prestadora de serviços que possua capacidade econômica compatível com a sua execução. (Art. 4º-A, com redação dada pela Lei n. 13.467/2017)

3.1.1. Licitude da terceirização empresarial

O art. 4º-A, com nova redação, assegura a licitude da prestação de serviços a terceiros, em qualquer atividade, inclusive na atividade-fim ou principal do contratante.

A respeito de terceirização de atividades, escrevemos que a terceirização de *produção de bens*, também conhecida por terceirização de atividades, corresponde à terceirização empresarial.

Nessa modalidade, a empresa tomadora transfere etapas do processo produtivo para outra empresa prestadora de serviços.

Na terceirização empresarial, entre as empresas se estabelece um sistema de parceria, com produção conjunta de bens e serviços, de interesses comuns (obtenção de lucros), sem qualquer relação de subordinação.

Esse tipo de terceirização é comum na indústria automobilística, como no caso das montadoras de peças produzidas por terceiros.[131]

A terceirização é uma forma de redução dos custos operacionais, como demonstra Antonio de Oliveira ao exemplificar: a empresa tomadora certamente será aliviada com a dispensa de empregados, cujo custo é exorbitante em função do sistema "S". O valor a ser pago pela terceirização será inferior e parte desse numerário que sobra será injetado no capital de giro da empresa.[132]

3.1.2. Vínculo empregatício com a empresa prestadora de serviços

Na terceirização empresarial, o vínculo de emprego se forma com a empresa prestadora de serviços que contrata, remunera e dirige a força de trabalho, ou subcontrata outras empresas para realização desses serviços, nos termos dos §§ 1º e 2º, do art. 4º-A, que não foram alterados.[133]

---

(131) CORTEZ, Julpiano Chaves. *Terceirização trabalhista*. São Paulo: LTr, 2015. p. 28.
(132) *Ob. cit.*, p. 112.
(133) § 1º A empresa prestadora de serviços contrata, remunera e dirige o trabalho realizado por seus trabalhadores, ou subcontrata outras empresas para

Para que ocorra a terceirização, diz o artigo, a prestadora de serviços tem que ter capacidade econômica compatível com a sua execução, sob pena de ser considerada ilegal.

3.2. Serviços prestados nas dependências da empresa tomadora – Condições asseguradas – Equivalência de salários – Serviços de alimentação e atendimento ambulatorial

São asseguradas aos empregados da empresa prestadora de serviços a que se refere o art. 4º-A desta Lei, quando e enquanto os serviços, que podem ser de qualquer uma das atividades da contratante, forem executados nas dependências da tomadora, as mesmas condições: (Art. 4º-C, incluído pela Lei n. 13.467/2017)

I – relativas a: (incluído pela Lei n. 13.467/2017)

a) alimentação garantida aos empregados da contratante, quando oferecida em refeitórios; (incluído pela Lei n. 13.467/2017)

b) direito de utilizar os serviços de transporte; (incluído pela Lei n. 13.467/2017)

c) atendimento médico ou ambulatorial existente nas dependências da contratante ou local por ela designado; (incluído pela Lei n. 13.467/2017)

d) treinamento adequado, fornecido pela contratada, quando a atividade o exigir. (Incluído pela Lei n. 13.467/2017)

II – sanitárias, de medidas de proteção à saúde e de segurança no trabalho e de instalações adequadas à prestação do serviço. (Incluído pela Lei n. 13.467/2017)

§ 1º Contratante e contratada poderão estabelecer, se assim entenderem, que os empregados da contratada farão jus a salário equivalente ao pago aos empregados da contratante, além de outros direitos não previstos neste artigo. (Incluído pela Lei n. 13.467/2017)

§ 2º Nos contratos que impliquem mobilização de empregados da contratada em número igual ou superior a 20% (vinte por cento) dos empregados da contratante, esta poderá disponibilizar aos empregados da contratada os serviços de alimentação e atendimento ambulatorial em outros locais apropriados e com igual padrão de atendimento, com vistas a manter o pleno funcionamento dos serviços existentes. (Incluído pela Lei n. 13.467/2017)

3.2.1. Serviços prestados nas dependências da empresa tomadora de serviços

O art. 4º-C, introduzido pela Lei n. 13.467 de 2017, repete que a terceirização pode ser de qualquer atividade da empresa contratante (tomadora) e que os serviços podem ser executados nas suas dependências, ficando asseguradas aos empregados da prestadora de serviços as mesmas condições de trabalho garantidas aos seus empregados.

3.2.2. Condições asseguradas

Quando os serviços forem executados nas depências da tomadora, ficam asseguradas aos empregados da prestadora de serviços, as vantagens: (Art. 4º-C, I e II)

I – relativas a: alimentação garantida aos empregados da contratante, quando oferecida em refeitórios; direito de utilizar os serviços de transporte; atendimento médico ou ambulatorial existente nas dependências da contratante ou local por ela designado e treinamento adequado, fornecido pela contratada, quando a atividade o exigir.

II – sanitárias, de medidas de proteção à saúde e de segurança no trabalho e de instalações adequadas à prestação do serviço.

3.2.3. Equivalência de salários

O § 1º, do artigo em foco, estabelece que, contratante (tomadora) e contratada (prestadora) poderão estabelecer, se assim entenderem, a equivalência salarial e de direitos entre seus empregados.[134]

---

realização desses serviços. (Incluído pela Lei n. 13.419, de 2017)

§ 2º Não se configura vínculo empregatício entre os trabalhadores, ou sócios das empresas prestadoras de serviços, qualquer que seja o seu ramo, e a empresa contratante. (Incluído pela Lei n. 13.419, de 2017)

(134) A OJ n. 383, da SDI-1-TST, prevê: A contratação irregular de trabalhador, mediante empresa interposta, não gera vínculo de emprego com ente da

3.2.4. Serviços de alimentação e atendimento ambulatorial

O § 2º, do art. 4º-C, determina que, mediante certos requisitos, a contratante (tomadora) poderá disponibilizar aos empregados da contratada (prestadora) os serviços de alimentação e atendimento ambulatorial...

3.3. Definição legal de contratante – Proibição de desvio de atividades – Local da execução dos serviços – Garantia das condições de segurança, higiene e salubridade – Atendimento médico, ambulatorial e de refeição – Responsabilidade subsidiária pelas obrigações trabalhistas e pelo recolhimento das contribuições previdenciárias

3.3.1. Definição legal de contratante

Contratante é a pessoa física ou jurídica que celebra contrato com empresa de prestação de serviços relacionados a quaisquer de suas atividades, inclusive sua atividade principal. (*Caput* do art. 5º-A, com redação dada pela Lei n. 13.467/2017)

O *caput* do art. 5º-A, além de expressar, mais uma vez, que a terceirização pode ocorrer na atividade principal da empresa, define que contratante (tomadora de serviços) é a pessoa física ou jurídica que celebra contrato com empresa de prestação de serviços relacionados a quaisquer de suas atividades, inclusive sua atividade principal.

3.3.2. Proibição de desvio de atividades

É vedada à contratante a utilização dos trabalhadores em atividades distintas daquelas que foram objeto do contrato com a empresa prestadora de serviços. (§ 1º do art. 5º-A, incluído pela Lei n. 13.429/2017)

3.3.3. Local da execução dos serviços

Os serviços contratados poderão ser executados nas instalações físicas da empresa contratante ou em outro local, de comum acordo entre as partes. (§ 2º do art. 5º-A, incluído pela Lei n. 13.429/2017)

3.3.4. Garantia das condições de segurança, higiene e salubridade

É responsabilidade da contratante garantir as condições de segurança, higiene e salubridade dos trabalhadores, quando o trabalho for realizado em suas dependências ou local previamente convencionado em contrato. (§ 3º do art. 5º-A, incluído pela Lei n. 13.429/2017)

3.3.5. Atendimento médico, ambulatorial e de refeição

A contratante poderá estender ao trabalhador da empresa de prestação de serviços o mesmo atendimento médico, ambulatorial e de refeição destinado aos seus empregados, existente nas dependências da contratante, ou local por ela designado. (§ 4º do art. 5º-A, incluído pela Lei n. 13.429/2017)

3.3.6. Responsabilidade subsidiária pelas obrigações trabalhistas e pelo recolhimento das contribuições previdenciárias

A empresa contratante é subsidiariamente responsável pelas obrigações trabalhistas referentes ao período em que ocorrer a prestação de serviços, e o recolhimento das contribuições previdenciárias observará o disposto no art. 31 da Lei n. 8.212, de 24 de julho de 1991. (§ 5º, não alterado, incluído pela Lei n. 13.429/2017)

Administração Pública, não afastando, contudo, pelo princípio da isonomia, o direito dos empregados terceirizados às mesmas verbas trabalhistas legais e normativas asseguradas àqueles contratados pelo tomador dos serviços, desde que presente a igualdade de funções. Aplicação analógica do art. 12, "a", da Lei n. 6.019, de 03.01.1974.

4. Quarentena da empresa contratada

Não pode figurar como contratada, nos termos do art. 4º-A desta Lei, a pessoa jurídica cujos titulares ou sócios tenham, nos últimos dezoito meses, prestado serviços à contratante na qualidade de empregado ou trabalhador sem vínculo empregatício, exceto se os referidos titulares ou sócios forem aposentados. (Art. 5º-C, incluído pela Lei n. 13.467/2017)

O artigo em questão estabelece um período de impedimento ao proibir que a pessoa jurídica cujos titulares ou sócios tenham, nos últimos dezoito meses, prestado serviços à contratante na qualidade de empregado ou trabalhador sem vínculo empregatício, exceto se os referidos titulares ou sócios forem aposentados.

5. Quarentena do empregado demitido

O empregado que for demitido não poderá prestar serviços para esta mesma empresa na qualidade de empregado de empresa prestadora de serviços antes do decurso de prazo de dezoito meses, contados a partir da demissão do empregado. (Art. 5º-D, incluído pela Lei n. 13.467/2017)

O período de impedimento do empregado que foi demitido é o mesmo da empresa prestadora de serviços, como visto acima (18 meses).

DA ALTERAÇÃO DA LEI DO FGTS

1. Legislação

A Lei da Reforma Trabalhista (Lei n. 13.467, de 13 de julho de 2017) determina:

Art. 3º O art. 20 da Lei n. 8.036, de 11 de maio de 1990, passa a vigorar acrescido do seguinte inciso I-A:

"Art. 20. [...]

I-A – extinção do contrato de trabalho prevista no art. 484-A da Consolidação das Leis do Trabalho (CLT), aprovada pelo Decreto--Lei n. 5.452, de 1º de maio de 1943;

[...]" (NR)

2. Parecer do relator

"A alteração na Lei n. 8.036, de 11 de maio de 1990, visa apenas adaptar a legislação do Fundo de Garantia do Tempo de Serviço à hipótese de extinção do contrato de trabalho, contida no art. 484-A do Substitutivo, para dela fazer constar expressamente a possibilidade de movimentação do saldo disponível na conta vinculada do trabalhador que teve o contrato extinto. Para tanto, estamos acrescentando um inciso I-A ao art. 20 da lei."

3. Comentários

3.1. Situações de movimentação do FGTS – Extinção do contrato por acordo

3.1.1. Situações de movimentação do FGTS

O art. 20 da Lei n. 8.036/1990 enumera as situações em que a conta vinculada do trabalhador no FGTS poderá ser movimentada, ficando acrescida de mais uma situação (inciso I-A).

3.1.2. Extinção do contrato por acordo

I-A – extinção do contrato de trabalho prevista no art. 484-A da Consolidação das Leis do Trabalho (CLT), aprovada pelo Decreto-Lei n. 5.452, de 1º de maio de 1943.

Esta situação resulta da introdução, pela Lei da Reforma Trabalhista, do art. 484-A, à CLT, permitindo a movimentação da conta vinculada do empregado no FGTS, no caso de extinção do contrato de trabalho, por acordo entre empregado e empregador.

DA ALTERAÇÃO DA LEI N. 8.212, DE 24 DE JULHO DE 1991

1. Legislação

A Lei da Reforma Trabalhista (Lei n. 13.467, de 13 de julho de 2017) determina:

Art. 4º O art. 28 da Lei n. 8.212, de 24 de julho, de 1991, passa a vigorar com as seguintes alterações:

"Art. 28. [...]

[...]

8º (Revogado).

a) (revogada);

[...]

§ 9º [...]

[...]

h) as diárias para viagens;

[...]

q) o valor relativo à assistência prestada por serviço médico ou odontológico, próprio da empresa ou por ela conveniado, inclusive o reembolso de despesas com medicamentos, óculos, aparelhos ortopédicos, próteses, órteses, despesas médico-hospitalares e outras similares;

[...]

z) os prêmios e os abonos.

[...]" (NR)

2. Parecer do relator

"A mudança na Lei n. 8.212, de 24 de julho de 1991, é para adequá-la ao § 5º do art. 458 da CLT. Para tanto, ampliamos as despesas que não integrarão o salário de contribuição."

3. Comentários

3.1. Integram o salário de contribuição

A Lei n. 8.212/1991, que dispõe sobre a organização da Seguridade Social e institui Plano de Custeio, especifica no art. 28, as parcelas que integram ou não o salário de contribuição.

3.2. Não integram o salário de contribuição

A partir do § 9º, do art. 28, da Lei n. 8.212/1991, são enumeradas as parcelas que não integram o salário de contribuição, com alteração da redação das letras (*h* e *q*) e introdução da letra *z*.

h) as diárias para viagens;

[...]

q) o valor relativo à assistência prestada por serviço médico ou odontológico, próprio da empresa ou por ela conveniado, inclusive o reembolso de despesas com medicamentos, óculos, aparelhos ortopédicos, próteses, órteses, despesas médico-hospitalares e outras similares;

[...]

z) os prêmios e os abonos.

[...]

DAS REVOGAÇÕES

1. Legislação

A Lei da Reforma Trabalhista (Lei n. 13.467, de 13 de julho de 2017) determina:

Art. 5º Revogam-se:

I – os seguintes dispositivos da Consolidação das Leis do Trabalho (CLT), aprovada pelo Decreto-Lei n. 5.452, de 1º de maio de 1943:

a) § 3º do art. 58;

b) § 4º do art. 59;

c) art. 84;

d) art. 86;

e) art. 130-A;

f) § 2º do art. 134;

g) § 3º do art. 143;

h) parágrafo único do art. 372;

i) art. 384;

j) §§ 1º, 3º e 7º do art. 477;

k) art. 601;

l) art. 604;

m) art. 792;

n) parágrafo único do art. 878;

o) §§ 3º, 4º, 5º e 6º do art. 896;

p) § 5º do art. 899;

II – a alínea *a* do § 8º do art. 28 da Lei n. 8.212, de 24 de julho de 1991;

III – o art. 2º da Medida Provisória n. 2.226, de 4 de setembro de 2001.

2. Parecer do relator

"As revogações, via de regra, visam a adequar o texto legal às alterações promovidas nesta oportunidade, para que ele não reste incongruente.

Todavia há um componente nas revogações propostas que reforça a importância e a urgência em se modernizar a CLT. De fato, são inúmeros os dispositivos completamente ultrapassados que ainda hoje estão incorporados ao texto da lei, sendo que a manutenção de alguns deles aproxima-se do ridículo.

Como já dissemos, há exemplos de dispositivos anacrônicos como o art. 84 e o art. 86, que ainda mencionam o 'Território do Acre' e a 'Comissão de Salário Mínimo', cuja revogação estamos propondo em nosso Substitutivo, e que foi objeto da Emenda 790, da Deputada Laura Carneiro.

Além disso, também citamos o art. 792, que permite que a mulher casada possa ajuizar ação na Justiça do Trabalho sem a assistência do marido, cuja proposta de revogação foi objeto da Emenda 318, da Deputada Rosângela Gomes, que foi acatada."

DA VIGÊNCIA E APLICAÇÃO DA LEI N. 13.467, DE 2017

1. Legislação

A Lei da Reforma Trabalhista (Lei n. 13.467, de 13 de julho de 2017) determina:

Art. 6º Esta Lei entra em vigor após decorridos cento e vinte dias de sua publicação oficial.

Brasília, 13 de julho de 2017; 196º da Independência e 129º da República.

Publicada no Diário Oficial da União, de 14 de julho de 2017.

2. Parecer do relator

"Diante das providências que certamente terão que ser tomadas para adaptação à lei por parte dos empregadores e dos órgãos públicos, entendemos razoável estipular um prazo de 120 (cento e vinte) dias a partir da publicação da lei para que ela entre em vigor."

3. Comentários

Direito intertemporal

A Lei da Reforma Trabalhista (Lei n. 13.467/2017) foi publicada no Diário Oficial da União de 14 de julho de 2017, entrando em vigor após decorridos cento e vinte dias de sua publicação oficial (11.11.2017), período denominado *vacatio legis*, reservado para melhor conhecimento da nova lei.

Com a entrada em vigor da Lei da Reforma, algumas dúvidas devem surgir a respeito de sua aplicação.

E para solucioná-las utiliza-se a legislação básica de Direito Intertemporal:

a) CF de 1988, art. 5º: ... XXXVI – a lei não prejudicará o direito adquirido, o ato jurídico perfeito e a coisa julgada;

b) Lei de Introdução ao Código Civil (Decreto-Lei n. 4.657/42):

Art. 6º A Lei em vigor terá efeito imediato e geral, respeitados o ato jurídico perfeito, o direito adquirido e a coisa julgada.

§ 1º Reputa-se ato jurídico perfeito o já consumado segundo a lei vigente ao tempo em que se efetuou.

§ 2º Consideram-se adquiridos assim os direitos que o seu titular, ou alguém por ele, possa exercer, como aqueles cujo começo do exercício tenha têrmo pré-fixo, ou condição pré-estabelecida inalterável, a arbítrio de outrem.

§ 3º Chama-se coisa julgada ou caso julgado a decisão judicial de que já não caiba recurso.

c) CLT de 1943, art. 912 – Os dispositivos de caráter imperativo terão aplicação imediata às relações iniciadas, mas não consumadas, antes da vigência desta Consolidação.

Em princípio, com a entrada em vigor da lei nova, a sua aplicação é imediata, respeitados os direitos adquiridos, atos jurídicos perfeitos e a coisa julgada.

Na aplicação de Direito Intertemporal no Direito do Trabalho, distinguem-se três situações:

a) contrato antigo e extinto (*facta praeterita*);

b) contrato em curso (*facta pendentia*);

c) contrato novo (*facta futura*).

Em relação às três situações, o saudoso mestre Octavio Bueno Magano (1980:112/113) ensina:

    1) aos *facta praeterita* se aplica o direito vigente ao tempo em que se constituíram;

    2) aos *facta pendentia* se aplica preponderantemente o direito novo;

3) aos *facta futura* se aplica exclusivamente o direito novo.

Facta praeterita são todos aqueles que ocorreram antes do advento da lei nova e cujos efeitos já foram inteiramente regulados pela lei anterior. Se a lei nova os alcançasse, iria resolver o passado já sedimentado. Os *facta praeterita* são por isso mesmo protegidos pelo princípio da irretroatividade das leis.

Facta pendentia são aqueles cujos efeitos se projetam no tempo, regulando-se os efeitos anteriores ao advento da lei nova pela lei vigente ao tempo em que os mesmos fatos se constituíram e os posteriores pela lei nova.

Mas o quadro supra descrito supõe que a lei nova encerra normas de direito público ou de ordem pública; tratando-se de lei meramente dispositiva, os efeitos posteriores dos *facta pendentia* podem continuar sob o império da lei anterior, se nesse sentido for a vontade das partes.

Facta futura são aqueles cuja constituição e efeitos se produzem sob a regência da lei nova.

Quando se tratar de dano de natureza extrapatrimonial trabalhista, qualquer das espécies, o desembargador Sebastião Geraldo de Oliveira observa que, nos julgamentos das demandas envolvendo dano extrapatrimonial trabalhista, a legislação aplicável será sempre aquela que vigorava no dia em que nasceu o direito à reparação, independentemente da data de admissão do ofendido ou da data em que ocorrer o julgamento.[135]

No início de fevereiro de 2018, após a entrada em vigor da Lei da Reforma Trabalhista (Lei n. 13.467/2017) e durante o processo de publicação deste livro, a Comissão de Jurisprudência e de Precedentes Normativos do TST apresentou 35 (trinta e cinco) propostas para alteração da jurisprudência trabalhista uniformizada.

O Pleno do TST, por medida de segurança e de forma unânime, decidiu suspender a referida proposta de revisão, anunciando que seria criada uma comissão para elaborar uma Instrução Normativa sobre a questão de direito intertemporal.

---

(135) *Revista LTr.* 81-09/1068.

REFERÊNCIAS BIBLIOGRÁFICAS

ALMEIDA, Amador Paes de. *CLT comentada.* 9. ed., São Paulo: Saraiva, 2015.

_____. Aviso-Prévio – aspectos práticos. São Paulo: *LTr Suplemento Trabalhista* 053/9.

ALVES, Ivan Dias Rodrigues; MALTA, Christovão Piragibe Tostes. *Teoria e Prática do Dieito do Trabalho.* São Paulo: LTr, 1995.

AMADO, João Leal. Negociado x legislado – A experiência portuguesa e a reforma trabalhista brasileira: algumas notas. *Revista do Tribunal Superior do Trabalho,* São Paulo, vol. 83, n. 3.

BARROS, Alice Monteiro de. *A mulher e o direito do trabalho.* São Paulo: LTr, 1995.

_____. Isonomia Salarial. São Paulo: *Revista LTr,* 1998, vol. 62, n. 06.

BELMONTE, Alexandre Agra. *Instituições civis no direito do trabalho.* Rio de Janeiro: Renovar, 2004.

BOUCINHAS Filho, Jorge Cavalcanti; ALVARENGA, Rúbia Zanotelli. O dano existencial e o dieito do trabalho. *Revista Magister de Direito do Trabalho,* Porto Alegre. n. 57, Nov/Dez de 2013.

BRITEZ, Sandro Gill. Algumas considerações acerca da Lei n. 13.467/2017 – Reforma trabalhista. *LTr Suplemento Trabalhista* 071/17.

CAIRO JÚNIOR, José. *O acidente do trabalho e a responsabilidade civil do empregador.* São Paulo: LTr, 2006.

CALCINI, Ricardo Souza. A prevalência do negociado sobre o legislado. *LTr Suplemento Trabalhista* 051/17.

CARDONE, Marly A. O art. 442-B da pretendida reforma trabalhista. São Paulo: *LTr Suplemento Trabalhista* n. 047/17.

CARMO, Júlio Bernardo do. O dano moral e sua reparação no âmbito do Direito Civil e do Trabalho. São Paulo: *Revista LTr,* vol. 60, n. 03.

CATHARINO, José Martins. *Compêndio de direito do trabalho.* vol. I. São Paulo: Saraiva, 1981.

CESARINO JÚNIOR, Antonio Ferreira. *Direito social.* São Paulo: LTr, 1980.

COSTA, Orlando Teixeira. Eficácia da quitação no direito do trabalho brasileiro. São Paulo: *Revista de Direito do Trabalho* ns. 24/25, 1980.

CORTEZ, Julpiano Chaves. *Prática trabalhista* – Cálculos. 18. ed. São Paulo: LTr, 2015.

_____. *Trabalho escravo no contrato de emprego e os direitos fundamentais.* 2. ed. São Paulo: LTr, 2015.

_____. *Responsabilidade civil do empregador no acidente do trabalho.* São Paulo: LTr, 2009.

_____. *Dreito do trabalho aplicado.* 2. ed. Paulo: LTr, 2004.

_____. *Terceirização trabalhista.* São Paulo: LTr, 2015.

DELGADO, Mauricio Godinho; DELGADO, Gabriela Neves. *A reforma trabalhista no Brasil com os comentários à Lei n. 13.467/2017.* São Paulo: LTr, 2017.

DELGADO, Gabriela Neves. Terceirização: paradoxo do direito do trabalho contemporâneo. São Paulo: *Revista LTr* 75-03.

FRANCO FILHO, Georgenor de Sousa. A realidade dos sindicatos brasileiros e a prevalência do negociado sobre o legislado. São Paulo: *LTr Suplemento Trabalhista* 057, de 2017.

FERNANDES, Anníbal. *O Tabalhador Autônomo.* 3. ed. São Paulo: Atlas, 1992.

FERRARI, Irany. Convenção e/ou acordo coletivo de trabalho. Alteração contratual. São Paulo: *LTr Suplemento Trabalhista,* 1997, n. 036.

FERRAZ, Sérgio. *Duração do trabalho e repouso remunerado.* São Paulo: RT, 1977.

FERREIRA, Rafael Grassi Pinto. A extinção do contrato de trabalho por acordo entre empregador e empregado. São Paulo: *LTr Suplemento Trabalhista* 050/2017.

GONÇALVES, Carlos Alberto. *Responsabilidade civil.* 10. ed. São Paulo: Saraiva, 2007.

GONÇALVES NETTO, Francisco. I – Arbitragem e Prescrição; II – Organização sindical, mercosul e solução de conflitos. São Paulo: *LTr, Suplemento Trabalhista*, 2002. n. 117.

GOMES, Orlando. *O Salário no direito brasileiro*. São Paulo: LTr, 1966.

LIMA, Francisco Meton Marques de; LIMA, Francisco Péricles Rodrigues Marques de. *Reforma trabalhista* – Entenda ponto por ponto. São Paulo: LTr, 2017.

LOBATO, Márcia Regina. Os limites das negociações coletivas contemporâneas frente à reforma trabalhista. São Paulo: *Revista Síntese – Trabalhista e Previdenciária* n. 338 – Agosto/2017.

MAGANO, Octavio Bueno. *Manual de direito do trabalho* – Parte geral. São Paulo: LTr, 1980.

MAGANO, Octavio Bueno; MALLET Estêvão. *O Direito do trabalho na Constituição*. Rio de Janeiro: Forense, 1993.

MARANHÃO, Délio. *Direito do Trabalho*. 10. ed. Rio de Janeiro: FGV, 1988.

MARTINS, Melchíades Rodrigues. Lei n. 13.467, de 13.7.2017 (Reforma trabalhista) – Contratos Individuais de Trabalho – Cláusula Compromissõria de Arbitragem. Art. 507-A, CLT. Aplicação nas Relações do Trabalho. São Paulo: 2017, *LTr Suplemento Trabalhista* 062.

MIZIARA, Raphael. Teletrabalho: reforma trabalhista não autoriza que despesas com aquisição ou manutenção dos equipamentos tecnológicos e da infraestrtura necessária ao trabalho sejam transferidas ao empregado. São Paulo: *LTr Suplemento Trabalhista* 065/17.

MORAES FILHO, Evaristo de. *Sucessão nas obrigações e a teoria da empresa*. São Paulo: Forense, 1960, vol. I.

MORAES, Maria Celina Bodin de. *Danos à pessoa humana:* uma leitura civil-constitucional dos danos morais. 4ª tiragem Rio de Janeiro: Renovar, 2009.

NASCIMENTO, Amauri Mascaro. *Iniciação ao direito do trabalho*. 27. ed. São Paulo: LTr, 2001.

_____. *Pequeno dicionário de processo trabalhista*. São Paulo: LTr, 1974.

_____. *Teoria jurídica do salário*. São Paulo: LTr, 1994.

NASCIMENTO, Sônia Mascaro. O dano extrapatrimonial e a Lei n. 13.467/2017. *Revista LTr*, vol. 81, n. 09, setembro de 2017.

OLIVEIRA, Francisco Antonio de. *Reforma Trabalhista* – Comentários à Lei n. 13.467, de 13 de julho de 2017. São Paulo: LTr, 2017.

OLIVEIRA, Sebastião Geraldo de. O dano extrapatrimonial trabalhista após a Lei n. 13.467/2017. *Revista LTr*, vol. 81, n. 09, setembro de 2017.

PEREIRA, Caio Mário da Silva. *Responsabilidade civil*. Rio de Janeiro: Forense, 1996.

RENZO, Rober. *Fiscalização do trabalho*. São Paulo: LTr, 2007.

RIBEIRO, Viviane Lícia. Direito das empresas em crise X Direito dos empregados – Supremacia do negociado sobre o legislado. *Revista LTr*, vol. 81, n. 09, setembro de 2017.

ROMITA, Arion Sayão. Inderrogabilidade da norma e indisponibilidade de direitos em face da negociação coletiva: limites impostos pelos direitos fundamentais. *Revista do Tribunal Superior do Trabalho*, vol. 83 n. 02, 2017.

SANTOS. Enoque Ribeiro dos. A dispensa coletiva na Lei n. 13.467/2017 da reforma trabalhista. São Paulo: *LTr Suplemento Trabalhista* n. 070/17.

SCHIAVI, Mauro. *A reforma trabalhista e o processo do trabalho*. São Paulo: LTr, 2017.

SILVA, Homero Batista Mateus da. *Comentários à reforma trabalhista*. São Paulo: Revista dos Tribunais, 2017.

SÜSSEKIND, Arnaldo. *Convenções da OIT e outros tratados*. 3. ed. São Paulo: LTr, 2007.

TEIXEIRA FILHO, Manoel Antonio. *O processo do trabalho e a reforma trabalhista*. São Paulo: LTr, 2017.